本书系山西省高等学校哲学社会科学项目"离石马茂庄汉画像石车马出行图叙事功能研究"（项目编号：2020W170）、运城学院2020年度优秀博士来晋科研专项（QZX-2020005）的研究成果。

汉画像石图像叙事研究

HAN HUAXIANG SHI
TUXIANG XUSHI YANJIU

张 洁◎著

光明日报出版社

图书在版编目（CIP）数据

汉画像石图像叙事研究 / 张洁著 . -- 北京：光明日报出版社，2025.1. -- ISBN 978-7-5194-8425-5

Ⅰ . K879.424

中国国家版本馆 CIP 数据核字第 2025JF1149 号

汉画像石图像叙事研究
HAN HUAXIANG SHI TUXIANG XUSHI YANJIU

著　　者：张　洁	
责任编辑：李壬杰	责任校对：李　倩　温美静
封面设计：中联华文	责任印制：曹　诤

出版发行：光明日报出版社
地　　址：北京市西城区永安路 106 号，100050
电　　话：010-63169890（咨询），010-63131930（邮购）
传　　真：010-63131930
网　　址：http://book.gmw.cn
E - mail：gmrbcbs@gmw.cn
法律顾问：北京市兰台律师事务所龚柳方律师
印　　刷：三河市华东印刷有限公司
装　　订：三河市华东印刷有限公司
本书如有破损、缺页、装订错误，请与本社联系调换，电话：010-63131930

开　　本：170mm×240mm	
字　　数：283 千字	印　　张：18.5
版　　次：2025 年 1 月第 1 版	印　　次：2025 年 1 月第 1 次印刷
书　　号：ISBN 978-7-5194-8425-5	
定　　价：89.00 元	

版权所有　　翻印必究

序

汉代画像石是汉代墓室与祠堂的组成部分，它广泛分布于山东、河南、陕西、江苏、山西、安徽、四川等地。在迄今发现的200余座汉画像石墓中清理出画像石（砖）1万余块。如果加上征集的画像石（砖），其数量是相当客观的。汉代画像石既是汉代丧葬观念的反映，也是汉代社会现实生活全面而生动的体现。著名历史学家翦伯赞说："在中国历史上，也再没有一个时代比汉代更好在石板上刻出当时现实生活的形式和流行的故事来。汉代的石刻画像都是以锐利的低浅浮雕，用确实的描写人腕，阴勒或浮凸出它所要描写的题材。风景楼阁则俨然逼真，人物衣冠则萧疏欲动；在有些歌舞画面上所表示的图象，不仅可以令人看见古人的形象，而且几乎可以令人听到古人的声音。这当然是一种最具体、最真确的史料。"[①]缘此，翦先生称汉画像石是一部深沉宏大的"绣像的汉代史"。[②]

对画像石的关注始于宋代，对于画像石的研究则经历了金石学、考古学、文化学、艺术学等不同的阶段。但对内涵丰富、价值多元的汉画像石来说，这远远不够。近年来，随着大量汉画像石著录文献的出现，尤其是相关数据库的建立，人们对汉代画像石的研究也越发深入，其中汉画像石叙事性的研究便是重要论题之一。

尽管"叙事学"的提出是在20世纪六七十年代，但这门学科有着悠久的历史，甚至可以一直追溯到柏拉图和亚里士多德时代。近些年，叙事学有了长足发展，吸引了诸多研究领域学者的关注。正如罗兰·巴特（Roland Barthes）所言，"世界上叙事作品种类浩繁，题材各异。对人类来说，似乎任

[①] 翦伯赞.秦汉史[M].北京：北京大学出版社，1983：5-6.
[②] 翦伯赞.秦汉史[M].北京：北京大学出版社，1983：5-6.

何材料都适宜于叙事"。作为具有空间属性的图像叙事形态，汉画像石不仅由实存的叙事构成，而且由一切可能的叙事构成。汉画像石图像叙事分为各种类组的信号集合，有些要素与组合构成了叙述信号（signs of the narrating），它们呈现叙述行为、其缘起与目标；其他一些要素与组合则构成了被叙述信号（signs of the narrated），它们呈现所讲述的事件与状态。尤其值得关注的是，汉画像石背后附着丰富的前叙事与潜文本，使之成为兼具时间性和空间性的叙事文本。因此，汉画像石的叙事学研究不能仅局限于图史互证或图文互证，而是应该有更为丰富幽邃的文化精神面相。就此而言，汉画像叙事学实为一座亟待深入探索与发掘的文化富矿。而张洁的《汉画像石图像叙事研究》正尝试在这方面有所突破，以深化汉画像石叙事学研究。

张洁2016年考入武汉大学跟随我攻读博士学位，并选择汉画像石叙事性作为博士论文选题。她硕士阶段研究的是叙事学，这一选题有利于发挥她的学术专长。张洁聪慧善学，思维活跃，三年时间不仅完成了博士阶段的学习任务，还在《中南民族大学学报》《青海社会科学》等刊物发表了具有较高质量的学术论文，其中《石头上的叙事解码：从汉画"完璧归赵"看图像叙事》被人大复印资料全文转载。本书正是在她博士论文的基础上修改而成。通读全书，我认为张洁着力解决的主要有以下三方面问题。

首先，本书的第一、二章主要阐明了汉画像石兴起的礼制背景与文化土壤，回答了"汉画像石为什么叙事"的问题。汉代丧葬之礼既有旧制，更有新变，而"厚葬为德，薄终为鄙"的浮侈之风和"灵魂不灭"的生死观乃是两汉汉画艺术高度繁荣的内在根本原因。与此同时，"墓庙合一"的政策推广，加之社会生产力的提升，促使仿建居室的地下墓室空间不断扩大。内因外因的结合最终促使汉画像石从装饰雕琢衍变为内涵丰富的空间叙事艺术。

其次，本书的第三章重点讨论汉画像石图像叙事之图文互动关系问题。汉画像石是汉代墓室、祠堂、墓阙等建筑上雕刻画像的建筑构件，属于典型的空间艺术。研究其图像必从墓葬空间开始实证分析，探求其观念内涵。巫鸿在《礼仪中的美术》中曾提出："图像学研究的重点之一是着力于揭示图像与文学之间的历史联系"，"在一个特定时期和文化体中人们所创造的艺术与文学（包括口头文学）应有相互平行之处，二者都反映了当时人们观察、理解、表现世界的特殊角度和观念。"①鉴于早期中国叙述性图像与文本之间呈共生状态,将图像叙事与具体仪式相结合,需要从图像学视角阐释不同类型汉画的叙事渊源、叙事模式、叙事特征以及意义内涵等基本问题。张洁根据墓葬空间中汉画叙事形态的不同,将其分成三种类型,即单元图像叙事、复合图像叙事以及墓葬整体空间叙事。本书对"语—图"之间的互仿、互文与转向等问题进行了较为深入的讨论,解决了汉画图像究竟在何种意义上对文本进行了"收编"与"扶植"等问题。

最后,本书的第四、五、六章采用个案分析的方法,对汉画像石图像叙事的三种类型进行深度解读。在"单元图像"的版块,本书择取陕西的10幅"完璧归赵图",细致析读出各层间呈现的逐层嵌套结构,揭示出"完璧归赵图"墓葬功能与宗教内涵。在"复合图像"版块,本书以横额石"车马出行"图为例分析了汉画像石图像叙事的独特功能,通过对不同方位空间、不同图像间的相互搭配,揭示出"动态叙述"的车马行列不仅是墓门画像在有限空间延伸其叙事意义的关键,更是将墓主灵魂的升仙之旅从墓门进一步延展至墓葬内部的关键。在"墓葬整体空间"版块,本书以沂南北寨汉墓为例探讨了汉画像石图像间的布局规律和图像背后的叙事结构,揭示出墓葬空间如何幻化成为历史、现实与想象交织相融的叙事空间。书中分析了触发汉人墓葬空间认同的动因,聚焦空间中的行为主体之"观者"眼光,剖析了神圣空间与观者意识形态之间的微妙关系,构建具有连贯性的空间叙事结构。书中对诸如"看与被看""表意与视点"、文本与图像的互文性、肉体的死亡与灵魂的转化升仙等诸多问题都有充分的关注与细致的讨论。特别是目前学术界对汉画像研究中存在的一些问题,比如对现代西学的过分迷恋,本土意识不够明晰,许多重要的问题迄今仍然停留在图像志式的现象描述等,本书对此保持警惕并有清醒的认识。缘此,在个案研究中,本书一方面重视阐释独具本土文化特色的汉画图像叙事的发生机制;另一方面尽可能还原或者追溯与图像相关的物态情境和原境信息,从而得出既合乎历史,又合乎逻辑的结论。

总之,本书在全面而系统地占有图像史料的基础上,能够充分吸纳已有

---

① 巫鸿.礼仪中的美术:巫鸿中国古代美术史文编:上卷[M].郑岩,王睿,李清泉,等译.北京:生活·读书·新知三联书店,2005:28。

的研究成果，重视多学科知识的交叉整合，与多种研究方法的综合运营，注重从文化整体性视角探讨汉画像石不同类型图像叙事的发生机制、叙事意象、叙事形态、叙事功能与叙事效果。与此同时，注重复原汉画像所在神圣性空间原境、立体性多类型叙事空间。全书力求点面结合，隐显互映，较为深入深刻地揭示了汉画像石的图像叙事特征及其深厚文化底蕴、价值功能。当然，汉画像石的图像叙事是一个涉及众多学术领域的大课题，许多论题正亟待展开。希望张洁能以此书为起点，在她喜爱的学术领域辛勤耕耘，并取得更大的成就。

是为序。

曹建国

2024年1月4日于武汉

前　言

　　关于绘画的叙事功能，唐人张彦远曾在《叙画之源流》中谈道："纪传，所以叙其事，不能载其容；赋颂，有以咏其美，不能备其象。图画之制，所以兼之也。"汉代画像石依礼教而寓象征，以直观且形象的图画讲述着一个个由死而生的故事，隐喻着"事死如生，事亡如存"的文化内涵，是大汉王朝恢宏磅礴之人文精神的缩影。近年来，随着西方人文社科领域的"图像转向"，以潘诺夫斯基为代表的图像学再次引起学界热议，一时间，有关"语—图"互文关系研究、专题图像研究、图像叙事研究的方法与成果大量涌现，这当中就包括汉画——这种汉代历史遗存中特殊图像材料的叙事性研究。

　　作为非线性语言的叙述形态，汉画是一种在时间和空间上都浓缩了的艺术，是"以画面构图的形式为载体并能够被视觉所感知的叙述形式"。它通过线条、色彩、立体造像等手段，将原本停留在抽象知觉层面的叙事文本、精神信仰和价值追求转译为可感可触的艺术形象，同时，又参照宇宙图式把不同主题的形象进行组织布局，重构了一个如网状编织物一般错综复杂的意义场域，并在这个场域中展开了一场关于宇宙和人的终极对话，从而消解人类面对未知死亡的恐惧。

　　本书即以山东、河南、陕西、江苏、山西、安徽、四川等地出土的11000余例汉画像石为研究对象[①]，一方面从类型学角度对汉画进行分类，筛选不

[①] 自2006年"中国汉代图像信息综合调查与数据库"建立以来，数量巨大的汉画图像信息资源得以妥善保存，数据库的开放性、免费性以及内容上随时增补纠正，为众多学者着手汉画研究提供了极大便利。随着数据库规模的不断扩大，数据记录的不断精确，如何在庞大的检索系统中寻找具有论据价值的图像数据，就成为每一个研究者必须考虑的问题。为使研究更具科学性、客观性和准确性，本书采用传统考据与数据统计相结合的方法，将搜集到的11000余例汉画按照地域进行分类汇总，并根据出土年代大致排列，然后对图像的基本信息包括出土地、图像内容、题材、原石位置、尺寸、文化年代、所属墓主、榜题、相关研究文献等进行记录，以便于进行后期研究分析。作者所引汉画数据，其来源包括：①各地区汉墓考古报告如《沂南古画像石墓发掘报告》《山东微山县汉代画像石调查报告》等；②已出版的汉画图录档案如《中国画像石全集》《汉画总录》等；③区域性汉画图典如《邹城汉画像石》《商丘汉画像石》《徐州汉画像石》等。

同类型汉画图例，以之为"点"，探讨早期中国墓葬礼制建筑中不同类型图像叙事传统的生发机制、叙事形态、叙事功能等一般性问题；另一方面，复原汉画所在的空间原境，即将其放置在立体的墓葬空间中进行考量，以之为"面"，分析不同主题的汉画所共筑的，叙述结构稍有差异但叙述层次、叙述轨迹有章可循的叙事空间。

  全书共有六大部分。第一章系统阐明汉画像石兴起的文化土壤，以封建伦理为本体的思想体系、"厚葬为德，薄终为鄙"的浮侈之风和以"灵魂不灭"为逻辑前提的形而上学的生死观，是两汉时期奢华堂皇的汉画艺术高度繁荣的根本原因。第二章从葬制的角度出发，对商周以来陵寝、宗庙制度的发展演变做历时性梳理，分析汉画像石墓滥觞于西汉、极盛于东汉的政治原因。"墓庙合一"的政策推动辅之以不断升级的社会生产力，导致仿制居室而起的地下墓室空间不断扩大。在这个过程中，画像石也渐渐从以装饰为用的程式化雕琢，演变成为具有叙述性特征的空间艺术。第三章基于对早期中国叙述性图像与文本之间共生状态的认知，对"语—图"之间的互仿、互文与转向等问题进行简要讨论，以便明晰汉画图像究竟在何种意义上对文本进行了"收编"与"扶植"。汉画是一种典型的空间艺术，其图像研究无法脱离墓葬空间而独立展开，因此若要探讨汉画的叙事性问题，首先必须恢复其历史原境，即从墓葬空间视域出发，方能得其堂奥。在对繁多芜杂且主题各不相同的图像史料进行归类整理后，作者根据墓葬空间中汉画叙事形态的不同，将其分成三种类型，即单元图像叙事、复合图像叙事以及墓葬整体空间叙事，并结合实证分析，从图像学视角阐释不同类型汉画的叙事渊源、叙事模式及特征等基本问题。在本书的第四章和第五章中，作者分别以汉画中极具代表性的"完璧归赵"图、"车马出行"图为例，着重就单元图像、复合图像的叙事问题展开讨论，尝试从理论体系的高度，对这两种类型汉画叙事的一般规律进行辨析和论证，从而揭示延续千年的墓葬艺术在汉代所呈现的特殊语汇和美学性格。在了解了汉画的叙事机制后，第六章中作者把图像放归其所属的墓葬语境中综合考察，即从图像叙事研究过渡到空间叙事研究，以沂南北寨汉墓为个案，站在关联整体图像的高度，探索墓葬空间如何叙事、墓葬空间叙事的结构特征等问题，挖掘空间存在与叙事活动之间的深层联系。

目 录
CONTENTS

绪　论 ··· 1

第一章　汉代丧葬：奢僭的礼制文化 ·· 19
第一节　厚葬为德，薄终为鄙 ·· 19
第二节　超越大限，灵魂不灭 ·· 27
第三节　黄泉下的礼制艺术 ··· 38
结　语 ··· 44

第二章　墓庙合一：汉画像石的时空建构 ··· 47
第一节　汉代葬制新变 ··· 47
第二节　汉画像石兴起 ··· 58
第三节　汉画叙事场所的建构 ·· 72
结　语 ··· 81

第三章　历史画卷：图与文的叙事互动 ·· 83
第一节　语图互文中的汉代绘画 ··· 83
第二节　图文叙事相得益彰——以胡人图像为例 ································ 95
第三节　汉画叙事的三层结构 ··· 109
结　语 ·· 120

第四章　单元图像的叙事形态 ··············· 123
第一节　图像意义的探释 ················ 124
第二节　图像对文本的模仿与再现 ············ 136
第三节　图像叙事的方式 ················ 148
结　语 ························ 157

第五章　复合图像的叙事形态 ··············· 160
第一节　横额石"车马出行"图概况梳理 ········· 161
第二节　横额石"车马出行"图叙事功能分析 ······· 186
第三节　复合图像的叙事特征 ·············· 196
结　语 ························ 206

第六章　墓葬整体空间的叙事形态 ············· 209
第一节　墓室空间中的"天地"经营 ··········· 209
第二节　"叙事空间"与"空间叙事" ·········· 226
第三节　空间的圣化 ·················· 238
结　语 ························ 248

余　论 ·························· 250

参考文献 ························· 254

附　录 ·························· 271

绪　论

　　《吕氏春秋·节丧》载:"国弥大,家弥富,葬弥厚。"早在春秋战国时,厚葬之风已初见端倪。到了"事死如生"的汉代,饱受"人死辄为神鬼而有知"的灵魂不灭观的浸淫,上至皇亲国戚,下至庶民百姓,纷纷竭财以施地下,一时间葬埋过制,蔚然成风。表现在丧葬活动中,便是仿生人居室而起的室墓广泛流行。汉明帝时"墓庙合一"的政策推动进一步将原本寂静凄凉的茔域变为熙攘的祭祀中心,并最终确立了墓地在礼制建筑中的核心地位。以此为文化背景,那些在墓葬建筑中承担着"恶以诫世,善以示后"功能的装饰艺术——汉画像石,以其深沉雄厚的艺术风格、意指丰富的历史积淀、多元思想的杂糅而备受考古学、文献学、历史学、文学等领域学者的青睐,研究成果层出叠见。这其中,既有涉及汉画形象考证的专题性研究,又有聚焦于社会、思想、文化等方面开展的综合性研究。概而论之,近30年的汉画研究大体上经历了从零散化个案分析向系统性整合研究过渡、从图像学阐释到"形相逻辑"研究推进的轨迹。其中,从叙事学的视角探讨汉画图像与文本的平行联系,以及阐释图像"意义如何表达"等课题占据了一定比重,只不过作为一门"新学",汉画图像叙事研究的理论架构依然薄弱,在学理性研究的深度和广度上仍有较大拓展空间。有鉴于此,作者将继续深耕细作,在还原汉画图像物态情境和原境信息的基础上,通过对不同类型的汉画乃至墓葬空间的叙事机制进行实证分析,积极探索汉画叙事不同于文本叙事的差异性与丰富性,从而进一步完善中国早期叙述性图像的叙事理论体系。

一、汉画图像研究的学术回顾

　　汉画像石,简称汉画,是指两汉时期刻绘于祠堂、石阙、墓葬和石棺之上的一种石刻绘画。从成型技术来说,应属雕刻;从整体艺术形态而言,实似绘画，故习称画像石。因其内容之宏富，思想之杂糅，造型之雄奇，又被称作"汉代绣像史"。目前，海内外学者对汉画的研究踪迹大体可分为本土金石学著录、考古类型学研究、图像学研究、综合研究四个阶段。

1. 本土金石学著录阶段

有关汉代画像石的最早记录，见北魏郦道元《水经注》引戴延之《西征记》对司隶校尉鲁恭冢的记载："……冢前有石祠、石庙，四壁皆青石隐起。自书契以来，忠臣、孝子、贞妇、孔子及弟子七十二人形象。像边皆刻石记之，文字分明。"[1]北宋金石学初兴，或考三代遗风，或补经证史。汉画像石之铭文、题记、榜题亦属石刻之类而得以著录，其中尤以武氏祠最受金石学家瞩目。欧阳修父子《集古录》中录武斑碑[2]、武荣碑[3]两碑碑文。赵明诚《金石录》中分项细述武斑碑、武开明碑、武梁碑、武氏石阙题记、武梁祠画像[4]，铭文释读，图则一笔带过。洪适对武氏墓地铭文的著录和考释更为详尽，并且开始注意摹录图像，他将铭文收录于《隶释》[5]，画像收录于《隶续》，画像图版之后还有简要评论。[6]除武氏祠之外，其他地区的汉画内容也偶有记录，如米芾《画史》载济州朱浮墓石壁之车服人物图[7]。元明两朝金石学衰微，直至乾隆年间，黄易、李克正等人相继发现一批武氏祠石刻群，久负盛名的碑刻重见天日，立即引发了一场汉画像石研究热潮，相关金石著作纷纷问世，如翁方纲《两汉金石记》（1789）对武梁祠画像做简略描述和考证[8]；毕沅、阮元《山左金石志》（1797）对150石的画像内容做简要考释[9]；王昶《金石萃编》（1805）除收录武斑、武荣二碑文外，还辑录部分有榜题的画像，同时转录了

---

[1] 陈桥驿.水经注校证[M].北京：中华书局，2007：216.
[2] 欧阳修.集古录跋尾十卷[M]//石刻史料新编.台北：新文丰出版公司，1982：17819-17922.
[3] 欧阳棐.集古录目十卷[M]//石刻史料新编.台北：新文丰出版公司，1982：17923-18008.
[4] 赵明诚.宋本金石录[M].北京：中华书局，1991：449.
[5] 洪适.隶释[M]//石刻史料新编.台北：新文丰出版公司，1982：6747-7042.
[6] 洪适.隶续[M]//石刻史料新编.台北：新文丰出版公司，1982：7087-7202.
[7] 米芾.画史[M]//影印本.文渊阁《四库全书》：第813册.台北：台湾商务印书馆，1983：20.
[8] 翁方纲.两汉金石记[M]//石刻史料新编.台北：新文丰出版公司，1982：7406-7432.称"武氏祠堂画像""汉武氏石阙铭""敦煌长史武斑碑"。
[9] 毕沅.山左金石志[M]//石刻史料新编.台北：新文丰出版公司，1982：14423-14443.称"武氏东西石阙画像"等。

前代学者的画像描述和考证文字[1]；冯云鹏和冯云鹓的《金石索》(1821)摹录画像50余幅[2]；黄易《小蓬莱阁金石文字》(1834)收录唐拓"剪装本"14图及507字题记；方朔《枕经堂金石书画题跋》(1862)辑录黄易等人对武氏祠的题跋[3]；王懿荣的《汉石存目》(1889)简要记述汉画像石的出土地点和收藏经过[4]。其中，瞿中溶著《汉武梁祠画像考》(1825)是此类著作的代表[5]。瞿氏以先录题记、后描述画面、再引录相关文献为体例，对画像内容进行考证，表明金石学研究的范式已达成熟。

本土金石学著录阶段，汉画像记载多附于碑目之后。这一阶段可视为汉画研究的开创阶段，从对石刻铭文的著录，到对画像内容的初步考释，金石学家以汉画像石为史料，记载之精准，考证之艰辛，可谓功在当今，利在后世。然而，因学科"著录"特性，多数金石学家的研究重点仍侧重于铭文、题记石刻而非画像本身，并且在汉画的辑录工作上，也常常以拓片为据而较少核对原石，导致考证工作零散化、集中化，因而许多关于画像石的研究仅仅滞留于表层，并未触及艺术本质的深层地带。

2. 考古类型学研究阶段

第二阶段是从19世纪80年代至20世纪中叶以田野调查记录为主要方式、以器物形态演变规律为重点的考古类型学研究阶段。上承清代金石学遗风，这一时期国内汉画研究仍未脱著录之习，多集中于对汉画材料的整理和初步考释，如孙葆田总纂《山东通志·艺文志第十》中记录后汉武梁墓画像石及画像题字[6]；方若《校碑随笔》搜校秦汉至五代碑志450品，其中"武梁祠画象全签"一节专论武梁祠画像石[7]；陆和九《汉武氏石室画像题字补考》(1926)

---

[1] 王昶.金石萃编[M]//石刻史料新编.台北：新文丰出版公司，1982：137-138，344-383.称"武氏石阙铭""武梁祠堂画像题字".

[2] 冯云鹏，冯云鹓.金石索·石索二：卷八[M]//王云五.万有文库.上海：商务印书馆，1929：114-115.

[3] 方朔.枕经堂金石题跋[M]//石刻史料新编.台北：新文丰出版公司，1982：14251.称"汉武氏石阙铭""汉武氏祠左右前后石室画象题字".

[4] 王懿荣.汉石存目[M].北京：中华书局，1986.

[5] 瞿中溶.汉武梁祠画像考[M].北京：北京图书馆出版社，2004.

[6] 孙葆田.山东通志[M]//石刻史料新编.台北：新文丰出版公司，1982：9147-9392.

[7] 方若.校碑随笔[M].重印本.京都：朋友书店，1923.

讨论武氏祠铭文石刻；罗振玉所撰《雪堂所藏金石文字薄录》以一家私藏，记录了自周秦迄隋160余种铜器及碑帖目录，当中提及武梁祠画像石[①]；陈培寿《汉武梁祠画像题字补考》对瞿中溶《汉武梁祠画像考》一书做进一步补充考证[②]；郑业敩在《独笑斋金石文考》第二集中对武氏墓新出土的两块画像石进行注释[③]；荣庚《汉武梁祠画像录》收录武梁祠石室中43石画像[④]；滕固《南阳汉画像石刻之历史的及风格的考察》对南阳汉墓中画像石所属年代、墓室构造等内容进行考证，并初步论述了石刻画像的雕刻技法和艺术风格[⑤]；劳榦《论鲁西画像三石：朱鲔石室，孝堂山，武氏祠》一文则论及汉代石刻画像的故事性，他说："汉代图画多为故事性图画，固不仅墓室祠堂为然，前引汉代诸画涉及图画者，盖凡宫室之壮丽者莫不以图画为饰。"[⑥]

相较于国内，海外对汉画的研究不落金石学之窠臼。自1881年斯蒂芬·布歇尔（S. W. Bushell）首次将一套武梁祠汉画拓片带回欧洲，并在柏林东方协会（Oriental Congress）展出后，掀起了一股前所未有的"中国热"——众多汉学家纷纷赴中国实地考察，他们利用摄影、实地测绘、文字记录等现代化考古方法，以西方美术史价值体系为准绳，在沃尔夫林（Heinrich Wolfflin）开创的"形式演进论"框架体系中对汉画图像内容进行研究，有关论著纷纷问世，如沙畹（Edouard Chavannes）《中国两汉石刻》（或译《中国汉代石刻》）[⑦]收录了山东地区66幅汉代石刻图像和碑文，《中国北部考古调查》（1909）第一卷中收录汉画图片488幅，并对石刻文字进行研究；色伽兰（Victor Segalen）《中国考古记》（1923—1924）调查了陕西秦汉陵墓、四川崖

---

① 罗振玉.雪堂所藏金石文字薄录[M].东方学会石印本，1927：97.
② 陈培寿.汉武梁祠画像题字补考[M].镇江陈氏石印本，1927.
③ 郑业敩.独笑斋金石文考[M].慧业堂，1929.
④ 荣庚.汉武梁祠画像录[M].北平：燕京大学考古学社，1936.
⑤ 滕固.南阳汉画像石刻之历史的及风格的考察[M]//张菊生先生七十生日纪年论文集.上海：商务印书馆，1937：483.
⑥ 劳榦.论鲁西画像三石——朱鲔石室、孝堂山、武氏祠[M]//历史语言研究所集刊：第八本.上海：商务印书馆，1939：105.
⑦ CHAVANNES E. La sculpture sur pierre en Chine au temps des deux dynasties Han[M].Paris：Ernest Leroux，1893.

墓及汉阙；费慰梅（Wilma Fairbank）《汉"武梁祠"建筑原型考》①（1941）探讨了武氏祠建筑的复原问题，次年又发表《汉代壁面艺术的一个建筑关键》（1942），对武氏祠和朱鲔祠的建筑起源与画像风格之关系进行讨论；林仰山（F. S. Drake）《汉代石刻》②首章中对以往的武氏祠研究进行简要概述。1949年任职于巴黎大学的傅惜华教授出版《汉代画像全集》③一书，将山东汉画题材进行分类并分别予以专题论述，甚至标明每幅汉画的位置关系，颇具学术价值，对此后的相关研究产生深远影响。上述西方汉学家对汉画的研究突破了传统金石学的桎梏，将汉画作为历史整体而非独立拓片进行考察，同时注重祠堂建筑的位置复原及图像意义的探索。但这种探索，多数基于西方逻辑思辨性、体系性的分析演绎而展开，并未将汉画之阐发还原到其所根植的传统文化中去。相较之下，亚洲海外汉学家的考据工作更能发掘出汉画独特的审美旨趣，如日本美术史家大村西崖《支那美术史》④不仅收录并详细介绍了武氏祠画像，还对其做出了高古、琦玮、谲佹之趣的点评；建筑学家关野贞《支那山东省に於ける汉代坟墓的表饰》⑤则站在艺术史角度对汉画的雕刻手法、表现风格等进行分析并肯定了其美学价值。

总的说来，这一阶段国内汉画研究对传统金石学方法的沿袭，国外对汉画研究范式的突破，都表现出这一领域研究的科学化、系统化趋向。新思维的介入带来新的研究方法，亦对国内学者产生了积极影响。然而对形式研究的过于专注，必然导致汉画的文化性、艺术性内涵研究的缺失。祠堂画像位置的复原工作虽已展开，也只是麟角凤毛，涉及汉画空间位置关系、图像和建筑之间有机联系的研究仍有待进一步展开。

3. 图像学研究阶段

从20世纪中叶至世纪末的50年间，是汉画研究从"图说"转向"图释"

---

① 费慰梅. 汉"武梁祠"建筑原型考［M］//中国营造学社汇刊：第七卷第二期. 北京：知识产权出版社，2006.
② DRAKE F S. Sculptured Stones of the Han Dynasty［J］. Monumenta serica，1943（8）：280-318.
③ 傅惜华，陈志农. 山东汉画像石汇编［M］. 济南：山东画报出版社，2012.
④ 大村西崖. 支那美术史雕塑篇附图［M］. 东京：东京印刷株式会社，1915.
⑤ 关野贞. 支那山东省に於ける汉代坟墓的表饰［M］//东京帝国大学工科大学纪要：第8册第1号. 东京：东京帝国大学出版社，1916.

的发展时期,也就是从对图像内容、雕刻技法等平面叙述转向更深层次的象征含义或称内在意义的探索,潘诺夫斯基(Wolfgangk H. Panofsky)将之归称为"图像学(Iconology)阐释"[①],贡布里希(E. H. Gombrich)将之归称为"解释性图像志"(interpretative iconography)[②]。事实上,对汉画承载的文化史及观念史的探索,早在1911年劳弗尔(Berthold Laufer)《中国汉代墓葬雕刻》一书中就有所体现:"在解释汉代石刻所表现的主题和题材的时候,总是有必要将它们与中国人的观念相联系,因为它们的灵感来自中国历史或神话传说。"[③]图像学的方兴未艾,得益于大量考古资料的累积。据粗略统计,这一时期问世的汉画像石墓考古报告、按地区编排的汉画图录汇编合计多达百余部[④],浩如烟海的文物资料,为现代学者掌握汉画整体状况、检索所需文献资料提供了极大便利。回到汉画图像学研究这一路径上,可将其进一步细分为三个方向[⑤],即围绕图像母题、文化史与社会学角度展开的相关研究。

图像母题研究。关于图像母题的分析,一部分学者站在历史特殊论的角度阐释汉画,认为汉画中的图像是现实事件的重现。较有代表性的相关研究如曾昭燏《沂南古画像石墓发掘报告》[⑥],认为沂南汉墓中室南壁横额的丰收宴

[①] 潘诺夫斯基在他的《图像学研究》(1939)、《哥特式建筑与经院哲学》(1951)、《早期尼德兰绘画》(1953)和《视觉艺术的含义》(1955)等著作中,奠定了图像学方法的基础。

[②] 贡布里希.贡布里希图像学文集[M].上海:上海书画出版社,1990:441.

[③] 巫鸿.武梁祠:中国古代画像艺术的思想性[M].北京:生活·读书·新知三联书店,2006:74.

[④] 例如①江苏地区:江苏省文物管理委员会.江苏徐州汉画像石[M].北京:科学出版社,1959.徐州博物馆.徐州汉画像石[M].南京:江苏美术出版社,1985.②山东地区:山东博物馆,山东省文物考古研究所.山东汉画像石选集[M].济南:齐鲁书社,1982.山东石刻艺术博物馆.山东汉画像石精萃[M].济南:齐鲁书社,1996.朱锡禄.嘉祥汉画像石[M].济南:山东美术出版社,1992.③河南地区:南阳汉代画像石编辑委员会.南阳汉代画像石[M].北京:文物出版社,1985.王建中,闪修山.南阳两汉画像石[M].北京:文物出版社,1990.阎根齐,米景周.商丘汉画像石[M].郑州:河南美术出版社,1992.④陕西地区:陕西省博物馆.陕北东汉画像石选集[M].北京:文物出版社,1959.陕西省博物馆.陕北东汉画像石[M].西安:陕西人民美术出版社,1985.李林,康兰英,赵力光.陕北汉画像石[M].西安:陕西人民美术出版社,1995.⑤四川地区:闻宥.四川汉代画像选集[M].上海:群联出版社,1955.高文.四川汉画像石[M].成都:巴蜀书社,1987.等.

[⑤] 刘伟冬.图像学与汉画像研究[J].南京艺术学院学报(美术与设计版),2013(6):1-12.

[⑥] 南京博物院,山东省文物管理处.沂南古画像石墓发掘报告[Z].北京:文化部文物管理局,1956.

享图是地主阶级剥削农民的现实反映，墓门横额处的胡汉攻战图表现了墓主生前的"功绩"；又有刘敦愿《汉画像石上的针灸图》[①]一文考定山东嘉祥宋山等地发掘的若干行医针砭图，图中行医者多呈人首、鸟足之羽人形象，是名医扁鹊的象征；李发林《汉画像中的九头人面兽》[②]认为九头人面兽是封建地主阶级武装力量的化身；叶又新、蒋英炬《武氏祠"水陆攻战"图新释》[③]将武氏祠中两幅描绘战争的画像定义为官府镇压农民起义的历史画卷；等等。也有学者更倾向于一般化的、象征的、社会学的解释，他们认为一些以著名历史事件为底本的汉画图像，很可能在传播过程中逐渐演变为"一般性象征"[④]的图像了。例如克劳森（Doris Croissant）在她的学位论文《武梁祠的功能与壁上装饰》[⑤]中指出汉画艺术的双重意义，既象征死者在黄泉世界中的极乐享受，又象征墓主在世的理想；布林（Anneliese Bulling）的综合研究论文《东汉流行的三个主题：升鼎、过桥、神像》[⑥]、白瑞霞（P. Berger）《武梁祠的桥上战争：一个方法论的问题》（1976）、简·詹姆斯（Jean James）博士论文《两处后汉墓葬的图像志研究：武氏祠与和林格尔墓》[⑦]等都倾向于在图像志和象征意义两个层面对汉画图像内涵做出阐释。

  文化史研究。汉画的文化史研究着重于挖掘汉画的历史、文化意蕴，并在这一时期形成了多个专题研究热点。例如众多学者对汉画中道教仙升意涵的关注：曾布川宽《昆仑山と升仙图》[⑧]《汉代画像石中升仙图の系谱》

[①] 刘敦愿.汉画象石上的针灸图[J].文物，1972（6）：47-52.
[②] 李发林.汉画像中的九头人面兽[J].文物，1974（12）：82.
[③] 叶又新，蒋英炬.武氏祠"水陆攻战"图新释[J].文史哲，1986（3）：66-71.
[④] 巫鸿.开放的艺术史 武梁祠 中国古代画像艺术的思想性[M].北京：生活·读书·新知三联书店，2015：71.
[⑤] CROSSANT D. Funktion und Wanddekor der Opferschreine von Wu-liang-Tz'u：Typologische und ikonographische Untersuchungen[J]. Monumenta Serica，1964（23）：88-162.
[⑥] BULLING A.Three Popular Motifs in the Art of the Eastern Han Period：The Lifting of the Tripod, the Crossing of a Bridge, Divinties[J]. Archives of Asian Art，1966-1967（20）：42-89.
[⑦] JAMES J. An Iconographic Study of Two Late Han Funerary Monuments：The Offering Shines of the Wu Family and the Multichamber Tomb at Holingor[D].Iowa：Iowa University，1983.
[⑧] 曾布川宽.昆仑山と升仙图[M]//东方学报：第51册.京都：京都大学人文科学研究所，1979：83-186.

（1993）①；李黎阳《汉画像砖石中的升仙题材》②；孟强《关于汉代升仙思想的两点看法》③；刘绍明《汉画所见早期道教神蹻考述》④等。亦有在儒家忠孝观念方面对汉画做出阐述，如王宇信《批判汉武梁祠中一幅攻击秦始皇的石刻画像》⑤、骆承烈《从武氏墓群石刻看东汉时期儒家思想的渗透》⑥、贾庆超《武氏祠汉画石刻中的精神文化内涵》⑦、杨爱国《汉代的忠孝观念及其汉画艺术的影响》⑧等。其中，有关汉画礼仪性问题的论述备受瞩目。1995年巫鸿《中国古代艺术和建筑中的纪念碑性》一书发表，书中他对中国古代礼仪文化内涵进行深度挖掘，次年他的《礼仪中国的美术——马王堆再思》⑨由学者陈星灿翻译发表，在讨论马王堆帛画时巫鸿进一步提出仪礼文化背景下美术作品的意义，随后更将"礼仪美术"这一概念理论化、系统化，相关内容收录在《礼仪中的美术》这部皇皇巨著中。与此同时，英国汉学家鲁惟一（Michael Loewe）从古文献和考古学两个方面，讨论了汉时中国的丧葬礼仪，其中亦涉及汉画的礼仪性问题。⑩

社会学研究。这一阶段对汉画像社会因素的考察亦被学者纳入研究视野。段拭《汉画》⑪一书认为汉画像之所以存在，与汉代社会的物质状况不无关系；

---

① 曾布川宽.汉代画像石中升仙图の系谱[M]//东方学报：第65册.京都：京都大学人文科学研究所，1979：23-221.
② 李黎阳.汉画像砖石中的升仙题材[J].美术史论，1992（4）：95-99.
③ 孟强.关于汉代升仙思想的两点看法[J].中原文物，1993（2）：25-32.
④ 刘绍明.汉画所见早期道教神蹻考述[J].中国道教，1994（3）：38-39.
⑤ 王宇信.批判汉武梁祠中一幅攻击秦始皇的石刻画象[J].文物，1974（3）：29-32.
⑥ 骆承烈.从武氏墓群石刻看东汉时期儒家思想的渗透[J].齐鲁学刊，1987（5）：59-61.
⑦ 贾庆超.武氏祠汉画石刻中的精神文化内涵[J].东岳论丛，1992（2）：64-68.
⑧ 杨爱国.汉代的忠孝观念及其汉画艺术的影响[J].中原文物，1993（2）.：63-68.
⑨ 巫鸿.礼仪中的美术——马王堆再思[M]//考古学的历史、理论、实践.郑州：中州古籍出版社，1996：404-430.
⑩ LOEWE M. The Imperial Way of Death in Han China, Stale and Court Ritual in China[M].Cambridge: University of Cambridge Oriental Publications, 1999: 81-111.
　LOEWE M. State Funerals of Han Empire[J].Bulletin of the Museum of Far Eastern Antiquities,1999(71): 5-72.
⑪ 段拭.汉画[M].北京：中国古典艺术出版社，1958.

美国学者包华石（Martin Powers）《早期中国的政治和艺术表达》[1]一书则对汉画与公众、艺术趣味、利益集团之间的复杂关联进行论述；山下志保《画像石墓与东汉时代的社会》[2]从墓葬形制演变的角度讨论汉画像石墓的发展；雷德侯（Lothar Ledderose）《万物：中国艺术中的大规模与模件化生产》[3]讨论了汉画的模件化生产如何与政治、宗教及文化思想相贯通；曾蓝莹《作坊、格套与地域子传统：从山东安丘董家庄汉墓的制作痕迹谈起》[4]则从画像的拼接痕迹中发现了汉代画像的作坊化运作模式。

直到今天，对画像内容的图像学探索依然是汉画像石研究的主流。图像学研究在中外学者的频繁互动中得到长足发展：国内学者不断引进、消化西方新近的研究方法和理论成果，海外学者亦密切关注国内考古资料的发掘与利用。从考古类型学到图像学的演进，表明汉画研究方法的不断更新，研究范围亦不断拓展。围绕图像母题开展的内容考释、以文化史为角度进行的思想内涵分析、对汉画社会学因素的初探，除此之外还有少部分学者对汉画雕刻技法、图像配置规律、题材内容以及汉画背后承载的汉代礼制文化、风俗信仰等问题进行细致讨论，为综合研究阶段的纵深发展奠定了良好基础。

4. 综合研究阶段

作为中国传统礼制艺术的重要分支，汉画像石以其独特的艺术魅力诠释着中华民族的坚毅和苍伟，它不仅是早期中国造型艺术的璀璨明珠，更是我们文化基因的视觉呈现和物化承载。因此，有关汉画内在意义的探索必然涉及历史、宗教、社会、艺术、哲学等诸多领域，并且随着研究的不断深入，它最终呈现出跨学科甚至超学科的整合趋势。进入21世纪之后，海内外学者纷纷将注意力转移到挖掘汉画整体形式背后所蕴含的思想内涵上，所出专著汗牛充栋，期刊论文更是不计其数。笔者粗略统计，大致将这一阶段的研究

---

[1] POWERS M. Art and Political Expression in Early China [M]. New Haven: Yale University Press, 1991.

[2] 山下志保. 画像石墓与东汉时代的社会 [J]. 中原文物, 1993（4）: 81-90.

[3] LEDDEROSE L. Ten Thousand Things: Module and Mass Production in Chinese Art [M]. Newheven: Princeton University Press, 2000.

[4] 曾蓝莹. 作坊、格套与地域子传统：从山东安丘董家庄汉墓的制作痕迹谈起 [J]. 台湾大学美术史研究集刊, 2000（8）: 40-41.

成果分为图录档案、综合研究、艺术史研究、文学与文化史研究四类，并各举数例，略加介绍。

图录档案。这一时期汉画图像档案的建立与著录，较20世纪初考古类型学阶段的编辑体例更加规范，研究者一方面通过线描、摄像等手段对图像进行录入，另一方面又用规范化的专词术语对图版内容做简要说明，最后附以文献和索引各项。具有代表性的图录档案如中国画像石全集编辑委员会编《中国画像石全集》[1]，一至七卷分别对山东、江苏、陕西、河南、四川等地保存较为完整的，或具有代表性的汉画像石进行著录，第八卷则按朝代编排了汉以后历代石刻线画。另一部必须提及的汉画图录档案：朱青生等主编的《汉画总录》[2]（目前出版至第43卷），是近年来汉画图像资料整理比较全面的系列图书，它以地域为单元，将现存汉画遗址残迹进行梳理、编号，并以照片、拓片、线图及墓葬位置复原图等方式记录汉画图像，对图像的出土地、年代、尺寸、画面内容、图像关系等做出全面著录，最后再配上索引，注出与图像相关的古文献和研究成果。信息之充溢、条理之清晰，十分便于读者通览和检索。2022年，顾森《中国汉画大图典》[3]出版，这同样是一部整理汇集汉代雕塑和画绘作品的图典，不同的是他将这些图像分成人物故事、舞乐百业、车马乘骑、仙人神祇、动物灵异、建筑藻饰、丹青笔墨（上、下）七类辑成八册，书中除了对图像拓片进行展示外，还辅以门类述要、专题文章等作为说明和补充，对读者全面、系统了解汉画图像的发展脉络、历史内蕴、艺术造型等方面具有一定参考作用。

综合研究。图像学结合文献史料，以探索画像内容为重点，以全面介绍汉画发展概况为目的的综合研究著作也颇为丰富。继日本学者长广敏雄《汉代画像の研究》[4]之后，信立祥《汉代画像石综合研究》[5]更为系统地介绍了汉

---

[1] 中国画像石全集编辑委员会编.中国画像石全集［M］.济南：山东美术出版社，2000.
[2] 康兰英，等.汉画总录［M］.桂林：广西师范大学出版社，2012.
[3] 顾森.中国汉画大图典［M］.西安：西北大学出版社，2022.
[4] 长广敏雄.汉代画像の研究［M］.东京：中央公论美术出版社，1965.
[5] 信立祥.汉代画像石综合研究［M］.北京：文物出版社，2000.

画像石的发展和研究简史、分区与分期研究、产生背景、题材分类、墓室画像与祠阙画像关系、各区间画像的交流和影响等内容，对汉画研究产生很大影响。蒋英炬等《汉代画像石与画像砖》①在综合阐述汉代画像石、画像砖的题材内容、研究简史等方面的基础上，按区域对其进行有重点的分析和总结。罗二虎博士论文《西南汉代画像与画像墓研究》②则将画像和墓葬整体联系起来，对整个西南地区汉画进行了综合比较研究；此外还有李锦山《鲁南汉画像石研究》③、邢义田《画为心声：画像石、画像砖与壁画》④、蒋英炬等《汉代武氏墓群石刻研究》⑤、武利华《徐州汉画像石通论》⑥等，都是全面系统研究汉画的力作。

艺术史研究。汉画像石是中国早期工艺美术的一种特殊样式，近年来从艺术史角度对汉画进行研究，以期把握汉画像石审美走向的著作不乏精品。2006年，苏利文（Michael Sullivan）《中国艺术史》⑦一书出版，集中讨论了汉画艺术风格与地域之联系。此后，相关著作显著增多，如郑燕欣著《汉画艺术论》（2008）；刘宗超著《画像石艺术——砖石精神》（2009）；黄雅峰著《图绘天地——汉画的艺术表现性》（2010）；杨絮飞著《汉画像石造型艺术》（2010）；黄雅峰著《汉画像石画像砖艺术研究》（2011）等。其中，较有学术影响和代表性的著作是朱存明的《汉画之美：汉画像与中国传统审美观念研究》⑧，该书从美学的高度审视汉画，作者在现代美学的学术视野上，尝试挖掘出汉画图像背后所隐藏的汉民族审美意识的独特性，这为我们重新审视汉民族的审美文化提供了新的研究方向。也有部分学者以地域为界介绍画像石的艺术特色，如徐永斌《南阳汉画像石艺术》（2007）；艳霞著《南阳汉画

---

① 蒋英炬，杨爱国.汉代画像石与画像砖［M］.北京：文物出版社，2001.
② 罗二虎.西南汉代画像与画像墓研究［D］.成都：四川大学，2002.
③ 李锦山.鲁南汉画像石研究［M］.北京：知识产权出版社，2008.
④ 邢义田.画为心声：画像石、画像砖与壁画［M］.北京：中华书局，2011.
⑤ 蒋英炬，吴文祺.汉代武氏墓群石刻研究［M］.北京：人民美术出版社，2014.
⑥ 武利华.徐州汉画像石通论［M］.北京：文化艺术出版社，2017.
⑦ 苏利文.中国艺术史［M］.徐坚，译.长沙：湖南教育出版社，2006.
⑧ 朱存明.汉画之美：汉画像与中国传统审美观念研究［M］.北京：商务印书馆，2011.

像石图案装饰艺术研究》（2009）；王婷《空间石刻 徐州汉画像石艺术研究》（2009）；王娟《汉代画像石审美研究 以陕北、晋西北地区为例》（2013）；徐永斌《南阳汉画装饰艺术》（2014）等。

　　文学与文化史研究。由于一部分汉画图像所绘内容可与典籍史料相印证，而又有一部分图像所绘内容为史载所未详，因此有学者便从"以图证史""图文互证"的角度切入来解读汉代的社会风情和文化思想；也有学者从丰富的图像类型中择取其一，辑证文献、精细释读，在概括不同题材图像系统的时代特征的同时，深入分析图像与汉代社会民俗、文化信仰间的互动关联。前者之类如汪小洋《汉墓绘画宗教思想研究》[1]，作者将汉画视为我国本土宗教美术发展的起点，因此他在完整梳理了汉代墓葬思想和墓室绘画遗存之后，集中探讨了宗教思想对墓室绘画的具体指导。刘茜《汉画像石图像艺术与汉代生死观》[2]，从整体上揭示了汉画图像艺术所具有的主题思想，也就是汉代生死观的发展演变历程；黄宛峰《汉画像石与汉代民间丧葬观念》[3]一书，将汉画看作民间丧葬文化的"镜像"，作者从生命主题、神仙观念、等级观念、功名意识、孝道观、夫妻观等思想史角度审视汉画，深刻剖析了汉代乃至中国古代极具文化特色的民间丧葬观；姜生《汉帝国的遗产：汉鬼考》[4]，则从汉代宗教信仰的角度出发，重点探讨了汉墓中出现的各种神祇形象，提出原始道教的神学逻辑对墓葬格局的重要影响，资料广博，理论系统，无论对汉代艺术研究还是宗教思想研究都具有启发意义。还有张道一《汉画故事：刻在石头上的记忆》[5]，作者精选出600余幅汉画图片，将形色各异的画面分成人事、神话、祥瑞三类，辅以可靠文献，对图像的内容、情节、出处和艺术特质等逐一进行语释，多维度展现出汉代世俗生活与信仰世界，为汉代思想史和社会史研究提供了又一种史料。

　　后者之类主要围绕着几个专题热点展开：①有以汉画中的神祇崇拜、神

---

[1] 汪小洋.汉墓绘画宗教思想研究[M].上海：上海大学出版社，2010.
[2] 刘茜.汉画像石图像艺术与汉代生死观[M].北京：中国社会科学出版社，2015.
[3] 黄宛峰.汉画像石与汉代民间丧葬观念[M].北京：中国社会科学出版社，2015.
[4] 姜生.汉帝国的遗产：汉鬼考[M].北京：科学出版社，2016.
[5] 张道一.汉画故事：刻在石头上的记忆[M].北京：中华书局，2020.

话传说为研究对象的论著（此类研究成果最为丰硕，下文将着重介绍）；②有从民俗文化学这一视角着重对汉画中的乐舞百戏图进行分类研究，如刘朴《汉画像石中的体育活动研究》[①]，刘建《汉画像舞蹈图像的表达》[②]，刘建、高众《翘袖折腰：汉画舞蹈的深描与重建》[③]等；③有以胡人形象为线索探讨西域文化对汉代艺术的影响，如朱浒《汉画像胡人图像研究》[④]；④还有对汉画做社会学研究，通过追究"螺女图""伏羲、女娲图""后羿射日图"等汉画原型，揭示汉代社会中的婚姻现象，如《汉画像的社会学研究》[⑤]。其中，有关汉画中神祇图像的研究成果十分丰富，如李立《汉墓神画研究》[⑥]，通过追溯汉代墓葬中所见神祇形象（如方相氏）和神话内容（如雷神鼓车图）的文化根源，来揭示汉代极具功利色彩的神仙信仰和神仙崇拜对汉代墓葬造型艺术的深远影响。牛天伟、金爱秀《汉画神灵图像考述》[⑦]，分别从构图特征、文献考证、神话意蕴等方面，对汉画中的伏羲女娲、西王母、祥禽瑞兽、天体星象等神灵图像做出简要介绍，为庞大繁杂的神灵图像系统理出一个较为清晰的脉络。程万里《汉画四神图像》[⑧]，重点梳理了汉画中的四神图像系统，作者一方面从艺术学角度探讨了四神图像的主题类型、视觉形态和内涵意义，另一方面也对其主题及流变进行了文化释读，强调了四神图像对汉代审美文化的形塑意义。专著之外，还有一些学术论文也尝试从典型个案入手去思考汉画中蕴藏的神仙信仰，如刘辉《汉画中的神仙世界》[⑨]，认为整个祠堂、墓葬画像内容真正展示的是汉代人对死后升仙的表达，即它们全部象征着神仙世界；曹建国《汉画像"玄猿登高"升仙含义释读》[⑩]，认为汉画中较常出现的玄猿登高图，具有

[①] 刘朴.汉画像石中的体育活动研究[M].北京：人民出版社，2009.
[②] 刘建.汉画像舞蹈图像的表达[M].北京：民族出版社，2011.
[③] 刘建，高众.翘袖折腰：汉画舞蹈的深描与重建[M].北京：文化艺术出版社，2022.
[④] 朱浒.汉画像胡人图像研究[M].北京：生活·读书·新知三联书店，2017.
[⑤] 郑先兴.汉画像的社会学研究[M].开封：河南大学出版社，2009.
[⑥] 李立.汉墓神画研究：神话与神话艺术精神的考察与分析[M].上海：上海古籍出版社，2004.
[⑦] 牛天伟，金爱秀.汉画神灵图像考述[M].开封：河南大学出版社，2009.
[⑧] 程万里.汉画四神图像[M].南京：东南大学出版社，2012.
[⑨] 刘辉，刘玉.汉画中的神仙世界[J].文物世界，2017（1）：12-16.
[⑩] 曹建国.汉画像"玄猿登高"升仙含义释读[J].文史哲，2018（1）：89-103.

导引墓主升仙意义。陈二峰《汉画像中的升仙图式探析》[①]，认为汉画像中的升仙画像，既是汉代人生死观的重要反映，也是消弭对死亡的恐惧、超越生命极限的幻想，折射出灵魂不灭的唯心观。在上述汉画神祇图像的专题研究中，有关西王母群像及其相关神话、信仰成为学术界讨论的一个热点专题，延续至今。如李淞《论汉代艺术中的西王母图像》[②]，作者结合古籍文献记载，对西王母神话的流变过程进行归纳，并以近年来出土的汉代西王母图像实物为对象，通过图史互证，来探讨西王母图像演变的历史因素和宗教因素。这一研究，有助于我们获得对西王母图像系统更为具体、清晰和深入的认知。王倩《汉画像石西王母图像方位模式研究》[③]，作者将西王母图像复原到其所生成的墓葬环境中，意在了解图像与墓葬空间之间的内在关联，然后又将汉画像石表述的方位模式置于汉代文化语境中，并将其与汉代仪式、神话方位模式加以比较，以此发现画像石方位模式的独特结构。这种以方位排布为切入点揭示汉人神话思维的研究路径具有一定的科学性，值得我们借鉴。

综上所述，近30年来学界对汉画像石的探索和研究，大体上经历了金石学实录—考据学阐释—图像学分析—综合研究这四个阶段，专题研究亦在纵深上不断拓展。传统金石学、考古学积累的大量史料，为汉画研究迈入下一阶段打下了坚实基础。并且，随着图像学、历史学、美术学等新视角、新理论、新方法的引入，使汉画研究不断得以拓展和深入，最终呈现出多学科交叉讨论以及综合化、系统化的发展态势。

二、汉画图像研究的叙事转向

既然"汉画的性质与墓葬随葬品无异"[④]，那么要研究汉画，首先就必须复原汉画所在的空间原境，即将其放置在立体的墓葬空间中进行考量。在汉人眼中，墓葬既是一个"藏匿"亡者躯体的建筑空间，同时也是一个寄寓情思的精神空间，生者借此以报亲恩并获得墓主庇佑，亡者借此与天地沟通而获

---

① 陈二峰.汉画像中的升仙图式探析［J］.宗教学研究，2018（1）：14–21.
② 李淞.论汉代艺术中的西王母图像［M］.长沙：湖南教育出版社，2000.
③ 王倩.汉画像石西王母图像方位模式研究［M］.镇江：江苏大学出版社，2018.
④ 李立.汉画像的叙述［M］.北京：中国社会科学出版社，2016：1.

得永生。正因如此，人们对墓室的修建显得格外慎重，不仅在选址、布局等方面始终秉持人道效法天道的"天人合一"理念，甚至在选材、装饰乃至施彩等细节上也思虑良多，这其中，配置在墓葬建筑各处的画像石，便是汉人对不朽生命不懈追求的最好注解。汉画被视为汉代墓葬艺术之精粹，迄今考古发掘出土的汉代墓葬已逾万座。早期金石学和考古类型学对汉画的考据往往以个案研究为主，考察对象也仅限于某一特定图像，因而容易忽视画像与其所在墓葬空间之间的意义联结，即存在着割裂墓葬艺术整体性的缺陷，同时也很少在礼仪范畴内考量图像的原始功能和象征意义。直到20世纪中后期，一种来自西方的新的方法论——图像学引入中国并开始在文艺领域发挥影响。于是，众多学者纷纷摆脱旧有研究范式，一方面以经史资料为据来挖掘图像的视觉形象含义，另一方面也尝试复原图像在墓葬空间中的位置关系，通过建筑结构上的关联探寻图像之间在内涵和意义上的联系。

艺术史学家巫鸿曾在《礼仪中的美术》一书中提及：图像学研究的重点之一是着力于揭示图像与文学之间的历史联系，"在一个特定时期和文化体中人们所创造的艺术与文学（包括口头文学）应有相互平行之处，二者都反映了当时人们观察、理解、表现世界的特殊角度和观念。"[①] 此后，越来越多的学者将研究视角聚焦于探讨图像与文学之间"相互平行"的概念或联系，比如赵宪章《文体与图像》[②]就是从学理上深入探讨"语—图"关系的力作，他对"语—图"关系史的细致梳理、对语图互仿中"顺势"与"逆势"问题的清晰阐释等，都是我们研究中国古代绘画艺术特别是汉画艺术时必须考察的重大问题。但是，相比于"语—图"关系研究，专从"意义如何表达"这一角度对图像的叙事性问题展开的讨论则相对不足。最早意识到汉画叙事性特征的学者是巫鸿，在《礼仪中的美术》[③]中，他敏锐地将叙事学维度引入图像学研究中。他认为："叙事性绘画"这一概念在汉代早期尚不存在，马王堆帛

[①] 巫鸿.礼仪中的美术［M］//巫鸿.中国古代美术史文编：上册.北京：生活·读书·新知三联书店，2005：28.

[②] 赵宪章.文体与图像［M］.北京：人民文学出版社，2014.

[③] 巫鸿.礼仪中的美术［M］//巫鸿.中国古代美术史文编：上册.北京：生活·读书·新知三联书店，2005：110.

画那样的艺术品其构图原则只能说是"相关性的"(correlative)概念性的联系(conceptual relationships),而不是"叙事性的"(narrative),直到东汉中后期,汉画中才出现了大量叙事性图像。他以四川"白猿传"画像为例[①]讨论了叙事绘画与叙事文学之关系,这一回溯性研究,为跨界到叙事学的图像分析做出了很好的示范,相关论点对我们思考中国早期图像叙事的一般性问题具有重大启发。继巫鸿之后,台湾地区学者陈葆真在 Time and Space in Chinese Narrative Paintings of Han and the Six Dynasties[②] 一文中,依据"时""空"的不同表现把汉代叙事画分为同发式构图、单景式构图和连续式构图三种类型,并以武梁祠"荆轲刺秦"图为例,从构图技巧入手,阐明图像不同于文字的叙事规律。无独有偶,另一位台湾地区学者邢义田在《格套、榜题、文献与画像解释》[③]一文中,以"七女为父报仇"图为例,进一步阐明图像如何以"时间差"来表现故事情节。在这些研究者们孜孜不倦的探索和努力下,汉画图像叙事中的一些普遍性议题如叙事技法、时间与空间表现、图文转译和互动等问题逐一被提上日程。之后,美国学者唐琪(Thompson Lydia Dupont)在他的博士论文《沂南汉墓——东汉图画艺术中的叙事和仪式》[④]中,又强调了汉画的礼制属性,他重点讨论了图像叙事和仪式表演之间的内在关联,以及"空间性"在墓葬叙述中的体现。他的贡献在于对沂南汉墓中的画像首次做出综合性解读,并尽可能地还原了汉时杂糅的宗教信仰和知识世界。还有美籍中国艺术史专家孟久丽所著《道德镜鉴——中国叙述性图画与儒家意识形态》[⑤]一书,作者不仅梳理了中国叙事画传统、精确定义了"中国叙述性图画"这一概念,还运用西方叙事学理论对包括汉画在内的叙述性图画中的"图

[①] 巫鸿.礼仪中的美术[M]//巫鸿.中国古代美术史文编:上册.北京:生活·读书·新知三联书店,2005:186.

[②] CHEN P C. Time and Space in Chinese Narrative Paintings of Han and the Six Dynasties[M]// HUANG C C, ZÜRCHER E. Time and Space in Chinese Culture. Leiden:E. J. Brill, 1995:239–285.

[③] 邢义田.画为心声:画像石、画像砖与壁画[M].北京:中华书局,2011.

[④] THOMPSON L D. The Yi'nan Tomb–Narrative and Ritual in Pictorial Art of the Eastern Han(25–220 C.E.)[D]. New York:New York University,1998.

[⑤] 孟久丽.道德镜鉴——中国叙述性图画与儒家意识形态[M].何前,译.北京:生活·读书·新知三联书店,2013.

画"与"故事"关系进行了深刻剖析。与此同时，大陆学者也纷纷撰文加入这一讨论行列。在《汉代画像石综合研究》①一书中，信立祥论及图像叙述中的"时间向度"问题，他尝试将图像上的空间位置整理成时间上的先后顺序，并提炼出"格套"这一概念。"格套"这一研究范式为汉画图像叙事研究开辟一个新的视野。龙迪勇是把图像叙事作为专门性的论题进行系统、深入讨论的首倡者，他在《空间叙事研究》②一书中最先提出"空间叙事学"构想，并全面剖析了包括故事画、雕塑、照片等偏重于空间维度的艺术体裁其图像叙事的本质与基本模式、图像叙事与文字叙事比较以及图像对文本的模仿等问题。这是国内首次从理论体系的高度对图像叙事的一般规律做出概括和总结，其理论观点对本书具有巨大的指导意义。之后，李立的《汉画像的叙述——汉画像的图像叙事学研究》③一书，又采用传统考据与数据统计相结合的方法，基于图像叙事学的学理高度，尝试在多种图像类型中概括汉画图像叙事的一般规律和特点。这是一部以个案研究为切入点，探寻墓葬图像叙事奥妙的力作，他将新的方法引入汉画研究领域，把汉画图像叙事研究推向更深广的层次。

　　回顾过去30年的研究历史，尽管涉及汉画图像叙事的成果相对较少，但有关语图关系研究、图像叙事研究的论说已十分广泛而深入，这些成果不遗余力地为图像研究的叙事转向奠定了重要的理论基础，并把一个个鲜活的、意义重大的课题推到了学术前沿。但与此同时，探奥索隐中也暴露出一些问题，比如强调个案分析而脱离历史语境，比如许多重要问题迄今仍停留在经验性的现象描述与概括阶段而尚未深入肌理。有前车之鉴，作者在研究中将更加注重开发中国传统图像史料；既关注个案分析，又注重综合研究，小中见大、触类旁通；同时强调历史纵深感和实证精神，在历史与逻辑的交汇点上将经验描述上升到理论层面。具体来讲，主要有以下几点：首先，重思传统文化格局中的语图关系，打破以语词为主轴的思维模式，进一步凸显图像

---

① 信立祥.汉代画像石综合研究[M].北京：文物出版社，2000：115.
② 龙迪勇.空间叙事研究[M].北京：生活·读书·新知三联书店，2014.
③ 李立.汉画像的叙述——汉画像的图像叙事学研究[M].北京：中国社会科学出版社，2016.

在历史和学术研究中的价值与地位。其次，充分利用"汉代图像综合调查与数据库"、《汉画总录》等最新史料资源，从中筛选样本进行个案分析并检验结论，保证研究成果的先进性和科学性；同时尽可能还原或者追溯与图像相关的物态情境和原境信息，以便得出既合乎历史，又合乎逻辑的结论。最后，立足于本土题材，于图文叙述差异中凸显中国早期叙述性图像的独特魅力。

第一章

汉代丧葬：奢僭的礼制文化

汉时"厚葬为德，薄终为鄙"的浮侈之风滋育了奢华堂皇的墓葬文明，那些镌刻在墓室石壁之上，至今仍清晰可辨的一幅幅神秘图画——汉画像石，便是最为忠实的历史见证。作为集礼制性、审美性和实用性为一体的时代产物，汉画像石"负载着大量隐秘信息的文化密码，是汉代社会形象的文化标记"[1]，它反映着两汉时期以封建伦理为本体的思想体系和以"灵魂不灭"为逻辑前提的形而上学的生死观，更是大汉王朝"控引天地，错综古今"博大气概的真实写照。

第一节　厚葬为德，薄终为鄙

从汉武帝刘彻"罢黜百家，独尊儒术"，将儒家伦理思想系统化、纲常化，到光武帝刘秀"举逸民，宾处士，褒崇节义"，大力表彰气节、提倡忠孝，再到明帝、章帝、和帝激励操行、征用志士，在数代帝王的不懈推动下，上至皇贵下至百姓，均以名节、孝道相尚，相互标榜，于是厚葬之风愈加炽盛，正如《后汉书·光武帝纪》所言："世以厚葬为德，薄终为鄙，至于富者奢僭，贫者殚财，法令不能禁，礼义不能止。"[2]

---

[1] 徐永斌，王斐.南阳汉画装饰艺术[M].开封：河南大学出版社，2014：216.
[2] 范晔.后汉书·光武帝纪下[M].北京：中华书局，1965：51.

一、葬埋过制，蔚然成风

《吕氏春秋·节丧》曾记载："国弥大，家弥富，葬弥厚。"早在春秋战国时，厚葬之俗就已经相当普遍，确如墨子所述："此存乎王公大人有丧者，曰棺椁必重，葬埋必厚，衣衾必多，文绣必繁，丘陇必巨；存乎匹夫贱人死者，殆竭家室；存乎诸侯死者，虚车府，然后金玉珠玑比乎身，纶组节约，车马藏乎圹，又必多为屋幕。鼎鼓、几梴、壶滥、戈剑、羽旄、齿革，寝而埋之，满意。若送从，曰天子杀殉，众者数百，寡者数十；将军、大夫杀殉，众者数十，寡者数人。"(《墨子·节葬》)当一代霸主齐桓公的墓冢被晋人盗掘时，就有"金蚕数十簿，珠襦、玉匣、缯彩、军器不可胜数"(《史记·齐太公世家》正义引《括地志》)。至秦汉时，这般情景愈演愈烈，甚至到了"废事生而荣终亡，替所养而为厚葬"[①]的荒唐地步。秦始皇首开先例，动用70万民工，历时30余载在郦山北麓为自己精心营造了一座奢靡浩大的陵冢，据《史记》描述："始皇初即位，穿治郦山。及并天下，天下徒送诣七十余万人，穿三泉，下铜而致椁，宫观百官奇器珍怪徙藏满之。令匠作机弩矢，有所穿近者辄射之。以水银为百川江河大海，机相灌输，上具天文，下具地理。以人鱼膏为烛，度不灭者久之。"[②]仅从现已发掘的位于陵墓东侧的三个兵马俑坑，其总面积达14260平方米，出土陶俑7000余件、陶马600余匹、木质战车125乘，还有大量造型生动、工艺考究的青铜兵器，便可证司马迁所言非虚。两汉时期厚葬风气只增不减，渭水北岸和洛阳西邙山上栉比鳞次的汉代帝王陵墓群，再现着昔日恢宏的气势。以西汉十陵中保存最为完好的武帝茂陵为例，据《长安志》引《关中志》云：西汉陵墓一般高十二丈，方一百二十步，其中数茂陵规模最大，高十四丈，方一百四十步。不仅规模宏大，随葬珍宝之多也令人咋舌：陵中"多臧金钱财物，鸟兽鱼鳖牛马虎豹生禽，凡百九十物，尺瘗臧之"[③]。即便是以节俭著称的汉文帝，其霸陵在西晋末年被盗时，依然令

[①] 范晔.后汉书·赵咨传[M].北京：中华书局，1965：1314.
[②] 司马迁.史记[M].北京：中华书局，1959：265.
[③] 班固.汉书·贡禹传[M].北京：中华书局，1962：3070.

盗墓者"多获珍宝"[①]。

上行而下效，统治者率先垂范，那些穷奢极欲的权贵皇戚、高标名节的士大夫乃至财资富厚的工商大贾，纷纷大造冢茔，规模之巨，"积土成山，列树成林"。其棺具的制作也极尽奢华之事："……京师贵戚，必欲江南檽梓豫章梗柟……或至刻金镂玉……崇奢上僭。"[②]相关文献记录在考古发掘中都可以得到证实，如西汉中山靖王刘胜妻子窦绾墓中的镶玉漆棺、金缕玉衣；长沙马王堆1号汉墓中华丽的四层彩绘棺椁，均可谓极尽工巧。富者越法度以相尚，黎民百姓亦竞相仿效。"富者绣墙题凑，中者梓棺梗椁，贫者画荒衣袍，缯囊缇橐……"[③]更有甚者，破资产而不逮：汉代典籍中不乏因厚葬而破业之人，如秦汉之际军事家韩信，布衣时"其母死无以葬，乃行营高燥地，令傍可置万家者"[④]。可见无论贫富，无论阶层，朝野上下竟以厚葬相高。

二、繁文缛礼，追思怀远

高坟大寝作为厚葬习俗的物质性体现，仅仅映射出"埋葬过制"的冰山一角，那些如今已然难以完整再现的繁文缛礼，在统治者借由儒生之手的推动下，具象化为一套系统而隆重的礼制程序，并详细记录在《仪礼》《礼记》等文化典籍中，形成了包括"属纩""复""楔齿""缀足""沐浴、含殓、报丧、入殓、守夜、作七、题主、治丧、家奠、启灵、送殡、安葬"[⑤]等一套完整的丧葬礼仪。汉时葬仪大抵承袭先秦周制而"有所增益减损"，大致可分为三个阶段：

[①] 房玄龄.晋书·索琳传[M].北京：中华书局，1974：1650.
[②] 王符.潜夫论笺校正·浮侈[M].北京：中华书局，1985：134.
[③] 王利器校注.盐铁论·散不足[M].北京：中华书局，2015：392.
[④] 班固.汉书·韩信传[M].北京：中华书局，1962：1861.
[⑤] 郭璞注.穆天子传：卷六[M].北京：中华书局，1985：33-39.

表1-1　汉时丧葬礼仪的三个阶段

葬前之礼	招魂	"北面招以衣，曰，皋，某复。三，降衣于前。受用箧，升自阼阶，以衣尸。"	《仪礼·士丧礼》
		"君复，于小寝、大寝、小祖、大祖、库门、四郊。"	《礼记·檀弓上》
		"复：诸侯以褒衣；冕服，爵弁服。夫人税衣揄狄，狄税素沙。内子以鞠衣，褒衣素沙，下大夫以襢衣。其余如士。""复西上。大夫不揄绞，属于池下。"	《礼记·杂记上》
	为铭	"为铭，各以其物。"	《仪礼·士丧礼》
	沐浴	"外御受沐入。主人皆出户外，北面。乃沐栉，挋用巾。浴用巾，挋用浴衣。"	《仪礼·士丧礼》
	饭含	"主人左扱米实于右，三，实一贝。左、中亦如之。"	《仪礼·士丧礼》
		"天子饭，九贝；诸侯七，大夫五，士三。"	《礼记·杂记下》
	小敛	"商祝布绞、衾、散布、祭服。""卒敛，彻帷。主人西面冯尸，踊无算。"	《仪礼·士丧礼》
		曾子曰："尸未设饰，故帷堂，小敛而彻帷。"	《礼记·檀弓上》
		"小敛：布绞，缩者一，横者三。君锦衾，大夫缟衾，士缁衾，皆一，衣十有九称。君陈衣于序东，大夫、士陈衣于房中，皆西领，北上。绞，紟不在列。"	《礼记·丧大记》
	大敛	"小敛于户内，大敛于阼。""大敛：布绞，缩者三，横者五。布紟，二衾。君、大夫士一也。"	《礼记·丧大记》
		"商祝布绞、紟、衾、衣，美者在外。君襚不倒。有大夫，则告。士举迁尸，复位。主人踊无算。""主人奉尸敛于棺，踊如初，乃盖。"	《仪礼·士丧礼》
		"公视大敛，公升，商祝铺席，乃敛。"	《礼记·杂记上》
	朝夕哭	"朝夕哭，不辟子卯。"	《仪礼·士丧礼》
	朔月设奠	"朔月奠，用特豚、鱼、腊，陈三鼎如初。"	《仪礼·士丧礼》
	占筮墓地及葬期	"筮宅。""卜日"	《仪礼·士丧礼》
		"大夫卜宅与葬日，有司麻衣布衰布带，因丧屦，缁布冠不蕤。占者皮弁。"	《礼记·杂记上》

续表

葬礼阶段	祖奠	"迁于祖,用轴。"	《仪礼·既夕礼》
		"殷朝而殡于祖,周朝而遂葬。"	《礼记·檀弓下》
	送葬	"商祝执功布以御柩。执披。主人袒。乃行。踊无筭。出宫,踊,袭。至于邦门,公使宰夫赠玄纁束。"	《仪礼·既夕礼》
	落葬	"至于圹,陈器于道东西,北上。茵先入。属引。主人袒。众主人西面,北上,妇人东面,皆不哭。乃窆,主人哭,踊无筭。"	《仪礼·既夕礼》
		"既葬,各以其服除。"	《礼记·檀弓上》
	返庙致吊辞	"乃反哭,入,升自西阶,东面。众主人堂下,东面,北上。妇人入,丈夫踊,升自阼阶。主妇入于室,踊,出,即位及丈夫拾踊三。宾吊者升自西阶,曰:'如之何!'"	《仪礼·既夕礼》
	虞祭	"犹朝夕哭,不奠,三虞。"	《仪礼·既夕礼》
		"始虞用柔日,曰:'哀子某,哀显相,夙兴夜处不宁。'敢用絜牲刚鬣、香合、嘉荐、普淖、明齐、溲酒,哀荐祫事,适尔皇祖某甫。飨。""再虞,皆如初,曰:'哀荐虞事。'三虞、卒哭。他用刚日,亦如初,曰:'哀荐成事。'"	《仪礼·士虞礼》
		"上大夫之虞也,少牢。卒哭成事,附,皆大牢。下大夫之虞也,犆牲;卒哭成事,附,皆少牢。"	《礼记·杂记下》
	卒哭	"父母之丧,既虞、卒哭,疏食水饮,不食菜果。""父母之丧,既虞、卒哭,柱楣翦屏,芐翦不纳。"	《礼记·间传》
葬后服丧、祭祀	小祥之祭	"期而小祥,曰:'荐此常事。'"	《仪礼·士虞礼》
		孔子曰:"闻之:小祥者,主人练祭而不旅,奠酬于宾,宾弗举,礼也。"	《礼记·曾子问》
	大祥之祭	"又期而大祥,曰:'荐此祥事。'"	《仪礼·士虞礼》
		"祥而缟。是月禫,徙月乐。"	《礼记·檀弓上》

续表

葬后服丧、祭祀	特牲馈食祭礼	诸侯之士祭祖先的规矩礼制:"特牲馈食之礼。不诹日。""孝孙某,筮来日某,诹此某事,适其皇祖某子,尚飨。"	《仪礼·特牲馈食礼》
	少牢馈食祭礼	卿大夫祭祖先于家庙的礼节:"少牢馈食之礼。日用丁、己。筮旬有一日。筮于庙门之外。""孝孙某,来日丁亥,用荐岁事于皇祖伯某,以某妃配某氏,尚飨。"	《礼仪·少牢馈食礼》
	丧期	子思曰:"丧三年以为极,亡则弗之忘矣。"	《礼记·檀弓上》
		县子曰:"三年之丧,如斩。期之丧,如剡。期之丧,十一月而练,十三月而祥,十五月而禫。三年之丧,虽功衰不吊,自诸侯达诸士。"	《礼记·杂记下》
		三年之丧何也?曰:称情而立文,因以饰群,别亲疏贵贱之节,而不可损益也。故曰:无易之道也。	《礼记·三年问》
	居丧	孝子服丧期间:"居倚庐,寝苫枕块,哭昼夜无时。歠粥,朝一溢米,夕一溢米,寝不说绖带。"	《仪礼·丧服》
		"父母之丧,居倚庐,寝苫枕块,不说绖带。"	《礼记·间传》

从葬前为尸沐浴饭含,到庙前祖奠送葬,再到落葬之后吊唁服丧,逝者在极其繁复的礼制中逐渐离生者远去,恰如子游所言:"饭于牖下,小敛于户内,大敛于阼,殡于客位,祖于庭,葬于墓,所以即远也。"① 而备葬这一漫长的过程,也体现时人不汲汲葬其亲,以"礼,卜葬先远日,辟不怀也"的缱绻追思。值得注意的是,杨树达先生在《汉代丧葬制度考》一书中全面而系统地将汉代丧葬史分列十七节进行阐述,唯独"上冢"一节所引内容出自《汉书》《后汉书》,而不见于《仪礼》《礼记》,正说明"墓祀"反映了两汉时期丧葬观的新变,这一点将在本书第二章进行详细阐述。

三、礼法合一,以序尊卑

2006年湖北云梦睡虎地M77出土了一批内容丰富的西汉简牍②,其中《葬

---

① 礼记·檀弓上[M]//十三经注疏·礼记正义.北京:中华书局,1980:1285.
② 湖北省文物考古研究所,云梦县博物馆.湖北云梦睡虎地M77发掘简报[J].江汉考古,2008(4):31-37,141-146,148.

律》简的首次发现,被认为是汉代丧葬文献缺载的重要资料,对世人了解西汉彻侯(列侯)埋葬制度,尤其是祭奠制度有重大参考价值。学者彭浩根据《湖北云梦睡虎地 M77 发掘简报》(以下简称《简报》)所提供的简牍图版对五枚《葬律》简进行标点,并略做解释:

    葬律
    彻侯衣衾毋过盈棺,衣衾敛束。荒所用次也。其杀:小敛用一特牛,棺、开各一大牢,祖一特牛,
    遣一大牢。棺中之广毋过三尺二寸,深三尺一寸,袤丈一尺,厚七寸。椁二,其一厚尺一八寸;臧椁一,厚五
    寸,得用炭。窆、斗、羡深渊上六丈,坟大方十三丈,高三丈。荣(茔)东西四十五丈,北南四十二
    丈,重园(?)垣之,高丈。祠(?)舍盖,盖地方六丈。中垣为门,外为阙,垣四陬为不(罘)思(罳)。①

《简报》图版中的五枚《葬律》简编次相连,从内容上看,它规定了彻侯大敛时的衣衾制度("衣衾毋过盈棺,衣衾敛束。荒所用次也")、大小敛祭奠制度("棺、开各一大牢";"小敛用一特牛")、棺椁制度("棺中之广毋过三尺二寸,深三尺一寸,袤丈一尺,厚七寸。椁二,其一厚尺一八寸;臧椁一,厚五寸")、墓坑制度("窆、斗、羡深渊上六丈")、墓地制度("坟大方十三丈,高三丈。茔东西四十五丈,北南四十二丈")、墓园制度("重园垣之,高丈。祠舍盖,盖地方六丈。中垣为门,外为阙,垣四陬为罘罳"),显示出汉代按爵位高低分别规定其用礼的隆、杀。

作为"明礼制以序尊卑"的文化产物,无论从祭奠名称上,还是传递的伦理意义上,《葬律》与《仪礼》《礼记》中所载丧葬仪式存在着明显的承接关系。简文中有关葬仪的内容与先秦礼制相同或相似,如《葬律》简"祖一特牛"一句,"祖"指柩迁于祖庙后的祭奠,即《仪礼·既夕礼》所言"迁于

---

① 彭浩. 读云梦睡虎地 M77 汉简《葬律》[J]. 江汉考古, 2009(4): 130-134.

祖"。再如,《礼记·檀弓下》曰:"殷朝而殡于祖,周朝而遂葬。"《葬律》中的启殡迁祖奠,说明西汉早期对死者的祭奠也经历了从殡宫(寝)转移到宗庙的过程。《葬律》中对西汉二十等爵之最高爵位——彻侯细致的葬制规定,与《仪礼》《礼记》中所反映的严苛的阶梯式宗法制度一脉相通,具有明显的等级象征意义。

  这种把丧葬活动纳入国家律法建设范畴的行为,使原本属于伦理道德管制下的个体行为具有了强制性的约束力。以居丧为例,早在秦时,为尊崇皇权,秦始皇以法令的形式强制百姓实行居丧制度,居丧制度出现礼、法合一的趋向。汉承秦制而不革:"秦燔书籍,率意而行,亢上抑下。汉祖草创,因而不革。乃至率天下皆终重服,旦夕哀临,经罹寒暑,禁塞嫁娶饮酒食肉。"[①]武帝时以儒教代法刑,形成了以"儒家礼制为本,法制为用、礼刑结合"[②]的法律制度。成哀之后,"而世自若行之者(居丧尽礼),盖上自诸侯王,次至公卿,下及士大夫"[③],竞趋此风。其时行者,或为天子所褒美,如哀帝时刘茂为母行三年丧,哀帝"益封万户"(《汉书·河间献王传》);济北王刘次因丧父至孝,梁太后"增次封五千户,广其土宇,以慰孝子恻隐之劳"(《后汉书·济北惠王传》)。或为衣冠所敬赞,如西汉游侠原涉因父死,"行丧冢庐三年,由是显名京师。"(《汉书·游侠原涉传》)或为乡里所称许,如东汉大将铫期为父服丧三年,"乡里称之"。(《后汉书·铫期传》)其不行者,轻则徒刑,重则处死。如汉元帝时陈汤因父死不奔丧,被以下狱论,还连累举荐自己做官的张勃。(《汉书·陈汤传》)也有因丧葬僭越等级而被罚之人,如因厚葬崇侈上僭而获罪的武原侯卫不害"过律夺国"(《史记·高祖功臣侯年表》),不过此类事件史书记载尚少,仅为个例。

  如此,厚葬以奉终、高坟以行孝的观念不仅深入人心,还被统治者"政治化"了。这背后自有其深刻的社会原因:汉初江山草创而根基未稳,统治阶级把"孝"提升到至高无上的地位,表面上设礼以防民德之失,实则以"孝"维系宗法血缘的纽带,所谓"导民以孝,则天下顺"(《汉书·宣帝纪》),因

[①] 房玄龄.晋书·礼志中[M].北京:中华书局,1974:621.
[②] 徐吉军.中国丧葬史[M].武汉:武汉大学出版社,2012:266.
[③] 杨树达.汉代婚丧礼俗考[M].上海:上海文艺出版社,1988:248.

之而定基业也,这也是丧葬制度作为强制性的道德规范最先在上层社会中开始推行的原因所在。

第二节 超越大限,灵魂不灭

统治阶级的积极倡导是厚葬兴起的直接原因,而汉人之所以力殚财竭以施地下,究其根本,与灵魂不灭观的深入人心密切相关。据考古资料证实,灵魂不灭观早在旧石器时代就已萌发,至汉代仍盛行不衰,并与阴阳五行、神仙方术、儒术、谶纬等宗教神学思想相掺糅,这些都为两汉时期"崇丧遂哀,破产厚葬"之俗提供了肥沃的思想土壤。

一、阴阳五行与天人合一:汉代造物思想的核心

阴阳五行说系统形成于战国驺衍,两汉之际甚为盛行。所谓阴阳,《庄子·田子方》载:"至阴肃肃,至阳赫赫……两者交通成和,而物生焉。"[1] 所谓五行,《春秋繁露·五行之义》载:"天有五行,一曰木,二曰火,三曰土,四曰金,五曰水。木,五行之始也;水,五行之终也;土,五行之中也,此其天次之序也。"[2] 当时人们普遍认为,阴阳的交通成和,五行的相生相克,推动着宇宙万物的不断生长与演化,"宇宙时空由绝对中心,阴阳两极与五种基本因素构成了完美而和谐的秩序,这种秩序是一切合理性的基本依据,同时它的背后又有一种神秘力量的支持。"[3] 这股神秘的力量,就是被人们赋予了特定含义、使之成为万物最高主宰者的"天"。

"天"作为万物之祖,虽然高远,且非凡人所及,但人的行为并非全然没有意义,所谓"天之与人,有以相通也"(《淮南子·泰族训》)。由此,董

---

[1] 王先谦.庄子集解[M]//诸子集成:第三册.北京:中华书局,1954:131.
[2] 董仲舒.春秋繁露[M]//汉魏丛书.长春:吉林大学出版社,1992:131.
[3] 葛兆光.七世纪前中国的知识、思想与信仰世界——中国思想史:第一卷[M].上海:复旦大学出版社,1998:470.

仲舒提出"天道与人道为一贯"的天人之说,他将"天"与儒术相掺糅,以阴阳五行的哲学概念注释儒学典籍。比如,他以"仁""义""礼""智""信"之五常比作五行,又提出君臣、父子、夫妇之义亦如阴阳之理。种种阐说虽属荒谬,但却以一种强劲的力量规范着汉人的思维方式与心理特征,统摄着他们在日常生活中的一切基本行为,大至天道政事,小至饮食起居之微,无不受此左右。

表1-2 以五为纪的事物

五行	木	火	土	金	水
五方	东	南	中	西	北
五帝	太皞	炎帝	黄帝	少昊	颛顼
五佐	勾芒	祝融	后土	蓐收	玄冥
五时	春	夏	罞	秋	冬
五神	岁星	荧惑	镇星	太白	辰星
五兽	苍龙	朱鸟	黄龙	白虎	玄武
五音	角	徵	宫	商	羽
十日	甲乙	丙丁	戊己	庚辛	壬癸
五色	青	赤	黄	白	黑
五器	规	衡	绳	矩	权
五臭	膻	焦	香	腥	朽
五味	酸	苦	甘	辛	咸
五事	视	言	思	听	貌
五德	明	从	睿	聪	恭
五微	燠	旸	风	寒	雨
五岳	泰	衡	嵩	华	恒
五社	户	灶	中霤	门	行

续表

五藏	肝	心	脾	肺	肾
五常	仁	礼	信	义	智
五虫	鳞	羽	赢	毛	介
五数	八	七	五	九	六

注：此表引自何新.诸神的世界[M].北京：现代出版社，2019：75.

正如顾颉刚先生所言："汉代人的思想骨干，是阴阳五行。……有阴阳之说以统辖天地、昼夜、男女等自然现象，以及尊卑、动静、刚柔等抽象观念；有五行之说，以木、火、土、金、水五种物质与其作用统辖时令、方向、神灵、音律、服色、食物、臭味、道德等，以至于帝王的系统和国家的制度。"[1] 这一套思想，自然也成为汉代造物艺术的指导思想，我们可以从数不胜数的历史文化遗存中得到佐证。1972年，长沙马王堆1号墓出土的一块"T"形旌幡帛画，其画面中既有象征"天界"的人首蛇身女娲、神鸟及灵禽瑞兽，又有象征"人界"的贵妇、婢女与鸟兽鱼虫，构建出一幅天人合一、天人相与的和谐图景。1993年，江苏东海尹湾4号墓出土的一块西汉八乳神兽规矩纹镜，制作精美并有86字铭文："汉有善铜出丹阳，卒以银锡清而明，刻治六博中兼方，左龙右虎游四彭，朱雀玄武顺阴阳，八子九孙治中央，常葆父母利弟兄，应随四时合五行，浩如天地日月光，照神明镜相侯王，众良美好如玉英，千秋万世长乐未央兮。"[2] 其中所蕴含的阴阳五行思想，确然无疑。

汉画像墓的观念架构更是如此，在这一座座与生人居室无异的地下建筑中，人们通过图像艺术将其营造成一个"上具天文、下具地理"的宇宙空间：墓室顶部往往以星图、瑞应等表现苍穹，从而将有限的墓室空间转化为无穷的宇宙；再以人类对偶始祖神：伏羲和女娲代表夫妻与阴阳，以四神即青龙、白虎、朱雀、玄武代表四时、四方；此外，墓室中频繁出现的麒麟、蟾蜍、芝草、神鼎等祥瑞图像，亦与阴阳五行、天人感应有着密切关系。汉人把蕴

---

[1] 顾颉刚.秦汉的方士与儒生[M].上海：上海古籍出版社，1998：1.
[2] 连云港市博物馆，东海县博物馆，中国社会科学院简帛研究中心，等.尹湾汉墓简牍[M].北京：中华书局，1997：160–161.

含着如此观念的图像系统有序刻绘于墓室中，自有其意义："首先，它是作为一种永恒的象征。墓主之灵魂只有被置于恒常不变的宇宙自然中，才能体现其不朽。其次，它是一种生命动力和源泉的象征。阴、阳的交互作用和彼此消长推动着宇宙的终而复始，维持着生命的生生不息，因此墓主之灵魂同样离不开这种生命的动力和源泉。最后，它是作为一种秩序的象征。只有在天所赐予的这种阴阳调和、四时顺畅、五方咸宁的和谐环境中，墓主之魂才能飞升天堂，墓主之魄才能安居乐业。"①

总而言之，作为两汉时期的官方哲学，"阴阳五行""天人合一"思想对汉代社会的统摄是全方位的，它高度渗透在政治、思想、文化与艺术当中，成为整个社会普遍认同的精神信仰和行为准则。王朝的更替、历法的制定、农事的安排、宫室的营建，乃至死后墓葬的布局、明器的陈设，无不受其支配。

二、崇孝行：隆丧厚葬的行为导向

所谓"导民以孝，则天下顺"，汉王朝是中国历史上第一个公开标榜"以孝治天下"的封建王朝。从汉高祖的辅助治国之思，到武帝时必举的功令，统治者把"孝"这个原本归属于道德范畴的伦理观念，一步步"提升到国家政治生活的最高点"②，于是以孝为核心的价值取向便成为汉人普遍遵守的基本行为规范。

汉朝初期，为稳固统治，陆贾在为汉高祖总结治国之要时提出"孝悌"主张，被高帝所采纳。汉六年（公元前201年），高帝在封太上皇的诏书中说："人之至亲，莫亲于父子，故父有天下，传归于子；子有天下，尊归于父，此人道之极也。"（《汉书·高帝纪下》），高调宣扬孝亲美德，揭开了汉家"孝治"的序幕。汉惠帝四年，又提出孝悌者可免徭役："举民孝弟力田者，复其身。"（《汉书·惠帝纪》）汉文帝时，将"孝弟力田"设为职官（常职）并赐其帛以示嘉奖，诏曰："孝弟，天下之大顺也；力田，为生之本也；三老，众

---

① 贺西林.汉代墓室壁画的发现与研究[M].西安：陕西人民美术出版社，2001：131.
② 梁安和，徐卫民.秦汉研究：第6辑[M].西安：陕西人民出版社，2012：102.

民之师也；廉吏，民之表也。朕甚嘉此二三大夫之行。"（《汉书·文帝纪》）其实，早在春秋战国时期，儒家依据血亲情理，从父子孝亲中推导出君臣之纲，就体现出以"孝"来维护传统制度的鲜明意图。汉初统治者之所以不遗余力地重振孝悌伦理，目的就是为了"劝厉天下，令各敦行务本"（《汉书·高后纪》）。他们认为，孝行虽小，显之于大，民用和睦，则天下顺。

西汉中期，武帝继之，他不仅提出"复孝敬"，即免除孝子徭役，还"兴廉举孝"，令每郡每年各举孝廉一人。若有"不举孝，不奉诏"者，"当以不敬论"（《汉书·武帝纪》）。这一举措，无疑助长了当时厚葬之风，以孝著称乡里者，就可能被察举为官，于是为了追求美名，很多人在父母死后隆丧厚葬以图"孝"名。到了东汉，"举孝廉"更是成为国家必举的功令。在丞相所设"四科取士"中，首先要考察的便是应举者是否具备"孝弟廉公之行"（《后汉书·百官志》），将孝悌之德视为官员选任的基本条件，如此一来，就极大扩展了孝悌之行的社会影响力。

之后，汉人对孝的推崇更是到了玄虚妄诞的地步。荀爽为证明孝悌的正当性，用"五德终始说"来阐释汉之所以"增崇孝道"，在于"克称火德"。战国邹衍将阴阳五行说应用于政权朝代的嬗递，创"五德终始说"。他以天人感应为思想核心，以五行相胜为基本框架，将周之前的五帝之德分别与土、木、金、火、水相配，即虞土、夏木、殷金、周火，从而构成一个"德性相推，帝王相继的同构循环关系"[①]。在邹衍看来，帝王相继依据"五德"而转移，每个时代因"德"不同而有不同的社会制度，即"治各有宜"，而君主不同的作为，都会有切合于"德"的神秘表征出现，即"符应若兹"。在君权神授的意识形态中，君主得以从更为宏观的历史角度去寻找自身的定位。此说作为"帝制运动时代"[②]维护政权合法性的政治神学，秦始皇即以"五德终始说"作为自己的立国之据。汉承秦颓俗，为迎合时政需求，"五德终始说"不断被修正与重构，最终荀爽将"孝"并入其中。为了维护风雨飘摇中的东汉政权，荀爽在"举至孝对策陈便宜"中提出，以孝为本，丧祭之礼不可阙，并称："臣

---

① 陈春会.前诸子时代的思想学说［M］.西安：陕西人民出版社，2011：177.
② 顾颉刚.古今辨：第五卷［M］.上海：上海古籍出版社，1982：414-415.

闻之于师曰：'汉为火德，火生于木，木盛于火，故其德为孝，其象在《周易》之《离》。'……故汉制使天下诵《孝经》，选吏举孝廉。夫丧亲自尽，孝之终也。……古者大丧三年不呼其门，所以崇国厚俗笃化之道也。事失宜正。过勿惮改。天下通丧，可如旧礼。"（《后汉书·荀爽传》）

荀爽所言，虽有故弄玄虚之嫌，却也道出了汉代以孝为教的社会伦理实践。皇帝躬行孝道、朝廷以孝举人、百姓以《孝经》转相传习、社会以孝悌为美行，上下配合，孝悌成为汉代社会家庭伦理的主干和核心。孝行兴盛，使原本就浓郁的隆丧之风更为炽盛，乃至生未必敬养、死必定敬享，"厚葬以破业，重服以伤生"的社会怪象屡见不鲜。高坟大寝，庐墓祠堂，雕梁画栋，扉檐彩壁，人们在隆重的、奢侈的祭仪中，竞相表达着对已故先祖的崇敬和缅怀。

三、由死而仙：生命转化的终极追求

汉人普遍认为"人死辄为神鬼而有知"（《论衡·薄葬》），这种灵肉分离的生命观，与中国原始宗教思想中的魂魄观密切相关。早在公元前6世纪，史册中就已出现"魂"与"魄"的相关论述。昭公七年，郑伯友鬼魂在郑国出现，当问及"伯友犹能为鬼乎"时，子产回答道："能。人生始化曰魄。既生魄，阳曰魂。用物精多，则魂魄强。是以有精爽至于神明。匹夫匹妇强死，其魂魄犹能冯依于人，以为淫厉。"（《左传·昭公七年》）又有乐祁言："心之精爽，是谓魂魄。"（《左传·昭公二十五年》）这些记载，强调了魂和魄虽各有所指，但皆属非形质之物，乃"心之精爽"，且"冯依于人"。之后，人们对生死之谜的探究进一步深入，提出人在死后魂魄将同时离开肉体，魂气上天而魄入于地，如《礼记·礼运》所言"体魄则降，知气在上"，"知气"即为"魂"。又如，《礼记·郊特牲》所言"魂气归于天，形魄归于地"。这便是二元灵魂观的基本内容。

考古学界所提供的有关灵肉分离的确证，似乎提示着我们古人对灵魂信仰的实践，远远早于文献记载。余英时认为，死者灵魂有知观可上溯到商周时代的祭仪中："The nation that the departed soul I as conscious as the living is already implied in Shang-Chou sacrifices."① (商周时期的祭祀暗示出脱离肉体的灵魂是具有意识的。) 而巫鸿先生基于新的考古发现,认为早在公元前5000年前,仰韶文化时期陶瓷棺上留有的供灵魂出入的小孔,就已经显露灵肉分离的观念。② 这种观念一直持续到春秋战国时期,1978年湖北随州曾侯乙墓出土,位于主椁室的双重漆棺上就有图绘和实际开口的窗子,这象征着死者灵魂的出入口。此外,"椁室之间厚壁的底部开有狭小的通道,将四间椁室连接成为一个连续的空间,使曾侯乙的灵魂得以在其地下宫殿中自在地巡弋。"③ 这是先秦哲学对灵魂不朽的思辨,就像列维-布留尔在《原始文化》中所指出的那样:"灵魂……本质上是一种气息、薄膜或影子;灵魂是它使之生的那个个体中的生命和思想的本原……它能够在这个身体死后继续存在并在人们面前出现;它能够钻进其他人、动物甚至物品的体中,控制着它们,在它们里面行动……"④

汉人依循这一思维理路,进一步完善他们对死后彼岸世界的畅想。他们将重生信仰融入儒家"事死如生,事亡如存"(《荀子·礼论》)的丧葬观,明确提出"死既长生"这一终极夙愿。这是一种承认死亡的、"将生与死作为两个等同的生命形态看待"的长生体验,人们相信死者灵魂会在墓葬这个神圣的建筑空间中由死而生、由死而仙,"并因此而参照与身前相同或相似的生活方式继续生活。"⑤

"这是一个围绕于墓葬建筑而对生命进入另一个世界所进行的特殊解释"⑥,以此,墓室的营建自然被视为死者生命突破边界局限、引向永恒的关键环节,人们不惜重金,仿照现实家园打造地下陵寝,把包揽衣、食、住、行各方面的葬品、明器搬进墓葬,此为"厚资多藏,器用如生人"(《盐铁论·散

---

① YU Y S. O Soul, Come Back!: A study in the Changing Conceptions of the Soul and Afterlife in Pre-Buddhist China [J]. Harvard Journal of Asiatic Studies, 1987, 47 (2): 378.
② 巫鸿. 礼仪中的美术 [M] // 巫鸿. 中国古代美术史文编: 上册. 北京: 生活·读书·新知三联书店, 2005: 207.
③ 巫鸿, 朱青生, 郑岩主. 古代墓葬美术研究: 第三辑 [M]. 长沙: 湖南美术出版社, 2015: 10.
④ 列维-布留尔. 原始思维 [M]. 丁由, 译. 北京: 商务印书馆, 1985: 74.
⑤ 汪小洋. 中国丝绸之路上的墓室壁画: 总论卷 [M]. 南京: 东南大学出版社, 2017: 32-33.
⑥ 汪小洋. 中国丝绸之路上的墓室壁画: 总论卷 [M]. 南京: 东南大学出版社, 2017: 27.

不足》）；又依照上天文、下地理的宇宙图式，借用各种艺术题材对地下陵寝进行丰富、装饰，将其营造成一个可供灵魂栖居的、豪华奢靡的微型宇宙；他们还会在墓室四壁、覆盖棺椁的帛画上、陪葬明器如铜镜的背面等处，精心描绘神人所居、云绕雾遮的奇幻仙境，以寄托渴望成仙的遐想；此外，墓主随身携带的迁徙地下的"通行证"——告地策，以"天帝使者"之名安慰并约束亡灵的镇墓瓶[①]，使死者有所凭恃地买地券；等等。无不体现着"死既长生"的生死信仰对丧葬活动的影响。

种种迹象表明，此时汉人关注的重心，已然不再单纯是对灵魂的敬畏，而转向对自身长生不朽的追求，即由"魂"转向了"仙"。余英时对这一区别解释道："The only difference between the Hun and Hsien is that while the former leaves the body at death the latter obtains its total freedom by transforming the body into something purely ethereal, that is, the heavenly chi's."[②]（作者译：魂和仙的区别在于，魂在人死时离开身体，仙则通过将身体转换成某种纯净的——气，而获得自由。）

四、地下神祇：幽冥之域的守护者

死既长生、灵魂不灭观对汉代丧葬礼俗的影响自然毋庸置疑。与此同时，在这种观念的驱使下，汉人在商周"天神、地祇、人鬼"祭祀格局的基础上，不断更新着地下幽冥之域的神灵系统，这些神灵将通过各种祭祝仪式，来保护墓主的私法权益，守卫墓主灵魂免遭无端作祟的亡灵的侵扰。

确如学者所论，神灵的分类体系一定程度上反映着古人的世界观和知识结构。在人类认知能力相对低下的远古时期，面对难以解释的自然现象，人们往往将其归之于神力而加以崇拜。随着早期国家的形成，为维护宗族的绝对权力，统治者引导民众从自然崇拜转向人格化的天神崇拜，并进一步对神界系统进行排位。例如，《礼记·表记》有记："殷人尊神，率民以事神，先鬼而后礼。"此处殷人所供奉的神当有三类，即天神、地祇、人鬼。"天神、人

[①] 唐金裕. 汉初平四年王氏朱书陶瓶 [J]. 文物，1980（1）：95.

[②] YU Y S. O Soul, Come Back！：A study in the Changing Conceptions of the Soul and Afterlife in Pre-Buddhist China [J]. Harvard Journal of Asiatic Studies, 1987, 47（2）：387.

鬼、地祇的三层神灵结构，是三代至少商代已经形成了的神灵体系。"① 天神，指天上诸神；地祇，指地上以社、河、岳为主的自然神；人鬼，指以列祖列宗、先妣先母为主的祖先神，且"三者各自独立，互不统属"②。西周基本沿袭了这一祀神体系。《周礼》载："大宗伯之职：掌建邦之天神、人鬼、地示之礼，以佐王建保邦国。"考古学家陈梦家以之为据，将西周王朝的祭祀对象复原为天神、地示、人鬼三类：

  甲、神，天神，大神。昊天，上帝；日、月、星辰、司中、司命、风、雨
  乙、示，地示，大示。社、稷、五祀、五岳；山、川、林、泽；四方，百物
  丙、鬼，人鬼，大鬼。先王③

"天、地、人"一体的神灵体系格局，说明商周时人的宗教世界已初具秩序。然而细绎其义，无论是神祇系统的层级分类，还是众神——尤其是地下神祇司职、祭法的阐释，都十分模糊。直至春秋战国时期，掌控幽冥之域的地下神祇才逐渐详备起来。1965年，战国楚卜筮简大量出土，其中简文中所见神灵众多，据晏昌贵先生考释，总数逾百，"超过任何一种传世文献的记载。"④ 值得留意的是，这批楚简中，地示类自然神如"社""地主"等，其管辖范围从地上转入地下，且职司、祭法更为明确和具体。例如：

  "社"：即土地神。见"册于东石公，社、北子、行□□……"（望山115号简）
  "后土"：土地总神。见"后土、司命各一牂"（包山237号简）；"赛

---

① 陈来.古代宗教与伦理：儒家思想的根源［M］.北京：生活·读书·新知三联书店，1996：100-103.
② 晁福林.论殷代神权［J］.中国社会科学，1990（1）：99-113.
③ 陈梦家.殷墟卜辞综述［M］.北京：中华书局，1988：562.
④ 晏昌贵.简帛数术与历史地理论集［M］.北京：商务印书馆，2010：181.

祷宫后土一羖"（包山214号简）

"地主"：或称大地主、宫地主、野地主，见"厌一羖于地主"（包山219号简）；"赛祷宫地主一羖"（望山109号简）①

古书中，"社""后土""地主"常可互训，如《说文》："社，地主也。"《礼记·月令》"命民社"，郑玄注："社，后土也。"可知三者均指土地神，属同神异称。楚卜筮简中，"社""后土""地主"三者虽同出，然而所用祭品不同，可知三者有细微差别，并非同一个神祇。"……及至战国时代，社的神职最为广泛，地主其次，后土最狭。从楚卜筮的祭品反映的尊卑看，社最高，祭品为哉牛乐之（天星观）、全豻（包山），后土、地主其次，祭品均为牂或羖。"②此外，这些神祇的职能也由地上转入地下。《楚辞·招魂》云："魂兮归来，君无下此幽都些。土伯九约，其角觺觺些。"所谓幽都，据王逸所注，即地下幽冥，为地下后土所治。"土伯"，则是后土之侯伯。楚简中的后土是否就是《招魂》中掌管地下幽都的土地神土伯，尚未可知，但至少说明楚人已经对地下神祇展开了一番想象。再到两汉时期，大量考古资料能够证实，汉代宗教神灵体系已经明确涵盖了掌管地下世界的神灵。来自楚国故地的一批汉代告地策，如马王堆3号墓"具奏主葬君"③、江陵凤凰山10号墓"平里五大夫张偃敢告地下主"④、江苏邗江胡场5号墓"广陵宫司空长前、丞□敢告土主"⑤等，策文中出现的"主葬君""地下主""土主"，都应是治理地下幽冥之域的神祇。

汉人对地下冥府的想象，相比前代似乎更为明晰。他们甚至在构建地下神祇系统的过程中，搬演了现实生活中的官僚体系。吴荣曾先生曾比较全面地把东汉镇墓文中出现的各级冥吏进行汇总，统计出数十种官职名称，如"地下二千石、冢丞冢令、丘丞墓伯、陌上游徼、主墓狱史、陌门卒史、墓皇墓

---

① 晏昌贵.简帛数术与历史地理论集[M].北京：商务印书馆，2010：184-192.
② 晏昌贵.简帛数术与历史地理论集[M].北京：商务印书馆，2010：192.
③ 湖南省博物馆.长沙马王堆二、三号汉墓发掘简报[J].文物，1974（7）：39-49.
④ 长江流域第二期文物考古工作人员训练班.湖北江陵凤凰山西汉墓发掘简报[J].文物，1974（6）：41-62.
⑤ 扬州博物馆.江苏邗江胡场五号汉墓[J].文物，1981（11）：12-24.

主、西冢公伯、东冢侯、西冢伯、墓门亭长、魂门亭长、蒿里君、蒿里父老、中蒿长"①等。其中,"地下二千石""冢丞冢令"分别对应汉代官制中的郡守和县令县丞,"亭长、父老、伍长"则大约相当于乡里小吏。

以1935年同蒲路工程中山西忻州所掘"张叔敬墓券"为例:

> 熹平二年十二月乙巳朔十六日庚申,天帝使者告张氏之家,三丘五墓、墓左墓右、中央墓主、冢丞冢令、主冢司令、魂门亭长、冢中游徼等。敢告移丘丞墓伯、地下二千石、东冢侯、西冢伯、地下击犆卿、耗里伍长等。今日吉良,非用他故,但以死人张叔敬薄命蚤死,当来下归丘墓。黄神生五岳,主死人录,召魂、召魄,主死人籍。生人筑高台,死人归深自埋。眉须以落,下为土灰。今故上复除之药,欲令后世无有死者。上党人参九枚,欲持代生人、铅人持代死人。黄豆瓜子,死人持给地下赋。立制牡厉,辟除土咎,欲令祸殃不行。传到,约勒地吏,勿复烦扰张氏之家。急急如律令。②

这篇镇墓文大体勾勒出一个复杂但等级明确的冥间官僚体系,其最高统治者是"天帝",统摄着万物的生死大权;其次是位居中枢的五岳、召魂、召魄,他们受命于天帝,主管死人簿籍;最后是地方冥吏,按官阶高低排序依次为地下二千石、耗(蒿)里伍长等。

两汉时期冥吏权能的不断细分,标志着一个庞大的、从中央到地方层级结构相对严密的地下神祇系统已经形成。这一阶段,正值厚葬文化如火如荼。无论是统治三界的至上主神"天帝",还是山海陆地丛祀诸神,都作为幽冥之域神灵系统中的一员,成为官方以及民间墓事祭祀的对象。人们祭祀的与其说是某个神祇,倒不如说是尊奉一种让他们畏惧但又能从中获得庇佑的神秘力量。这种对地下神祇的顶礼膜拜,一定程度加剧了人们对未知彼岸世界的心理负荷,从而使人们对死事越发慎重。

---

① 吴荣曾.镇墓文中所见到的东汉道巫关系[J].文物,1981(3):56-64.
② 李发林.战国秦汉考古[M].济南:山东大学出版社,1991:380.

第三节　黄泉下的礼制艺术

回顾三代至春秋，当丧祭之礼被统治阶级纳入国家上层建筑体系，甚至将其提高到"依天道而行"的思想高度时，它便不再是一个单纯以表达对逝者哀痛与追忆为目的的个体行为，而演变成一种受礼制和法制双重约束的社会行为。在这种时代背景下，与丧祭之礼有关的工艺美术创作，自然反映着"礼"与"法"的社会意识形态，是集社会性、理念性、规范性于一体的礼仪性美术。[①] 而汉代的丧葬艺术，适逢其会地在礼制性艺术向审美性艺术过渡的特殊时期得以繁荣发展，它虽然也显露出些许的个体性、自由性和审美性，但总体而言，依然延续了早期造物艺术"礼饰"而非"美饰"的指导思想，大到冢墓祠宇，小到葬具明器乃至其装饰，无不彰显着"礼"的秩序。

一、礼制艺术：明礼之器

"礼"最初起源于祀神，其后逐渐扩展而为对人，并与政治、社会伦理相结合，演变成为维护宗法等级秩序和规范社会成员道德行为的各种仪制。《礼记·坊记》有言："夫礼者，所以章疑别微，以为民坊者也。故贵贱有等，衣服有别，朝廷有位，则民有所让。"又有《礼记·哀公问》："民之所由生，礼为大。非礼无以节事天地之神也，非礼无以辨君臣上下长幼之位也，非礼无以别男女父子兄弟之亲、婚姻疏数之交也。"这些内容，明确指出"礼"的性质和功能："礼"是"国之干也"，它的主要功能在于实行"分别"，即维护社会的等级和差别。"礼之于政，如热之有濯也。濯以救热，何患之有？"（《左传·襄公三十一年》）如此重大的政治功用决定了"礼"对社会生活，尤其是贵族生活的渗透是方方面面的，居处、动作、服饰、饮食乃至告终，莫不出

[①] 杨祥民.中国传统造物设计美学思想探析——以礼仪性精神为论述中心[J].艺术探索,2019(4)：70-78.

第一章 汉代丧葬：奢僭的礼制文化

于"礼"。

"礼"既有内在的实质，又有外在的形式。"礼"的施行，需有所资藉，所谓"昔先王之制礼也，因其财务而致其义焉尔"（《礼记·礼器》）。于是崇神祭祖，象征神威与权力的有形媒介——礼器便应时而生了。作为"礼"形而下的物化形态，礼器的制造严格遵守着礼仪制度，并通过体状、纹饰、质料、数量等其他有意味的形式或符号来象征贵贱、等列，正所谓"器以藏礼"（《左传·成公二年》）。就像巫鸿先生所说的那样："中国古文献中的'器'这个字可以从字面的和比喻的两方面来理解。作为后者，它接近于'体现'（embodiment）或'涵盖'（prosopopeia），意思是凝聚了抽象意义的一个实体。因此，礼器被定义为'藏礼'之器，也就是说，将概念和原则实现于具体形式中的一种人造器物。"[①]据此，巫鸿先生站在艺术史的角度，进一步将礼器定义为"礼仪美术"（Ritual Art）[②]，或译"礼制艺术"，并把礼器作为主要艺术载体的历史阶段称为"礼制艺术的时代"。包括祭祀天帝所用的束帛、祭祀宗庙祖先所用的钟鼓；丧葬仪式中所用的丧器、素器、肆器、明器；朝觐之礼中所用的圭璋、乡饮酒礼所用的尊俎笙瑟之器等，皆是礼制艺术时代的产物。

礼制艺术时代肇始于公元前2500年左右的龙山文化时期，至公元前3世纪"随着九鼎的消失而结束"[③]。然而，这一时代的终结并不意味着礼器彻底消失，事实上，以"礼饰"为核心的造物思想一直延续到汉代晚期。在两汉鳞次栉比的陵墓建筑群中，那些形制不一的阙楼、规模各异的祠堂以至墓室中种类繁多的画像纹饰，通过可见的形象宣教着礼仪，彰显着社会伦理准则和道德价值。因此从更宽泛的意义来看，这就是一种在礼仪性审美原则的指导下，实现"贵贱有等，长幼有差，贫富轻重皆有称"（《荀子·礼论》）的礼制艺术，并且这种礼制艺术随着庄园经济的发展，逐渐走出统治阶级的狭小集团，被一部分庄园地主、富商大贾世俗化了。

---

① 巫鸿. 礼仪中的美术［M］// 巫鸿. 中国古代美术史文编：上册. 北京：生活·读书·新知三联书店，2005：535.

② 巫鸿. 礼仪中的美术［M］// 巫鸿. 中国古代美术史文编：上册. 北京：生活·读书·新知三联书店，2005：1.

③ 巫鸿. 中国古代艺术与建筑中的"纪念碑性"［M］. 上海：上海人民出版社，2009：13.

以汉画像石为例。汉画的制作便遵循了器以藏礼、器以明德这一造物规则。除了装饰墓室，汉画更为重要的功能在于象征宗族权威，节制、规范宗族成员。400年间，这些长眠地下的石刻绘画在题材内容与纹样设计上不断变化，但它们的教化功能始终未变。

比如，层层罗列占据了墓室四壁绝大部分的历史故事类画像，既有"辟土种谷，以赈万民""其仁如天，其智如神"的古代帝王圣贤；也有"蔺相如奉璧""二桃杀三士"等忠臣义士；还有"邢渠哺父""楚昭贞姜"等孝子烈女。透过这些画像，我们可以清楚看到时人对以"仁"为核心的"忠、孝、节、义"的儒家伦理的褒赞。这些道德楷模的人物画像，与其说是墓主或是墓葬赞助者选择的结果，倒不如说是严格遵循了当时主流社会意识形态的结果，他们是封建伦理"三纲五常"的形象标本，负载着浓重的教化意味。那些在墓葬封闭之前得以进入墓冢进行瞻仰的观者，通过仿效这些道德楷模而获得社会美誉。

汉画不仅是激劝道德的工具，同时也是社会等级秩序的重要体现。比如，墓室画像中场面隆重、内涵丰富、礼制色彩浓郁的拜谒图，一定程度上再现了封建社会尊卑分明的等级制度。出土于徐州洪楼的胡客拜谒图中[①]，五名高帽胡人执笏板跪拜，另立四名胡人恭顺侍立，拜谒左侧踞坐的汉臣。"笏，一名手版，品官所执。"（《广韵》）显然这九位胡客具有一定的身份地位。另有山东大学旧藏的一幅汉画[②]中，刻有类似的宴饮场面，筵席左旁四位头戴尖顶冠的西域宾客坐下首，与主人觥筹交错。从宴席规制和胡客身份来看，墓主显然是当中最高等级的存在，且地位显赫，绝非一般庶民可比。再者，1954年出土的沂南北寨汉墓中，其前室南、东、西3幅横额石[③]所绘图景，为我们重现了一场严格规整、凝重肃穆的祭祀典礼。依照祭仪的先后顺序，其前室南壁横梁主要描绘了个人祭祀墓主的场面，似为"既夕礼"。画面中央刻一座五脊重檐大庙，庙门两旁各立一人拱手执彗。大庙左右两旁，众多祭祀者或捧笏跪拜于地，或拱手鞠躬，周围散布着酒坛、谷袋、盒子，似为丧葬赙赠。

---

① 徐毅英.徐州汉画像石[M].北京：中国世界语出版社，1995：图77.

② 李发林.记山东大学旧藏的一些汉画像石拓片[J].考古，1985（11）：994-1152.

③ 冯沂.临沂汉画像石[M].济南：山东美术出版社，2002：图版170-172.

前室东壁横梁左侧刻绘一座曲尺形走廊式房屋,似为宾客休息处。院内一老者拥彗而立迎接来宾。宾客六列,持笏鞠躬,有榜无题。前室西壁横梁描绘了集体祭祀墓主的场面。画面右端刻庙门,门旁一人双手持彗,前有二人着长衣恭立,再前一人双膝跪地捧读祝文,再前一人为领祭人。祭祀众人分五列,前两列伏地、后三列躬立。最左侧刻一案桌,摆满酒杯和鱼等祭品。综合来看,这3幅祭祀典礼图中形色各异的人物形象大致包括了:毕恭毕敬的侍者与门吏、跪读祝文者、领祭人,以及祭祀墓主的亲友宾客。通过其衣着与身姿,人物地位的尊卑得以明确。其中,隐形的墓主地位最高;其次是前来祭祀的亲友或宾客;再次是领祭人、侍者、门吏之属。对格外注重身份等级和礼仪的汉代而言,这3幅祭祀图无疑是文献记载的有力佐证,当中所披露的封建社会强调等级秩序,鲜明可见。

二、汉代墓葬艺术:礼制化、奢侈化、程式化

中国墓葬传统延续了数千年之久,至秦汉两代,墓葬文化得到空前绝后的发展。在原始思维的导向下,在本土宗教、伦理的渗透下,在"事死如生,事亡如存"观念的支配下,人们创造出一套具有鲜明礼制烙印的墓葬视觉语汇,以别尊卑之序,分亲疏之等,明道德之归。作为厚葬文化滋育的直接成果,汉代墓葬艺术是凝聚了抽象意义的实体,那些富丽堂皇的地下宫殿,精雕细琢的墓室壁画,世所罕见的绢帛玉器、陪葬明器,都显现出不同于传统造物艺术的审美特征,即本质属性在于"礼饰"而非"美饰"(礼制化),造物原则上"舍简取繁"(奢侈化),且生产趋于格套化(程式化)。

首先,本质属性在于"礼饰"而非"美饰"。作为彰显礼制的有形工具,汉代墓葬艺术有别于魏晋之后所谓"艺术家的艺术",它们的功能并不在于创造具有审美价值的视觉形象,而在于构造一个符合阶级伦理的礼仪空间。就墓葬绘画这一门类而言,汉代的墓葬绘画与先秦庙堂壁画"寓兴衰鉴戒,褒功挞过"的现实主义创作传统一脉相承。郭沫若先生曾对江苏丹徒《矢簋》铭文进行考释,他认为早在西周初年的壁画中,就已出现"武王、成王伐商图及巡省东国图"[1]。据《孔子家语·观周》记载,圣人孔子在瞻仰这些西周建

---

[1] 郭沫若.矢簋铭考释[J].考古学报,1956(1):7.

筑遗迹时，也看到了类似的内容："孔子观乎明堂，睹四门牖，有尧舜之容，桀纣之像，而各有善恶之状、兴废之戒焉。"在中国文明早期，人们正是通过镌刻在这些建筑、器物之上的图像和文字，才得以"懂得基本的道德"[①]，才得以从历史中知兴替、明得失。两汉时期，绘画明镜察形，往古知今的社会功用因之不改。据《文苑英华》（卷二六二录《画鉴》）所载，公元前177年，汉文帝命画工在未央宫承明殿画屈轶草、进善旌、诽谤木、敢谏鼓、獬豸等，"以标榜吏治清明"[②]。东汉时的绘画创作更为兴盛，凡宫殿寺观及公卿祠堂都饰以图案。辞赋家王延寿在《鲁灵光殿赋》中言："图画天地，品类群生。杂物奇怪，山神海灵。写载其状，托之丹青。千变万化，事各缪形。随色象类，曲得其情。上纪开辟，遂古之初。五龙比翼。人皇九头。伏羲鳞身，女娲蛇躯。鸿荒朴略，厥状睢盱。焕炳可观，黄帝唐虞。轩冕以庸，衣裳有殊。下及三后。淫妃乱主。忠臣孝子，烈士贞女。贤愚成败。靡不载叙。恶以戒世，善以示后。"祠堂墓室中的绘画更是如此。1980年出土于山东嘉祥宋山的安国祠堂中刻画了包括"孝友贤人"主题在内的历史故事画，正如其铭文所刻："调文刻画，交龙委蛇，猛虎延视，玄猿登高，陕熊晖戏，众禽群聚，万狩云布。台阁参差，大兴舆驾，上有云气与仙人，下有孝及贤仁。遵者俨然，从者肃侍；……夫何涕泣双并。传告后生，勉修孝义，无辱生生……"[③]绘画这种道德鉴戒的功能，在汉代典籍中不乏记载，如东汉大臣蔡质在《汉官典职》中所记："明光殿省中，皆以胡粉涂壁，紫青界之，画古烈士，重行书赞。"这一观点，与阳球"图像之设，以昭劝戒，欲令人君动鉴得失"（《后汉书·酷吏列传》）的艺术主张不谋而合。

其次，造物原则上"舍简取繁"。秦汉之际，帝王将相、富商巨贾之所以不计代价地投入巨额财力营建其墓冢，很大一部分原因是企图借助高坟大寝来实现对权力地位的控制，最为明显的例证便是国君之墓号为"陵"。秦始皇煞费苦心地经营他死后的地宫，令70余万民力修墓，以至"上崇山坟，其高五十余丈，周回五里有余"（《汉书·刘向传》）。陵下"宫观百官奇器珍怪

[①] 巫鸿. 中国古代艺术与建筑中的"纪念碑性"[M]. 上海：上海人民出版社，2009：21.
[②] 汤池. 轨迹：中国美术考古研究[M]. 西安：陕西人民美术出版社，2014：91.
[③] 李发林. 山东汉画像石研究[M]. 济南：齐鲁书社，1982：102.

徙藏满之"(《史记·秦始皇本纪》)。单就目前发现的一部分兵马俑陪葬坑而言,就有陶俑马8000余件,青铜兵器十数万件,规模之宏大绝世仅有。即便是小吏令史,也倾其所有大造冢茔。据许安国祠堂题记所示:"惟许卒史安国……暗忽离世,下归黄泉……其弟婴、弟东、弟强与父母并力奉遗……以其余财,造立此堂。……作治连月,功夫无亟,贾钱二万七千。"[1] 秩仅百石的卒史安国,在猝然离世后,他的三个弟弟耗资两万七千钱(相当于当时一个管辖1000户甚至更多人口的地方官员三至四年的收入[2]),为他"负土成坟,徐养凌柏,朝莫祭祠"。结合《礼记·礼器》中"有以大为贵者:宫室之量,器皿之度,棺椁之厚,丘封之大。此以大为贵也"的相关言论,不难想见奢侈性消费的动机在于"贵",即获取社会声誉和权力,这也正是汉代墓葬艺术的特质之一。奢靡的地宫如此,葬具亦如这般华丽。西汉中山靖王刘胜墓中曾发现一套较为完整的玉制敛服,全长1.88米,由2498块玉片组成,所串金丝重约1.1千克。其妻窦绾所穿玉衣相对较小,由2160块玉片组成,金丝700克。两件金缕玉衣用料之奢华、编缀之细密、工艺之精巧,令人惊叹不已,可见汉时厚葬之奢侈逸豫,比前代有过之而无不及。由此可知,巫鸿先生对先秦礼制艺术"背离了最少致力(least effort)的制作原理"而"引进奢侈消费(conspicuous consumption)原则"[3] 的这一总结,同样适用于汉代墓葬艺术。

最后,生产趋于格套化。就艺术的实质而言,汉代的墓葬艺术具备了礼制艺术的一般属性,象征着礼制的规定性和权力的崇高性。虽然在造型上,它可能与日常所见的器物或形象别无二致,但在材质、装饰或铭文等器物形态上,进行了具有象征意义的改造,从而被赋予了崇高感,并与传统艺术明显区别开来,故曰:"宗庙之器,可用也,而不可便其利也。所以交于神明者,不可以同于所安乐之义也。"(《礼记·郊特牲》)然而,随着西周宗法制的瓦解,汉代新兴封建地主阶级和富商大贾的出现,将原本分属于贵族阶级的"礼"进一步世俗化了,重要体现之一便是以汉画像石为代表的礼制艺术不再是"不粥于市"的上层社会的专享,而转变为可供消费的奢侈品。在汉

---

[1] 李发林.山东汉画像石研究[M].济南:齐鲁书社,1982:101-102.
[2] 巫鸿.中国古代艺术与建筑中的"纪念碑性"[M].上海:上海人民出版社,2009:255.
[3] 巫鸿.中国古代艺术与建筑中的"纪念碑性"[M].上海:上海人民出版社,2009:12.

画像石分布较为集中的山东、河南等地，活跃着一批"名工"或"良匠"，如许安国祠堂的建造者："名工高平（今山东邹县西南）王叔、王坚、江胡、栾石"等人；芗他君祠堂的建造者："操义、山阳瑕丘（今山东兖州北）荣保，画师高平代盛、邵强生等十余人"。他们负责造像石材的挑选和开采，在石材选好之后，再根据墓祠赞助者的个人需求进行设计、打磨，将石材"琢砺磨治，规矩施张"，雕刻成符合他们要求的建筑构件。在设计过程中，这些能工巧匠有一套设计好的模板，或称"格套"以供选择。依据赞助者的财力、需求不同，画像石的规模、搭配组合也有大小、简繁之异，但其设计图式却大体统一。比较不同历史时期同一主题的系列汉画，以"完璧归赵"为例[①]，其画面风格、元素和布局高度重合，表现出对个性艺术创新的排斥。这并不是一种偶然现象，而是礼制艺术严肃性的必然要求。无论是西汉初期马王堆墓中庄重典雅的旌幡帛画，还是河北定县出土的错金银瑞兽流云纹铜管，繁缛富丽的装饰性绘画风格惊人相似。大量出土文物足以证明，汉代墓葬艺术几乎都显露出制造和传承过程中的格套化特征。

汉画是集体文化意识的反映而非独立艺术家的个人想象，工匠们倾其所能，只是在重复或改良那些早已为人所熟知的图像，而非试图塑造新形象，叙述新故事。因为只有这样，才能将观者的注意力更好地集中于道德伦理的信息传达之中，才能以无比统一的姿态传达出墓葬艺术崇高肃穆、雄浑凝重的精神格调。随着汉代丧葬礼制的进一步完善，规格成套、界域明显、程式鲜明的地下视觉体系最终形成。这样，商周两代的礼制文化，秦朝高度强化的权力表达，最终在集大成的汉代墓葬艺术中，得到淋漓尽致的体现。

结　语

中国墓葬文化，几乎是伴随着华夏文明的诞生而延续至今的，它经历了

[①] 曹建国，张洁.石头上的叙事解码——从汉画"完璧归赵"看图像叙事［J］.中南民族大学学报（人文社会科学版），2019（1）：77-83.

数千年的发展历程，已然成为传统文化中不可分割的重要组成部分。中国墓葬文明始于母系氏族公社时期，据考古所见，在距今约7000年前的仰韶文化时期，一部分氏族公共墓地中葬者的头部均指向西方，这可能象征着灵魂的去向。而埋葬尸体的陶制瓮棺上，都预留了一个小孔，这种小孔或许是为了便于葬者灵魂自由出入而设。这一发现，似乎提示着我们古人对灵魂信仰的实践，远远早于典籍所载。由于文献阙略，商周之前的丧葬礼俗难以稽考，直至西周，一整套关乎丧葬活动的繁文缛礼才被详细记录在《礼仪》《礼记》等典章制度中，并规范着此后近千年的丧葬之礼，秦汉之际声势浩大的墓葬仪制便是在此基础上酝酿而生的。

秦始皇首开陵寝制，在骊戎之山营建豪华冢圹，工程之浩大、气魄之宏伟前所未有。到了以礼为制的汉代，儒术、阴阳五行、神仙方术、谶纬等宗教神学思想相掺糅，更是将这股奢华之风推向极致，甚至到了"生不极养，死乃崇丧"的本末倒置之境（《潜夫论·浮侈篇》），亦如崔寔在《政论》中所言："念亲将终无以奉遣，乃约其供养，预修亡殁之备，老亲之饥寒，以事淫佚之华称，竭家尽业，甘心而不恨。"

这种对丧葬活动的格外关注，与宗教信仰、伦理道德和政治文化有着极为密切的关系。首先，从宗教伦理的角度看，以孝悌为本的儒家思想被汉代帝王所采纳并将之提升为国家政策，这实则是帝制运动时代统治者为了"劝厉天下，令各敦行务本"（《汉书·高后纪》）、维护政权合法性的理论工具。而这一举措，也给汉代隆丧厚葬的行为提供了温床。其次，从生命观的角度分析，汉人依循二元灵魂观这一思维理路，将重生信仰融入儒家"事死如生，事亡如存"（《荀子·礼论》）的丧葬观，明确提出"死既长生"的终极夙愿。这是一种承认死亡的、"将生与死作为两个等同的生命形态看待"的长生体验，人们相信葬者会在隆重葬仪的加持下突破生命的边界局限、走向永恒。最后，汉人对地下冥府的想象更加清晰。他们搬演了现实生活中的官僚体系，构建了一个庞大的、从中央到地方的、层级结构严密的地下神祇系统。这些幽冥之域的神灵，一定程度加剧了人们对未知彼岸世界的心理负荷，从而使人们对死事越发慎重。

作为厚葬文化滋育的直接成果，汉代墓葬艺术是凝聚了抽象意义的实体，是集社会性、理念性、规范性于一体的礼仪性美术,大到冢墓祠宇,小到葬具明器乃至其装饰,无不彰显着"礼"的秩序。西汉中期,装饰性礼器艺术日渐式微,表现性画像艺术蒸蒸日上,以汉画像石为代表的墓葬艺术成为凝聚人们追思与期待的表现物。然而需要注意的是,无论人们情感的投射物是否转移,那些帝王将相、富商巨贾以至庶民百姓,显而易见都在墓葬活动中投入了巨额成本,表达出对权力与社会声望的无上渴望。葬埋过制,奢侈逸豫,自然招致有识之士的强烈反对,《论衡》《潜夫论》多言薄葬,而明达之士亦多抗俗遗言薄葬,如杨王孙"厚养裸葬"之主张(《汉书·杨胡朱梅云传》)、刘向"以俭安神"(《汉书·楚元王传》)、王充"死人无知,厚葬无益"(《论衡·薄葬》)等,力主薄葬者不乏其人,都在一定程度上扭转了世风。到了东汉末年黄巾之乱,强宗豪右受到致命打击,国家财力短绌,汉画像石艺术便随着社会结构的变化而一道衰落了。

第二章

墓庙合一：汉画像石的时空建构

汉明帝时颁布法令将茔域中的地上享堂（称"祠"或"庙"）与地下墓室（称"宅"或"兆"）合而为一，自此，祭祀祖先的中心便由宗庙转移到墓地。"陵之崇，庙之杀"（《日知录·墓祭》），陵寝制度的新变，无疑加剧了时人对墓茔的关注。人们不仅将墓室看作人死之后体魄的安居之处，即所谓"迨其死也，其体魄之归于地者，为宅兆以藏之"[①]，更将其视为葬者生命得以突破边界局限，由死而仙的神圣空间。所以，他们不惜重金，将现实家园中豪华奢靡的衣、食、住、行悉数搬进地下陵寝，以供死者灵魂尽享极乐。两汉时期极度繁荣的墓葬画像艺术，便是在这种社会背景下发展起来的。

第一节　汉代葬制新变

"在中国古人的思维中，深藏于地下的黄泉既滋润生命也激发畏惧。"[②]所谓黄泉即墓葬。关于墓葬，《礼记》有载："葬也者，藏也。藏也者，欲人之弗得见也。"[③]可知墓葬的本质特征在于构建一个封闭空间，以便将亡者及其随葬品"藏"于人类视线之外，表达着"长就幽冥则决绝，闭圹之后不复发"[④]的

[①] 丘濬.丘濬集：第三册[M].海口：海南出版社，2006：950.
[②] 巫鸿.黄泉下的美术[M].北京：生活·读书·新知三联书店，2016：1.
[③] 陈澔.礼记集说·檀弓上[M].上海：上海古籍出版社，1994：43.
[④] 山东博物馆，山东省文物考古研究所.山东画像石选集[M].济南：齐鲁书社，1982：42.（山东苍山东汉元嘉元年墓题记）

情感愿望。几千年来，在灵魂不灭观的驱使下，墓葬被想象为亡者由死而仙的重要工具，寄托着人们永生的企盼。概观中国古代种类繁多且富于变化的墓葬形制和结构，椁墓和室墓是其中最具代表性的两大类型。根据《礼记·檀弓上》所记："有虞氏瓦棺，夏后氏堲周，殷人棺椁，周人墙置翣。"早在距今约3600年前的殷商文化中就展现出椁墓之雏形。至两汉时期，沿用千年的传统竖穴椁墓逐渐退出历史舞台，包括回廊型室墓、中轴线配置型室墓、单玄室型室墓在内的横穴室墓开始盛行，并成为汉代最为主流的墓葬形制。

一、墓葬形制革故鼎新：从椁墓到室墓

两周时期，以血缘维系的宗法制度随着秦汉之际地方豪强家族的崛起而土崩瓦解。由于豪强地主对土地大量兼并，迅速形成了家族色彩浓厚的、自给自足的地主庄园经济体系。他们聚族而居，不但在经济上充满活力，同时在地方也拥有一定的政治势力。这些社会新富阶层对丧葬活动也产生了影响，那便是氏族社会中传统的族葬制度逐渐被大家族墓地所取代。1959年，出土于陕西华阴弘农郡的望族——杨氏家族墓地中，共发现七座排列整齐的墓，据发掘简报得知，这是东汉时太尉杨震祖孙四代前后相续的家族墓。[①] 七座墓按辈分自东向西渐晚，最东M2时间最早（公元126年），最西M4时间最晚（公元226年），前后延续达百年之久；再者，1974年被发掘的安徽亳县曹氏族墓，共发现五座墓，包括魏武帝曹操先辈多人。[②] 由此可知，汉代已有"一地而一家数世父子兄弟并葬焉"的祔葬之俗，即"子孙从其父祖葬，所谓归旧茔，是也"[③]，这标志着旧有公墓制度的废弛，以家系为中心的独立墓地开始出现。

除了"墓地制度从公社所有制到私有制"[④]之外，汉代墓葬形制的又一大变化是墓室的空间配置更加多元。黄晓芬女士在其《汉墓的考古学研究》一书中，据汉墓构造的形式特点，将汉代大型墓葬划分为间切型椁墓、题凑型

---

① 王伯殊.汉代考古学概说[M].北京：中华书局，1984：102-104.
② 安徽省亳县博物馆.亳县曹操宗族墓葬[J].文物，1978（8）：32-45.
③ 杨树达.汉代婚丧礼俗考[M].上海：上海文艺出版社，1988：219.
④ 俞伟超.古史分期的考古学观察[J].文物，1981（5-6）：45-58，29.

椁墓、回廊型室墓、中轴线配置型室墓和单玄室型室墓五种类型。[①]而徐吉军先生对汉代墓室形制的分类更为细致，在其《中国丧葬史》一书中，他将这一时期墓室构造的形态总括为十四种类型，即木椁墓、土洞墓、空心砖墓、砖宣墓、石洞墓、壁画墓、画像石墓、画像砖墓、大石墓、崖墓、石板壁画墓、石室墓、铜鼓墓、石棺墓。[②]

秦汉之际，周制杂用，墓葬形制中仍有不少周制旧俗，如棺椁制度。但总的来说，汉代是墓葬形制出现划时代变革的特殊时期。尤其是西汉中期，大型汉墓基本上完成了由椁墓向室墓的转变。就墓室空间形态而言，相较于前代呈现出建筑化、精致化的构造特征。首先，汉代在商周传统椁墓的基础上不断横向扩展棺椁空间，如"以柏木黄心致累棺外，故曰黄肠，木头皆内向，故曰题凑"（《汉书·霍光传》），象征身份和地位的"黄肠题凑"型椁墓。其次，新材料和新技术在墓葬建造中的应用。如西汉晚期石料取代木头，成为墓葬建筑中最为常见的材料，石室墓、砖石墓随之出现。雕刻工艺上，减地深浮雕、减地浅浮雕、线刻等先进技术被应用到墓壁雕刻中来，从而产生画像石墓。再次，形式设计方面，墓葬中精美的图案逐渐取代器物实体，且出现由简到繁、由小到大、由象征性纹饰到叙述性画像的转变。从郑州新通桥发掘的一座西汉晚期空心砖墓可见，墓中多数砖块绘有简单的几何形图案与画像。[③]而1976年洛阳东站发掘的西汉卜千秋墓中，出现了更为复杂的、以升仙为主题的大型壁画。[④]盛行于东汉时期的画像石墓、画像砖墓，其所绘图像面积广阔，内容丰富，灵禽瑞兽、神话传说、历史故事、天文星象等主题无所不有，将墓室装饰得无比华丽雄壮。

就墓上建筑而言，祠堂、墓阙、墓前石刻及碑文是两汉时期，尤其是东汉中后期厚葬之风炽盛的产物。"祠堂"二字始见于汉，如《盐铁论·散不足》有记："今富者积土成山，列树成林，台榭连阁，集观增楼；中者祠堂屏阁，垣阙罘罳。"可知富者筑墓时规模宏大，"积土成山，列树成林"，祭祀所

---

① 黄晓芬.汉墓的考古学研究[M].长沙：岳麓书社，2003：70-95.
② 徐吉军.中国丧葬史[M].武汉：武汉大学出版社，2012：217-229.
③ 唐杏煌.郑州新通桥汉代画象空心砖墓[J].文物，1972（10）：41-49.
④ 黄明兰.洛阳西汉卜千秋壁画墓发掘简报[J].文物，1977（6）：1-12，81-83.

用的台榭与亭阁连延相接，屋宇成片；即便是等级稍低的"中者"，祠堂、亭阁、墓阙、屏风也一应俱全。汉代祠堂是建于陵墓之上专用于祭祀的礼制建筑，是追思怀远、祭祀逝者之地。文献多有记载名臣良吏造福于民者，民为之立祠，如汉景帝时期蜀郡郡守文翁，任职期间他修学宫、兴教化，一时间"蜀地文风比于齐鲁"。在他死后，当地百姓追怀他的功德，于是立祠祭祀，《汉书·循吏文翁传》有记："文翁终于蜀，吏民为立祠堂，岁时祭祀不绝"。亦有国之功臣死后，国家为之"起冢祠堂"之事，如大臣张安世，汉昭帝时被拜为右将军兼光禄勋，因辅佐有功被封为富平侯。昭帝死后，又与霍光合议废昌邑王，策立宣帝。元康四年（公元前62年）因病逝世后，汉宣帝"赠印绶，送以轻车介士，谥曰敬侯。赐茔杜东，将作穿复土，起冢祠堂"（《汉书·张汤传》）。可见祠堂也具有笼络宗族，彰显身份、地位之功用。其中以建造于东汉顺帝永建四年（公元129年）的孝堂山石祠、桓帝建和元年（公元147年）的嘉祥武氏祠最为著名。祠堂内部石壁往往刻满画像，既有祠主生前活动的纪实描绘，也有帝王将相、忠义孝子等历史故事人物画，还有祠主通往极乐世界的想象等。

祠堂前，往往立有碑阙二三。"阙"本是地上宫殿建筑的一部分，"阙者，所以饰门，别尊卑也"（《水经注·谷水》引《白虎通》）。据《春秋公羊传》记载："帝王宫门立双阙。"对此何休注解道："礼，天子诸侯台门，天子外阙两观，诸侯内阙一观。"可知，先秦通过规定阙的数量、设置的地点来区分等级尊卑。到了汉代，阙不再是宫门专有，陵墓、祠庙前也仿照宫殿建起了阙。比如，《汉书·霍光传》载："太夫人显改光时所自造茔制而侈大之。起三出阙，筑神道，北临昭灵，南出承恩。"[①]《后汉书·宦者列传》亦载侯览："豫作寿冢，石椁双阙。"[②]只不过这类以石材筑成的阙通常形制较小，且在形态上进行了具有象征意义的改造，已经不再具备实用功能，主要起着彰显墓主威仪的作用。汉人多在阙上记刻墓主官职姓字，或记墓主行事，也有阙身饰以灵禽瑞兽、历史故事等精美图案，以山东嘉祥县武氏墓阙、四川新都王稚子墓

[①] 班固. 汉书·霍光传[M]. 北京：中华书局，1962：2950.
[②] 范晔. 后汉书·宦者列传[M]. 北京：中华书局，1965：2523.

阙和雅安高颐墓阙为典型。

除了石祠、石阙的流行外，汉时墓前立碑也极为普遍。《释名·释典艺》曰："碑，被也。此本葬时所设也，施鹿卢，以绳被其上，引以下棺也。臣子追述君父之功美，以书其上，后人因焉。无故建于道陌之头，显见之处，名其文，就谓之碑也。"[①]依《释名》所论，碑刻源于"葬时所设"，以资坟墓标识。东汉初年墓前立碑开始风行，上至达官下至百姓，均以立碑为尚。碑文受汉代诗赋影响，其文体多为定式，篇幅往往以千字起，以表生人追述祖系，颂其功德，教化后人之用心。

二、墓庙合一："古人重庙祭，汉人重墓祀"

汉时墓葬形制的变化是显而易见的，这一点早已被大量考古资料所证实。隐于其后的，是陵寝制度和宗庙制度作为国家上层建筑意识形态，随着时代的变迁而出现的新变，具而言之，便是祭祀之地开始由"庙"向"墓"转移。

王充《论衡·四讳》有记："古礼庙祭，今俗墓祀。"确是事实。所谓庙，即宗庙。夏商周三代，"庙"作为集合性宗教中心、城市的核心，是人们祭祀远祖、传递世系、举办国之大典的圣地。"庙"在国家政治生活中的核心地位，决定了它的建造对国家而言有着非比寻常的意义，国君建都设邑时首先要营筑宗庙。根据先秦文献记载："三代之圣王，其始建国营都日，必择国之正坛，置以为宗庙"（《墨子·明鬼下》）；"古之王者，择天下之中而立国，择国之中而立宫，择宫之中而立庙"（《吕氏春秋·慎势》）；"君子将营宫室，宗庙为先，厩库为次，居室为后"（《礼记·曲礼下》）。相比之下，亡者形魄所归的墓室，其建造相对简约，没有形成宗庙那样严整的结构。东周时，宗族势力衰微，豪强家族崛起，随着家族墓地的出现，人们对"墓"的兴趣日益增长起来，至战国时，墓地上高大华丽的建筑已数见不鲜。但是，此时的"庙"依然是权力的象征，是统治者祭祀宗族神灵的殿堂，它的地位自然凌驾于"墓"之上。"墓"仅仅作为埋葬死者的兆域，体现着个人在社会关系网中的地位。而秦始皇一改故辙，对祖庙并未给予过多重视，反而自登基之始就

---

① 刘熙. 释名疏证补［M］. 北京：中华书局，2008：76.

致力于个人陵墓的营造，并首开先河为自己建造了一座"极庙"，特设一条甬道将极庙与郦山陵相连，"自极庙道通郦山，作甘泉前殿。"（《史记·秦始皇本纪》）此外，考古所见始皇陵园中寝殿、便殿的设置，印证了《后汉书·祭祀志》"秦始出寝，起于墓侧"所言非虚。《汉书·韦玄成传》云："又园中各有寝、便殿。日祭于寝，月祭于庙，时祭于便殿。"颜师古注曰："寝者，陵上正殿。"

  汉因而弗改，诸陵皆有陵寝，便于供奉灵魂饮食起居。正如蔡邕所说："宗庙之制，古学以为人君之居，前有朝，后有寝，终则前制庙以象朝，后制寝以象寝。庙以藏主，列昭穆；寝有衣冠、几杖、象生之具，总谓之宫。……古不墓祭，至秦始皇出寝，起之于墓侧，汉因而不改，故今陵上称寝殿，有起居衣冠象生之备，皆古寝之意也。"①西汉在沿用秦代"墓侧设寝"这一制度的同时，还把祭祀先帝的"庙"也移到了陵园附近。据《史记·叔孙通列传》记载：高帝驾崩后，最初在长安城东南建庙奉祀。孝惠帝即位后，在武库南修筑了一条"复道"，便于"东朝（皇太后）长乐宫"，然而这条复道，是高祖衣冠游行的必经之地，如今"后世子孙乘宗庙道上行"，恐怕有不敬祖先之嫌，于是在叔孙通的建议下，在渭水以北重建高祖"原庙"。此后，西汉诸帝无一例外把庙修建在陵墓旁，如公元前146年景帝在阳陵南约400米处修建了德阳宫，即景帝庙。②宣帝庙位于杜陵东北约400米处③，元帝庙位于渭陵南约300米处。④故曰"自高祖下至宣帝，与太上皇、悼皇考，各自居陵旁立庙，并为百七十六。又园中各有寝、便殿。日祭于寝，月祭于庙，时祭于便殿"（《汉书·韦贤传》）。需要说明的是，这些庙虽然建于陵园近旁，但就礼制功能而言，它仍是国家法定的祭祀重地，其中当属每月一次的"游衣冠"最为隆重，即将祭祀神主时，将先帝生前衣冠等物从寝园中请出，从专道（时称"衣冠道""游道""宗庙道"）送至陵庙，意在引请先帝灵魂到庙中游历并接受祭祀。

  这种陵寝制度在东汉初年发生重大变革。公元58年，汉明帝以孝为名（实

---

① 蔡邕. 独断[M]//四库全书. 影印本. 上海：上海古籍出版社，1990：14.
② 王丕忠. 汉景帝阳陵调查简报[J]. 考古与文物，1980（1）：34.
③ 刘庆柱. 古代都城与帝陵考古学研究[M]. 北京：科学出版社，2005：237-253.
④ 李宏涛，王丕忠. 汉元帝渭陵调查记[J]. 考古与文物，1980（1）：38.

则为权术之需），将元旦时公卿百官朝拜之"元会仪"转移到光武帝原陵上举办，成为"上陵礼"，随即又把"二十五祠"中最重要的庙祭"酎祭礼"也移到陵寝中进行。如此一来，就使得宗庙在祭礼中的地位大幅降低，而陵寝的地位大幅升高，祖先祭祀的中心开始由"庙"转移到"墓"。故徐乾学曰："汉不师古，诸帝之庙不立于京师而各立于陵侧，故有朔望及时节诸祭，此实祭庙，非祭陵也。……其率百官而特祭于陵，实自明帝始也。"（《读礼通考》）除了推行上陵礼，确立新的陵寝制度之外，汉明帝还改革了宗庙制度。明帝遗诏不为自己立庙，而是把牌位置于光武庙中，即"明帝又欲遵俭自抑，遗诏毋起寝庙，但藏其主于光武庙中更衣别室。其后章帝又复如之。后世遂不敢加，而公私之庙为同堂异室之制……"（朱熹《禘祫议》）这一举措，破坏了古制中承袭已久的"天子七庙"制，它依照世代次序，将众多祖先的神主供奉在一庙之内，这种"同堂异室"的祭祀方式，无疑导致宗庙地位被进一步削弱。此制一设，此风一开，朝野上下无不附从，最终"墓祭"在汉代相习成俗。

表2-1　陵寝、宗庙制度的发展与演变

时代	陵寝、宗庙制度	文献佐证	祭祀中心
周代	宗庙制度森严，实行昭穆制度。诸侯及各国宗族有自己的宗庙。祭祀的场所，皇帝至士有身份者在宗庙中祭祀，庶民无权建置宗庙，只能在其生活之居室中祭祀	《王制》："天子七庙，三昭三穆，与太祖之庙而七；诸侯五庙，二昭二穆，与太祖之庙而五；大夫三庙，一昭一穆，与太祖之庙而三；士一庙，庶人祭于寝。"	庙
秦朝	传统的宗族祖庙被废除，代之以皇帝的家庙。"寝"从宗庙中分割，移至陵墓边侧，使"陵""寝"结合。"庙"则在陵园以外附近的地方。重要的祭祀祖先的典礼仍在"庙"中举行	《后汉书·祭祀志下·宗庙》："庙以藏主，以四时祭。寝有衣冠、几杖、象生之具，以荐新物。秦始出寝，起于墓侧，汉因而弗改。"	庙

续表

时代	陵寝、宗庙制度	文献佐证	祭祀中心
西汉	沿用秦制，实行陵旁立庙（300~400米处）。祭祀活动"日祭于寝"，即"日上四食"，每日为祖先奉侍食品四次；"月祭于庙"，即"庙，岁二十五祠"，每年于庙中为祖先举行大小共二十五次祭礼	《汉书·韦贤传附韦玄成传》："自高祖下至宣帝，与太上皇、悼皇考，各自居陵旁立庙，并为百七十六。又园中各有寝、便殿。日祭于寝，月祭于庙，时祭于便殿。寝，日上四食；庙，岁二十五祠；便殿，岁四祠。又月一游衣冠。"	多数在庙，少数在寝
东汉	废止为祖先立"庙"，将历代神主聚集于一个祖庙中，"同堂异室"进行供奉。"元会仪"转移到陵寝进行，成为"上陵礼"，"二十五祠"中最主要的"酎祭礼"也移至陵寝。因此宗庙虽具，实属架空，祭祀中心向陵墓转移	《后汉书·明帝纪》："春正月（后汉明帝永平元年）帝率公卿已下朝于原陵，如元会仪。"	陵

庙祀宗，陵祭祖。从"庙"至"墓"，从祀宗到祭祖的演变，标志着汉代以朝拜祭礼为主要内容的陵寝制度的最终确立。由于"庙"不再作为集合性的宗教中心而存在，其核心地位逐渐丧失，致使礼制功能向"陵""寝"转嫁。古书中常常"寝""庙"混称，其故如此。因此，东汉时期人们把茔域内的地上建筑称为"祠"或"庙"，把地下建筑称为"宅"或"兆"，二者构成了一个"墓庙合一"的整体。[①] 这种建筑配置，是以"魂气归于天，形魄归于地"的二元灵魂观为前提的。明人丘濬在研究汉代墓葬制度时说道："人子于其亲，当一于礼而不可苟。于其生也，则既事之以礼矣，迨其死也，其体魄之归于地者，为宅兆以藏之，其魂气之在乎天者，为庙祐以栖之。"[②] "体魄为宅兆以藏之""魂气为庙祐以栖之"的思想，说明事死如生的汉人将祠庙视为亡者魂灵的居所，而将宅兆视为其体魄之归处。那么，如何为亡者灵魂布置居所，以便其尽享极乐，便成为墓葬艺术创作的首要任务。

---

① 巫鸿.礼仪中的美术［M］//巫鸿.中国古代美术史文编：下册.北京：生活·读书·新知三联书店，2005：566.

② 丘濬.丘濬集：第三册［M］.海口：海南出版社，2006：950.

三、墓葬绘画艺术：从装饰性平面到叙述性空间

国家意识形态对厚葬精神的高扬，直接促进了汉代墓葬绘画艺术的发展。"事死如生、事亡如存"的宗教文化也为墓葬艺术提供了无尽题材，那些留存于世的精美帛画、墓室壁画、棺椁漆画等墓葬绘画作品，都没有脱离宗教信仰和实用理性的藩篱，而带有明显的礼制教化的特征。其内容丰富又深刻，具体又虚幻，一方面利用具象化的、世俗化的艺术形象营造精神氛围，从世俗情感的角度感染世人；另一方面墓葬绘画作品中存在大量虚构的神灵形象，它们是汉人原始精神和宗教信仰的外化形式，表达着人们对超自然神体的崇拜与幻想。

墓葬中大面积的绘画作品早先出现在棺椁上。在竖穴土坑木椁墓广泛流行的西汉早期，墓葬绘画尚未体现出空间逻辑意识，即从空间语境的视角来看，存在于不同位置的独立图像之间，似乎没有明显的逻辑关联。棺椁漆画以长沙砂子塘木椁墓为例。1961年发现的这座西汉初年文帝时期的木椁墓，其外棺盖板上下、两侧板、前后两端挡板上都绘制了精美彩色漆画。据《长沙砂子塘西汉墓发掘简报》所示，其外棺盖板上绘制了一幅十字穿璧图。盖板下面绘制一龙一凤，由于泥水侵蚀和盗掘损毁，图案不甚完整。两侧壁板图案相同，正中绘有一座山峰，山上两棵垂杨，山两侧各绘制一豹，回首翘尾；壁板一端绘制一条夔龙，另一端绘制一条蛟螭，空隙处饰以云纹。头部挡板绘制双鹤穿璧图。足部挡板绘制钟磬图及羽翼仙人骑豹图，构图对称。这几幅漆画形态逼真，施以红、白、黑、棕、黄等色，色彩鲜明醒目，风格雄奇豪迈。画工通过图像本身的表现力来展示墓主身份的高贵（特钟、特磬），以及在神兽（龙、骑豹）守护下通往仙境的美好祈盼。但是，这一类装饰性表达，在墓葬空间中并不存在空间上次第接续的关系，相比从属于某个叙述链上的图像单元而言，它们更强调视觉元素本身意义的表达。

而在创作面积相对充裕的帛画上，同一平面内的图像单元之间，体现出一定的空间逻辑意识。以湖南长沙马王堆汉墓出土的西汉帛画为例。1972年发掘的马王堆1号汉墓，据考为利仓妻"辛追"之墓，其内棺棺盖上覆盖有一

块"T"形旌幡帛画,以祈求死者灵魂升天为主题思想,分四段[1]描绘了天界、人间、阴间、水府的景象,勾线流畅、设色庄重。天界由帛画的最上部分构成。内容包括:日轮、月轮、人首蛇身天神、灵禽瑞兽等。其中,一对双龙下方刻有一座门阙,当为天门,此处是天界与人间的过渡地带。天门之下,是墓主人间场景的再现。主要绘制了墓主灵魂身着华丽服饰,接受后人祭拜并缓步升天的情形。以双龙交璧为界,帛画的下半部描绘了阴间和水府两大场景。阴间部分主要绘制了供奉墓主尸体的情形[2],水府部分主要绘制了双鱼、赤蛇等水中神物,以及象征着地府的"小方相氏"或"土神方良"[3]。值得注意的是,上述所绘四个相对独立的图像单元所构成的四层空间,并不是完全专注于各自的视觉表现力,而是基于一种承上启下的空间逻辑的并置结构。显然,这类型图像表现,虽然依旧带有浓厚的装饰性意味,但与长沙砂子塘汉墓外棺漆画相比,显然遵循了一套完全不同的空间逻辑。

随着西汉中后期至东汉前期砖室墓的盛行,导致墓葬绘画艺术的表现形态丕变。地下墓葬空间得到极大拓展,墓室形制逐渐开始模仿地上建筑。这一关键性变化,直接激发了新的艺术形态,即壁画、画像砖、画像石的产生。墓葬艺术设计呈现从"器物为主"的装饰性表达向"空间为主"的叙述性表现转变,即致力于为墓主灵魂营造一个"上具天文,下具地理"的"微观宇宙"。壁画墓以洛阳卜千秋墓、洛阳老城西北烧沟M61汉墓、河南偃师辛村新莽汉墓为代表。1991年发掘于河南偃师高龙镇的这座空心砖墓[4],其前室东西壁、前室与中室间隔梁、中室东西壁、中室与后室间隔梁共计8处绘有壁画。前室东西、耳室门外北侧各绘一执綮戟门吏;前室与中室间隔梁绘有方相氏、常羲和羲和两阴阳主神;中室西壁绘庖厨图、六博宴饮图;中室东壁绘乐舞图和女子宴饮图;中室与后室间隔梁绘有西王母及仙庭灵禽瑞兽。确如陈煌先生所言:"汉代墓室装饰空间构图模式与以马王堆'非衣'为代表的西汉帛

---

[1] 孙作云.长沙马王堆一号汉墓出土画幡考释[J].考古,1973(1):54-61,70-71.
[2] 陈煌.古代帛画[M].北京:文物出版社,2005:148-149.
[3] 陈煌.古代帛画[M].北京:文物出版社,2005:151.
[4] 洛阳市第二文物工作队.洛阳偃师县新莽壁画墓清理简报[J].文物,1992(12):1.

画一脉相承。"[①]马王堆帛画中同一平面所绘的四层空间,被搬演到立体的墓葬建筑中时,就演变成了"上具天文,下具地理"的宇宙图式。表现不同界域的图像,在室墓中都有各自专属的区域:一般而言,墓顶、门券绘制日月天象、灵禽瑞兽以表现仙境,四壁则通过历史故事或现实场景刻绘以表现人间。从图像的空间布局来看,不同位置的独立图像服务于墓葬这个整体空间语境,它们既追求自身视觉元素的表现力,又注重彼此之间的空间逻辑关联,它们如同一个个含义丰富的视觉要素,遵循着一定的空间逻辑进行置陈布势,最后构成了象征墓主由死而仙的文化结构。

随着立体的横穴室墓最终取代竖穴椁墓,加之"墓庙合一"的政策推动,墓地终由凄凉的寂静王国变为熙攘的礼制中心。待墓葬筹备就绪,祭拜者被允许在墓室封闭前——至少在墓主安葬前,解履以入,观瞻礼拜,即所谓"诸欲观者皆当解履乃得入观"[②],以便鉴照自省并志哀致敬。画像砖以四川成都、河南洛阳等地最为常见,地域特色明显;画像石则以山东嘉祥武氏祠、山东长清县孝堂山郭氏祠、沂南北寨汉墓等为代表。就生产程序而言,汉画"不批量生产,它们的设计和修建总是基于漫长的决策过程和各种社会单位之间的错综复杂的协商"[③]。就题材而言,它是墓葬壁画的进一步发展,画像内容包罗万象,从神话传说、历史故事到现实写照无一不具;就图像结构而言,强调自身独立意义表达的单一图像进一步向多场景并置的、具有叙述性特征的大型构图发展;就画像配置而言,依照墓葬建筑的上下结构而营建出日月星辰为穹顶、神灵祥瑞缥缈仙界居于其下、历史故事和现实场景绘于四壁的颇具"宇宙图式"的象征性结构,显现出浓厚的空间逻辑意识;就艺术表现而言,剔地浅浮雕、深浮雕、半圆雕等技法的熟练应用,造就了汉画深沉雄大、浪漫主义与现实主义共冶一炉的艺术效果。

---

① 陈煌.古代帛画[M].北京:文物出版社,2005:193.
② 陕西省考古研究所.陕西旬邑发现东汉壁画墓[J].考古与文物,2002(3):76.
③ 巫鸿.黄泉下的美术[M].北京:生活·读书·新知三联书店,2016:4.

第二节　汉画像石兴起

如上文所言,至少从西汉中期开始,画像石这种艺术形态就已经在墓葬系统中出现,并且成为弘扬社会伦理,彰显身份地位的特殊载体。墓葬形制的革故鼎新致使墓室空间建筑化,墓庙合一的政策推动促使祭祀空间和埋葬空间合而为一,"厚葬为德,薄终为鄙"的世风浸淫驱使人们倾尽财力营建陵寝地宫。在各种因素的合力共振下,汉画像石这种深沉雄大的墓葬艺术终于蓬勃而起,迎来了极盛时代。

一、汉画像石的分布区域及发展概况

画像石是一种石刻绘画,从成型技术来说,应属雕刻,从整体艺术形态而言,实似绘画,故习称画像石。画像石主要刻绘于祠堂、石阙、石棺和墓室,滥觞于西汉,兴盛于东汉。三国以降,随着魏文帝曹丕下诏复周之古礼,大兴土木建宗庙、毁冢祠而急剧衰落。

就目前考古所见,我国汉画像石主要分布在山东至苏北、皖北及相邻豫冀交界区,豫南至鄂北区,陕北与晋西北区,四川与滇北区四大区域[1],其他地区偶有零星存在。这些区域,或是环绕两汉时期的政治文化中心,如东汉帝乡、陪都南阳,既是"西通武关、郧关,东南受汉、江、淮"(《史记·货殖列传》)的经济发达要地,同时又是学术活跃的文化高地。作为汉光武帝家乡,当天子巡幸其地时,"文物之盛,他郡所未有也"(《南阳县志·沿革表》),主流文化在这里得以传播、实践。或是两汉工商业高度发展的富庶地带,如"甚富而实"(《史记·苏秦列传》)的临淄地区,富商大贾周流其间,私有制和商品经济带来巨额财富,因而该地墓区规模庞大,遗物丰富。抑或

---

[1] 中国画像石全集编辑委员会.中国画像石全集:第一卷[M].济南:山东美术出版社,2000:16–24.

是盛产石材的区域，如陕北绥德一带石材资源丰富，且石层薄而平整，适宜雕刻，便于麇集当地的皇亲国戚、官宦商贾就地取材来营建墓室。再如，花岗岩遍布的唐河湖阳镇，不仅是南阳郡画像石制作的石材基地，同时也是河南地区较早出现画像石的地带。

本书大致梳理了全国各地出土的汉画像石共计约6500例，其中河南最多，约2900余例，其他各省依数降序排列分别是：山东1300余例，陕西1036例，江苏491例，四川384例，山西110余例，安徽86例，浙江53例，河北33例，湖北24例，贵州7例。

山东至苏北、皖北及相邻豫冀交界区。人文荟萃的齐鲁之地因其汉画像石产生时间早、延续时间长、发现数量多而被称汉画的发生地。"把画像石的发生，定在这个区域，是因为河南永城西汉武帝时期的梁王墓内更衣之室（厕所）的石壁上，出现了一个阴线所刻的叶状之树的图像。这种图像，正是西汉晚期画像石中常见的，故无论是从雕刻技法还是从艺术造型来说，都可称之为汉画像石的发端。"[1] 儒学和早期道教在这里发轫，为画像石提供了丰富的创作素材，因此该地区画像石中的历史故事题材，诸如周公辅成王、孔子见老子、荆轲刺秦等，要远比其他地区丰富，通过这些具有"恶以诫世，善以示后"功能的模范典型来宣教儒家人伦之道。本区出土的画像石最早可追溯至西汉文景时期，见山东邹城龙水村画像石椁墓。[2] 1991年，该公共家族墓地中共发现墓葬20座，其中刻有画像石的石椁墓共计4座（M9、M12、M13、M18），造型简练，线条粗犷，代表了画像石初兴阶段的朴素风格。其中，M9置于石椁南挡板处的天门图，应该是目前所见最早的"天门"图像，同类造型其后在四川多有发现。M12置于石椁北挡板处的星云图，出现时间也比较早，同类造型其后在河南多有发现。M13、M18石椁两端挡板所刻璧纹、常青树，这种组合，亦是其后石椁墓中常见的典型图案。随着制作工艺的不断提高，该地出土的画像石不仅场面越发宏大，而且出现了车骑出行、庖厨宴饮、乐舞百戏等新内容，尤以长清孝堂山、嘉祥五老洼、纸坊镇敬老院等石祠为

---

[1] 俞伟超.古史的考古学探索[M].北京：文物出版社，2002：235-236.
[2] 朱青生.中国汉画研究：第五卷[M].桂林：广西师范大学出版社，2016：36-47.

代表，雕刻技法精细，风格肃穆庄重，画面工整而朴实。东汉后期是这一地区画像石发展的鼎盛期，无论从墓冢数量、画像题材范围，还是雕刻技法、图案构思，都远胜其他三大区域，成为当时画像石艺术的中心地。以表现现实生活场面为主的沂南北寨画像石墓为例，它沿袭了武氏祠减地平雕兼阴线刻的技法，但在形象刻绘上更为夸张、状貌传神，艺术风格显得自由活泼。

豫南至鄂北区。汉时这一区域大体隶属南阳郡管辖，南阳郡既是冶铁技术最先进的都会（据《汉书·地理志》，汉时国家设置工官的地区有9处，南阳郡宛县是其中之一；设有铁官的地区46处，南阳宛县是其中之一），也是豪强力量（《南阳县志》："王侯将相，第宅相望"）和社会财富（《盐铁论》："宛周齐鲁，商遍天下，富冠海内"）的集中区，因而西汉晚期至东汉前期，许多画像石制作的工艺技法最先产生在这里。就题材而言，本区画像石大致可分为社会生活、神话传说和历史故事三类，尤其以反映墓主奢靡华丽的生活场面最为常见，表现出汉代石刻艺术的现实主义精神。相比于山东地区肃穆典雅的艺术风格，本区画像石中的形象造型夸张生动，具有强烈的运动感，并且摆脱了繁缛的结构布局，形成了自由明快、明朗朴实的独特风格。目前考古所见年代最早的画像石墓位于河南唐河县石灰窑村，据推定该墓的年代在西汉昭、宣时期至新莽之前。[1] 该墓出土画像石共计五块，集中分布在东室墓门处，内容多是写实之作，刻法古拙，线条稍呆板，明显具有早期画像石特征。其中墓门门楣画像可分两层，上层刻菱形穿环纹，下层刻垂幛纹；东门柱正面刻三角形图案，侧面刻一执戟门吏；中门柱正面同样刻绘三角形图案，侧面残损；西门扉与东门扉图案对称相似，可分为两层，上刻人物正襟危坐于双阙之内，或有侍者侍奉，下刻铺首衔环。直到王莽时期，该地雕刻技法明显进步，唐河县新店村郁平大尹冯君孺人墓中出土了十多幅画像[2]，均采用浅浮雕式的减地阳刻。再到东汉前期，汉画规模进一步扩大，题材内容不断增加，其中神荼、郁垒画像为其他地区少有，画像石基本达到了成熟阶段。

---

[1] 赵成甫，张蓬西，平春熙. 河南唐河县石灰窑村画像石墓[J]. 文物，1982（5）：79-84.
[2] 黄运甫，闪修山. 唐河汉郁平大尹冯君孺人画象石墓[J]. 考古学报，1980（2）：239-262.

陕北与晋西北区。西汉中后期这一地区隶属西河郡所辖。本区画像石多见于东汉中期之后，以减地平面阳刻为主要表现形式，即先用线条勾勒出物象轮廓，再剔地而形成平面阳刻物象，物象细部或用线条绘出，因而画像造型简洁有力，质朴凝重，"在形象的处理上，不追求琐碎的细节；在处理各种曲线、细线和一些小的形象时，多采用类似今天剪纸中'连'的手法，一个形象与一个形象相互连接，既保证了石面构架的完整，又使画面显得生动丰富。"[1] 年代较早的画像石墓如陕北绥德苏家岩出土的永元八年（公元96年）西河太守杨孟元墓。[2] 该墓中画像石主要集中在墓门处和后室过洞外侧，风格富贵华丽。以后室过洞画像石为例，其横楣石画像可分为内、外两层，外层刻有云气纹，其间夹杂以灵禽瑞兽；内层从右向左分别刻绘车马图、完璧归赵、射猎、奔兽等形象。左右立柱画面类似，亦可分内外两层，外层云气纹与横楣石相连，内层刻绘日轮、月轮，其下仙人端坐于扶桑树上，下方刻绘执彗门吏。立柱下似各有一博山炉。中柱石上刻有"西河太守行长史事离石守长杨君孟元舍永元八年三月廿一日作"27字。年代稍晚的画像石墓如山西离石马茂庄2号墓[3]（桓帝时期）。无论是艺术风格上，还是雕刻技法上，离石画像石与陕北画像石都十分相似，显然存在传承关系。但在内容上，离石画像石中的神仙题材明显增多。该墓画像集中于墓门、前室四壁处，共计31幅，题材涵盖东王公、西王母、四神形象、各种灵禽瑞兽、御龙羽人等。以前室西壁左右两侧画像为例，左侧画像从上至下依次刻绘仰首朱雀、云气纹、衔圭赤鸟、举尾三足鸟和双头鸟；右侧画像从上至下依次刻绘双翼马、云气纹、双头神兽、膫疏和神龟。需要指出的是，陕北与晋西北区由于毗邻匈奴，较之其他三大区域，本区汉画中较少出现历史故事类题材，也未见反映百姓生活、生产的题材如捕鱼、纺织等，而是出现了很多深目高鼻的胡人形象，反映边地胡汉杂居、民族融合的盛况。

四川与滇北区。这一区域的汉画发展明显受到豫南、鄂北两地的影响，其画像石相对晚出，多集中于东汉后期至蜀汉时期。本区汉画的形制颇有其

---

[1] 王朝闻.中国美术史：秦汉卷[M].济南：齐鲁书社，2000：64.
[2] 吴兰.陕西绥德汉画像石墓[J].文物，1983（5）：28-33.
[3] 刘永生.山西离石马茂庄东汉画像石墓[J].文物，1992（4）：14-40.

特点：在冈岭极为普遍而砖、石材料相对较少的四川和重庆地区，画像石往往刻绘在沿河、沿江或沿溪的崖洞墓中。内容题材方面，除少量神仙传说外，大部分内容以反映现实生活为主，而描绘忠孝悌义的历史故事题材极少，大概与其远离中原文化中心有关。此外，这一地区石阙保存数量最多。"全国现存石阙仅30处，而四川地区就占有21处，成为我国汉阙艺术的故乡。"[①] 翦伯赞先生认为，这里之所以多汉阙，可能是因为两汉时期四川"工业发展，奢侈之风由来已久"[②]。四川石阙多为墓阙，作为墓葬空间的入口，其上绘有许多画像，如建安十四年（公元209年）雅安高颐阙。画像主要配置在阙楼四周和阙身上部，内容包括车马出行图、神荼与郁垒、昆仑仙界、仙人抚琴、季札赠剑（或季札挂剑）、使者迎请阙主等，重点表现阙主升仙的美好愿景。本区画像石，多为质地粗糙的砂岩，由于石质松散不易雕刻，因此纹饰较少，构图简练，且物象比例稍嫌失当，呆板而生硬，如1973年宜宾县文化馆清理的宜宾弓字山崖墓石棺画像所见。[③]

综上，地域鲜明的汉代画像石广泛汲取了先秦绘画艺术之精华，它深深扎根于现实社会，内蕴儒家以"忠、孝、节、义"为代表的封建伦理道德和道家长生不老、羽化成仙的理想境界，它在题材内容上表现出对现实世界的普遍关注，在终极追求上表现出对超自然世界的感性向往，在形象塑造上表现出对质朴浑厚的美学风格的追求。正如翦伯赞先生所言，汉画像石的发展史，就是一部完美记录汉人生产劳动和思想情感的绣像史。

二、汉画描绘的三大题材

四大地域的汉画虽然风格略有不同，内容也各有侧重，但就其主旨而言，都是围绕着一个共同的情感愿望：意在缔造死者身后的理想化世界。这个世界既是对现实世界的模拟——它将现实生活中所有奢华的物质享受悉数搬进地宫，以便为墓主灵魂的生活增加品质；又是对现实世界的美化——它不断把宗教文化中"真、善、美"的精神品格和"死既长生"的生命理念纳入墓

---

① 幸晓峰，刘雄峰，沈博. 艺术考古概说 [M]. 成都：电子科技大学出版社，2015：166.
② 翦伯赞. 秦汉史 [M]. 北京：北京大学出版社，1983：532.
③ 兰峰. 四川省宜宾县崖墓画像石棺 [J]. 文物，1982（7）：24–27.

葬艺术世界，以求心灵慰藉。这些内容，便是汉画像石的题材来源。

对汉画像石主题和内容的研究，中外学者因其角度不同而提出多种划分方式。如李发林先生四分法[①]，即社会生产类，如耕种、狩猎图等；社会生活类，如车骑图、仓廪图、宴饮图等；历史故事类，如古代帝王将相、贤臣孝子等形象刻绘；神话传说及鬼神迷信类，如伏羲女娲、西王母东王公、奇禽异兽、神怪祥瑞等。俞伟超先生八分法[②]，即天象；鬼神；祥瑞；古之帝王、圣贤和忠臣等历史故事；彰显墓主之身份的车马出行图等；表现主人财富的现实场景刻绘，如农田、牧场、作坊等；墓主逸豫生活的写照，如宅院、宴饮、乐舞等；装饰纹带。信立祥先生三分法[③]，即表现人间现实世界的画像；表现仙人世界和祠主升仙的图像；表现诸神天上世界内容的画像。为便于阐述汉画像石的叙事性，本书以信立祥先生三分法为体例，并在此基础上进一步细化、归类（表2-2）。

表2-2 汉画像石题材内容分类

主题	分类	内容
表现人间现实世界	历史故事	孔子见老子、周公辅成王、二桃杀三士、完璧归赵、泗水升鼎、荆轲刺秦、豫让刺赵襄子、邢渠哺父、孝子丁兰、季札挂剑、老莱子娱亲、骊姬计杀申生、虎食女魃、董永侍父、河伯出行、伯乐相马、高祖斩蛇、管仲射桓公、孔子与项橐、梁高行割鼻拒聘、闵子骞御车失棰、聂政自屠、秋胡戏妻、羲和主日、虞舜涂廪、仓颉造字、常羲捧月、丑女钟离春、程婴存赵氏遗孤、狗咬赵盾、鲁义姑姊、穆天子拜会西王母、孝子赵苟、晏子见齐景公、曾母投杼、赵盾舍食于灵辄、七女为父报仇、伯俞伤亲年老、范雎与魏须贾的故事、曹子劫桓、楚昭贞姜、东王公拜会西王母、皋陶治狱、公孙子都暗射颍考叔、高渐离刺秦王、皇帝惩罚贰负之臣、鸿门宴、黄公搏虎、晋灵公杀赵盾、京师节女、刘道锡捞尉陀鼎、梁节姑姊、李善抚孤、聂政刺杀韩王、齐义继母、齐桓公释卫、苏武的故事、师旷鼓琴、三州孝人、孙庞斗智、文王十子、夏禹化熊、孝孙原毂、孝子魏汤、西门豹除巫治邺、休屠的故事、晏子临盟不死君难、晏婴赈济灾民、要离刺杀庆忌、杨伯雍义浆、张良椎秦皇、专诸刺王僚、朱明的故事等
	乐舞百戏	六博、蹴鞠、斗鸡、斗牛、娱乐性狩猎、弋射、弄丸、飞剑跳丸、吐火、绳技、髡刑、棰刑、掷倒伎、斗剑、投壶、七盘舞、鼓舞等

---
① 山东博物馆，山东省文物考古研究所.山东汉画像石选集[M].济南：齐鲁书社，1982：4-5.
② 中国画像石全集编辑委员会.中国画像石全集：卷一[M].济南：山东美术出版社，2000：8-15.
③ 信立祥.汉代画像石综合研究[M].北京：文物出版社，2000：118，143，161.

续表

主题	分类	内容
表现人间现实世界	生产生活	生产类：耕地、磨地、锸地翻土、中耕除草、积肥拣粪、纺织、冶铁、制车、酿酒等 生活类：驷马安车、轺车、耕车、辎车、轻车、柴车、牛车、独轮车、容车、轩车、藩车、榮戟、伍伯、殳、节、执贽、圆幢、阙观、铺首、苍龙阙、堂皇、水榭、龙楯、持板、便面、毕、鸠杖、建鼓、鼓上翔鹭、建鼓兽座、羽葆、鼗鼓、拥彗、蹴张、钩镶、亭长捧盾、儒师讲经、持橐、仓廪、狩猎、宗庙祭祀等
表现仙人世界和祠主升仙	神怪	西王母、九尾狐、玉兔捣药、蟾蜍、凤凰、东王公、三足乌、骑鹿和鹿车、琅玕和竹实、麒麟、羊车、骑龙、骑豹、驺龙、龙拉车、鸡头人身怪、天吴、贯胸国、黄公斗虎、雷车、风伯、雨师、方相氏、蚩尤、烛龙、伏羲、女娲、蛟龙救燕太子丹、人面鱼身怪、人头鸟身怪、操蛇之神、鱼拉车、鸟头人身怪、扁鹊针灸、泗水起鼎、龙雀、神犬盘瓠、盘古开天辟地、东莱长人、仙人骑虎、虎拉车、扶桑和羿射十日、佛像、六牙白象、随侯珠等
表现诸神天上世界内容	星象图	太阳、月亮、北斗、织女和牛郎星、南斗、女宿、牛宿、罗堰三星、毕宿九星、苍龙星座、白虎星座、日月合璧、勾陈星、彗星、瓠瓜星、虹蜺、五车星、老人星、孤矢星、觜宿、箕宿、张宿、角宿、酒旗星、车府星、河鼓星等
	祥瑞图	凤凰、龙、蒉荚、神鼎、狼井、六足兽、玉英、银瓮、比目鱼、白鱼、比肩兽、比翼鸟、玄圭、璧流离、木连理、赤罴、玉马、泽马、白马、巨畅、麒麟、河精、三足乌、九尾狐、白鹿、嘉禾、甘露、白虎、玄武、白象、朱雀、玉女、金胜、芝英、白雉、白兔等

总览400年间两汉画像石的题材内容，不难发现墓祠中的石刻画像或是集中强调某一主题，或是将这三个主题按照一定的空间逻辑进行组合，从而建立起具有内部结构有序性和系统性的宇宙图景，即巫鸿先生所言的"三重宇宙"：以神灵祥瑞、日月星辰为主要内容的"天界"高居墓顶，以东王公、西王母等神话内容为主的"仙界"位居墓室上部，以描绘奢靡逸乐家园生活为主的"人界"置于"仙界"图像之下。

日月星辰，图绘天界。受"天人感应"说支配，汉人将"天"视为整个宇宙地位最高的终极存在，所谓"天者，百神之大君"（《春秋繁露·郊语》）。"天者，群物之祖也。"（《春秋繁露·对策二》）这种对"天"的敬畏之心，在汉画中得到真实而形象的描绘。当人们结合生活经验，尝试用图画来摹拟宇宙秩序中地位最高的"天"时，"'天'不是一个抽象的圆圈，而是表现为一个实在的空间，充斥着出没云间的各种神祇与灵怪，其变幻的外形似乎表达了宇宙内部的无穷变化。"[①]汉画中这个"实在的空间"，由天体星辰、祥瑞异兽、神怪仙灵等可视化形象构成，多数配置在祠堂或墓室顶部。

用天体星辰诸如星宿、日月、日精金乌、月精蟾蜍等具有明确方位属性的物象来象征天界，是东汉中期之前比较流行的艺术形式。以1957年发现的西汉末年洛阳老城西北烧沟村61号砖室墓为例[②]，该墓墓室门额、墓顶、隔梁和后壁处均绘有壁画。在八字形墓顶平脊上，彩绘着一幅星象图：画面东段绘有红日，日中金乌展翅。西段绘有绿月，月中蟾蜍玉兔嬉戏。日月中间繁星点缀，云气缭绕，变幻莫测，"似乎表达了宇宙内部的无穷变化"。哀平以降，国家社会危机不断加剧，据史书记载："（哀平之世）阴阳错谬，岁比不登，天下空虚，百姓饥馑，父子分散，流离道路，以十万数。而百官群职旷废，奸宄放纵，盗贼并起，或攻官寺、杀长吏。"（《汉书·孔光传》）以预兆吉凶，宣扬符命灾异为主要内容的谶纬神学，成为统治者政治斗争的有力工具，一时间，神鬼方术、符应灾异、神话幻想蔚然成风。丧俗活动亦受此影响，集中表现在祥瑞异兽取代了天体星辰，成为墓室中用以象征"天"的主要物象。以山东嘉祥武梁祠中的天井石（第二石）为例，由于图像大半漫漶，结合文献记载和宋元旧拓可知，该天井石第一、二层刻祥瑞图，用来表现天上世界。其中第一层图像保存相对完整，分别刻有银瓮、白鱼、比目鱼、比肩兽、比翼鸟、玉璧、连理木、玉英、赤罴、玉马等，都是象征祥瑞的奇禽异兽。相比用天体星辰来象征"天"的图像类型，祥瑞异兽装饰下的"天"无疑更加丰富多元，这也是汉代以"天人感应"为核心的神学唯心主义美学思想的典型体现。随着谶纬迷信思想的衰弱，至东汉末年，汉画中以祥瑞异兽来类比"天"的情况逐渐减少，反而出现了一些用神怪仙灵，如太一、雷公、雨师、风伯等古代神话传说中的神灵来象征天界。以徐州洪楼祠堂顶部天井石"神人出行图"为例，长方形的画面左下方，出现了雷公、雨师等形象。据王充《论衡·雷虚篇》："若力士之容，谓之雷公。使之左手引连鼓，

[①] 巫鸿.礼仪中的美术[M]//巫鸿.中国古代美术史文编：下册.北京：生活·读书·新知三联书店，2005：645.

[②] 李京华.洛阳西汉壁画墓发掘报告[J].考古学报，1964（2）：107-125，235-242，259-260.

右手推椎，若击之状。"对比画像石中所绘雷公，与文献所载几无二致。雷公左下有一神人，在云气中双臂平伸各握一倒置瓶，瓶中水流倾斜而下，此神人似为雨师。作为一种功利性色彩浓厚的墓葬艺术，这幅汉画中的神灵形象，不仅代表了"天"，更是墓主得以登天成仙的重要工具，正所谓"乘雷车，服应龙，骖青虬，援绝瑞，席萝图，络黄云，前白螭，后奔蛇，浮游逍遥，道鬼神，登九天，朝帝于灵门"（《淮南子·览冥篇》）。

从天体星辰所绘物质性的"天"，到降祥瑞以示吉兆的主观性的"天"，再到借诸神之力以登灵门的功利性的"天"，汉画形象而生动地演绎了汉时天人关系的动态发展过程。不过，从画面中各部分构成之间的互动关系来看，大部分天界图中图像元素的排列如同动植物图目，仅仅表现为不同物象间的机械并置，或是诸神轮番出场，或是祥禽瑞兽纷攘不绝，而并无明显的叙事性特征，这与古老中国在信仰领域未能建立一个终极至上的全能、全善之神不无关系。

神话传说，极乐仙界。从西汉中晚期到东汉中期，随着灵魂不灭观深入人心，求仙之风再度盛行。汉成帝末年也"颇好鬼神"，太中大夫谷永奏疏劝谏，在其上书中他对秦汉以来的神仙之道进行了简要概括："秦始皇初并天下，甘心于神仙之道……汉兴，新垣平、齐人少翁、公孙卿、栾大等，皆以仙人黄冶祭祠事鬼使物入海求神采药贵幸，赏赐累千金……夫周秦之末，三五之隆，已尝专意散财，厚爵禄，竦精神，举天下以求之矣……"（《汉书·郊祀志》）"三五之隆"即指汉文帝和武帝时期。在以汉武帝为首的统治者的发动和影响下，这股求仙之风愈演愈烈，以致在上层社会掀起了一场声势浩大的造仙运动。这场运动最终由宫廷走向民间，渗透到人们生产、生活的一切领域。表现在墓葬艺术中，便是人们凭借想象创造了大量置身于仙境中的神鬼灵怪。这些仙人，一部分是古代圣贤演化而来，如黄帝、神农等；更多的是由上古神话中一些具有神格的形象演化而来，如西王母、女娲、伏羲等。其中最具代表性的，要数居住在昆仑之山的西王母女神。

西汉早期，墓葬艺术中常用"百神之所在"的昆仑山来象征仙境。如临沂金雀山9号汉墓出土的帛画中，最上部绘有三足乌日轮、蟾蜍月轮来表示天界；置于其下的是三座饰以曲线斑纹的山峰，据日本学者曾布川宽考证，图像中的山峰就是昆仑山。[①]结合《山海经》等文献记载,昆仑之丘是神人西王母所居之处,她手持不死之药,掌管着人世间的灾祸、疾病和刑罚(见《淮南子·览冥训》:"羿请不死之药於西王母";张衡《灵宪》:"嫦娥……窃西王母不死神药,服之奔月")。而此时的墓葬艺术并未将西王母纳入其中,大概是因其"豹尾,虎齿,善啸,蓬发戴胜"的凶恶形象所致。[②]直至西汉中期,随着造仙运动的不断高涨,西王母形象逐渐脱离文献记载,她被改造成符合时人审美标准的、更具亲和力的不死女神出现在墓葬中,并与九尾狐、三足乌、捣药玉兔、羽人等灵禽瑞兽为伴。以山东嘉祥纸坊镇敬老院出土的祠堂西壁(第七石)画像为例,四层画像第二层刻西王母正襟危坐,西王母左侧为一人身鸟兽怪神,身后刻三足乌和九尾狐。西王母右侧为两只玉兔捣药。这一图像所绘,与《山海经·海内北经》中"西王母梯几而戴胜,其南有三青(乌)鸟,为西王母取食"以及《穆天子传》中西王母自言"徂彼西土,爰居其野。虎豹为群,於鹊与处"的内容基本一致。除纸坊镇一例画像之外,嘉祥村祠堂西壁、嘉祥洪山村祠堂西壁,均出现了类似构图形式。从这些图例可以看出,公元2世纪中原大地已经形成了以西王母为核心内容的神话故事,内容包括了昆仑山、捣药玉兔、蟾蜍、三足乌、羽人等。随着西王母群像的日趋成熟,其象征意涵也不断衍生、扩大,最终构成了一个具有完整情节的图像系统。

东汉中期之后,与西王母形象相匹配的男性主仙——东王公被创造出来并出现在画像石中。在武梁祠东、西侧壁的锐顶部分,能够看到东王公、西王母相对而坐的图式。锐顶西壁是我们所熟悉的西王母图像系统:图中央西王母端坐,头戴山形冠,肩生双翼,头顶祥云纹。其右侧一羽人侍奉、一蟾蜍托臼,二玉兔捣药,其间穿插飞翔羽人;西王母左侧,一羽人侍奉,一羽人飞翔,另有游龙、蟾蜍、神兽右向而行。而在锐顶东壁,出现了与西壁图像基本对称的东王公图像系统:东王公端坐于榻上,头戴山形冠,肩生双翼,

---

[①] 曾布川宽.昆仑山と升仙图[M]//东方学报:第51册.京都:京都大学人文科学研究所,1979:152.巫鸿亦接受此说,见:巫鸿.汉代艺术中的天堂图像和天堂观念[M]//礼仪中的美术.北京:生活·读书·新知三联书店,2005:246-247.

[②] 信立祥.汉代画像石综合研究[M].北京:文物出版社,2000:144-145.

头顶祥云纹。其右侧刻一羽人托盏跪侍，头顶神鸟高飞。羽人身后一双头人面兽身神怪相随，其后又刻一三头鸟，皆左向东王公。东王公左侧，刻一羽人侧立侍奉，身后翼兽、翼龙相随，皆右向东王公。其间若干羽人横飞。此后，以武氏祠为代表的这种二神相对的构图配置方式，便成为祠堂、墓室侧壁上层部分仙界图像的标准模式，它表达了墓主灵魂通往昆仑仙界的强烈愿望。

除了上述以西王母图像系统为代表的仙界图之外，还有一种墓主升仙图，更为直接地表达了这种祈盼。例如，嘉祥纸坊镇敬老院出土的祠堂西壁画像石第九石，五层画像中第一层为西王母群像，第二层为墓主升仙图。在墓主乘坐的云车之前，自右向左分别刻绘了有翼仙人御龙、仙鸟牵引云车、五只仙鸟做导引，整个画面充满了神秘色彩，墓主升仙行列的目的地，似乎就是第一层图像中所示的西王母仙境。这种类型的仙界图，在其他地区的许多墓祠中亦有出现。

奢靡逸乐，世俗人界。为葬者灵魂再造幸福家园的夙愿，早在东周时就已萌生。在公元前4世纪的一些椁墓中，那些种类丰富、引人注目的葬具，诸如钟鼎礼器、饮食器皿、珠被罗帐、男女侍从俑、伎乐俑等，显然寄托着亲属希望葬者在地下幽都依然可以尽享生前尊荣富贵的心愿，即所谓"事死如生"。然而物质上的充裕并不能代替精神生活的富足，所以幸福家园中除了一应俱全的葬具冥器，还需构建出一个比现实世界更为闲适安乐的栖居空间，绘画便成为最佳的表达方式。汉画对现实世界的摹拟和美化，大致从四方面展开，即历史故事、战争狩猎、乐舞百戏和庖厨宴饮。这些内容，依照配置规律多数位于表现仙界的图像内容之下。

一是历史故事图。汉武帝之后，儒家学说在国家意识形态领域的统治地位进一步巩固，以"忠、孝、节、义"为纲常的伦理观渗透到社会各方面，丧葬礼俗受其影响尤为明显，符合儒家道德规范评价体系的历史典范频频出现在墓祠中，承担着"恶以诫世，善以示后"的礼教功能。例如，在山东嘉祥宋山4号小祠堂中，其西壁画像石自上而下分为四层，第一层刻绘西王母仙界图，第二层和第三层分别刻历史故事"季札赠剑"和"二桃杀三士"，表现出对儒家"忠信"观念的弘扬。著名的武氏祠就因其丰富的历史故事题材、相对清晰的榜题石刻而颇受学者青睐。武氏祠所计历史故事画43幅，题材涵盖古代帝王、节妇烈女、孝子和义士侠客四类，中外众多学者对其内容做过详细考证，故本文不再详述。

二是战争狩猎图。以战争、狩猎为主要内容的画像石，其画像配置也具有很强的规律性，往往刻绘在墓室门楣、过梁处或墙壁上部。战争图主要有两种类型，一种是胡汉交战图，如1990年山东邹城郭里乡高李村M1所出的一块东汉晚期画像石。[①]画面上、下分别饰以云纹、鱼纹。左侧刻一层峦叠嶂的山峰，三匹马正从山中奔出，仅露马头及前蹄，最下一匹马正奔入山林，仅露马尾。山峦右侧画面可分上下两层，上层由左至右分别刻绘四名骑吏向山中奔驰而去。其后十人分两列踞坐，双手前伸，头发散乱，回首而望，似为胡俘。胡俘之后刻三步卒，戴冠执兵器，面左而行。再后二骑吏头戴武弁大冠，手执兵器，又有一尖嘴猛兽死于马蹄之下。最后五位步卒相随，前二人执弩，后三人扛戟。下层由左至右分别刻绘二骑吏相向而战，居左者头戴尖帽执弓，似为胡骑，居右者头戴进贤冠，执戟前刺，两马之间跪一胡卒。其后一骑吏奔驰而来，马下置一无首尸体。再后分别刻绘马车两辆、后随骑吏二人。另一种是桥头交战图，这种类型的图像在东汉晚期尤为常见，多配置在墓门门额和墓室横梁处，似与祈求墓主升仙有关，如沂南北寨汉墓出土的墓门门额画像石。由于桥头交战图并不指向现实世界的描绘，故此处仅讨论胡汉交战图和狩猎图。

据信立祥先生考证，以胡汉交战为主要内容的战争图和狩猎图，都与宗庙祭祀有着密切关系。先秦时期，将战俘们作为牺牲杀之以祭祀祖先，是一种在帝王宗庙中进行的政治性祭仪，因此宗庙中有献俘场面的胡汉战争图无疑与宗庙祭祀有着密切关系。上述所举胡汉交战图很可能是宗庙中同类题材画像的因袭，只不过图像中的政治色彩逐渐淡化，演化成一种纯粹装饰意义的画像。[②]狩猎图亦是如此。早在春秋时期，狩猎就不是单纯的游乐消遣活动，而是与军事和祭祀有关的礼制活动。所谓"秋狝，冬狩"（《左传·隐公五

[①] 《山东石刻分类全集》编辑委员会编. 山东石刻分类全集：第7卷［M］. 青岛：青岛出版社，2013：326.

[②] 信立祥. 汉代画像石综合研究［M］. 北京：文物出版社，2000：135-139.

年》),将狩猎获取的鸟兽作为牺牲祭祖,是"国之大事",因而在宗庙壁画中出现类似的内容具有必然性。汉代墓室画像导源于宗庙,汉画中出现狩猎的内容自然不足为奇。随着墓庙合一的政策推进,社会丧葬礼俗的变化,胡汉交战图与狩猎图都逐渐失去了原本的图像学意义,在东汉晚期的画像石中,此两种题材便逐渐消失,或是与其他题材相错杂,而时过境迁了。

其三、其四是乐舞百戏图和庖厨宴饮图。这两类图像,兼具了随葬明器之功用,即将现实世界中的一切物质享受以浓缩的形式带入冥宫,以确保墓主灵魂的生活品质。它们常常配置在墓室四壁中下层,典型案例如山东费县垛庄镇潘家疃出土的"乐舞百戏"图。[①]

综上所述,从始皇陵"上具天文,下具地理"的地宫营建,到马王堆、金雀山彩绘帛画中对天界、仙境、人间以及水府的构想,再到室墓空间对宇宙图式的表达,说明至迟在公元前3世纪,人们已经开始尝试通过视觉手段将墓室空间营造成一个微观宇宙。汉代墓室中画像内容的选择与配置,是严格按照一定的宇宙观念进行的,象征结构十分明显:墓室顶部一般是天上世界,那里由天帝、诸神统领;墓室四壁的上方,往往是东王公、西王母所居的昆仑仙境,亦是墓主灵魂的最终归处;四壁的中、下部则通过对现实世界的摹拟和美化,象征着墓主灵魂如生时一般精神富足、衣食无缺。汉画中构造的这三重界域,人世与鬼神杂糅,精华与糟粕参半,既反映着浓厚的阶级情感,又体现出对摆脱封建桎梏的渴望。就其艺术性而言,得益于不同思想的碰撞与融汇,传统的绘画主题不断被修正和丰富,甚至在不同的主题、概念之间架起独特的逻辑桥梁,最终搭建了一个由"死"而"仙"的文化结构。

三、"象征"与"叙事":画像石的两种图式化表现

美国艺术史家马·D.富勒顿在《希腊艺术》一书中,将公元前6世纪的希腊艺术造型分为两类:象征性造型与叙述性场景。所谓象征性造型,"像女人体像、男人体像和葬礼场景都不是叙述某个事件,只是代表了某种物体或现象。"而叙述性场景"虽然也有象征性,但他们主要和某个故事或事件相连,

---

[①] 胡新立.邹城汉画像石[M].北京:文物出版社,2008:32.

而且通常和神话故事相联系"[①]。例如，慕尼黑国家考古历史博物馆所藏的一件公元前720年的陶酒坛坛颈上，绘制了一幅沉船图。相比于那些单纯反映葬礼仪式片段，或者是强调死者勇猛的战争图而言，这幅沉船图包含的意义更加广泛，它强烈地向我们暗示着希腊神话中的英雄——奥德修斯的故事。这就是一例表现了神话题材的叙述性场景。

在两汉时期具有重要宗教和礼制内涵的"纪念碑性"建筑——墓葬和祠堂中，画像石复杂多变的艺术造型同样可以分成两大类型，一种是象征性图像。参考贡布里希《象征的图像》一书对"象征"的阐述，所谓象征性，就是将客观物象创造性地迹化为图像艺术符号，这种符号承载着某种诉求，是人们内在期待的形象化呈现，它再现了某种物体或现象，同时又指向某种外延意义，即"表现超验之物的图像指向感情和想象的不可见世界"[②]。作为墓葬艺术之典型的汉画像石，最初就是以象征性图案的面貌出现的，比如，西汉早期椁墓中以松柏和门坊组合象征墓主灵魂升仙的"天门图"，墓门处常常出现的反映古代天地四方及阴阳五行观念的四神图，以及墓室中用以填充那些被形状限定了视觉范围的装饰性纹样，如卷云纹、绶带穿璧纹、鱼形纹等。这种极富装饰性和可塑性的图像类型，虽然没有直接叙述某个事件，而且结构简单、形式简洁，但随着时间的沉淀，它们逐渐形成具有稳定内涵的象征图式，并汇编成一部卷帙浩繁的形象词典。它们或者是独立造型、自成一体，又或者是与其他图像灵活组合，以构成更为繁复的象征性图像系统。

另一种是叙事性图像。它包括将"真""善""美"等具有教化功用的精神品格图像化的历史故事图像，象征着生命灿烂永存的神话传说图像，再现盛大祭祀场景的宗教仪式图像等。由于其图像内容与语言叙述系统关系密切，因此相比于象征性图像，这种图像类型受到语义范畴的强力规范，它不是着重于表现"信仰""智慧""正义"等一般抽象性概念，而是强调以精确的图形描绘来还原人物面貌或历史事件，以便使那些熟悉这个事件的观者能够根据图像主题迅速领悟其教化或娱乐意义。例如，前文提及的徐州洪楼祠堂天

[①] 马克·D.富勒顿.希腊艺术[M].李娜，谢瑞贞，译.北京：中国建筑工业出版社，2004：98.
[②] 贡布里希.象征的图像：贡布里希图像学文集[M].上海：上海书画出版社，1990：12.

井石所刻"雷公"形象，就是对《论衡·雷虚篇》中"若力士之容，谓之雷公。使之左手引连鼓，右手推椎，若击之状"这一段文本的逼真再现。再如，"凤凰衔珠"图的设计灵感源自《艺文类聚》："南方有鸟，其名为凤，所居积石千里。天为生食，其树名琼枝，高百仞，以璆琳琅玕为实。"还有历史故事和神话传说中广为人知的帝王功臣、孝子烈女、神仙灵怪、方外异事，"这些形象的主要特征当然源自史书记载或其事迹的话语流传……（文献）对图像的图形布置、形象塑造等方面产生重要影响。"这也是叙事性图像往往呈现出模板化特征的原因所在。当图像"逼真"再现文本中的事件情节时，"图像往往可以轻易地附会政教、宗教甚至商业目的，从而得到异乎寻常的兴盛。"①特别指出的是，还有一部分叙事性图像，它们不为典籍所见，而是为了搭配已有画像母题而创造，东汉中期之后出现的东王公形象即为典型。早在西汉中期，西王母就已化身为不死之神普遍出现在汉画中，或者作为中心神祇独立出现，或者与风伯对应出现。直至公元151年，嘉祥武氏祠中发现了与西王母相匹配的东王公形象，这种配置结构才成为东汉晚期祠堂仙境图的标准模式。关于东王公的由来，汉代文献中没有任何记录，学者信立祥认为它可能是东皇太一形象的嬗变。②除东王公形象之外，汉画中的胡人、雨师、风伯、鱼车河伯等形象亦为史料所未见，或仅知其人而不详其貌，这些内容不仅丰富了汉代美术史，同时又能弥补典籍记载之阙，具有极高的艺术价值。

第三节　汉画叙事场所的建构

随着汉代帝王对宗庙和陵寝制度的改革，地上建筑之祠庙与地下建筑之宅兆最终合而为一，成为构建与强化集体记忆的祭祀中心。在这个神圣的空间里，人们把历史的辉煌与敬意、未来的想象与祈盼以图像的方式呈现出来，

---

① 于德山. 中国图像叙述传播［M］. 济南：山东文艺出版社，2008：35.
② 信立祥. 汉代画像石综合研究［M］. 北京：文物出版社，2000：156.

从而将亡者形魄所归的物理空间,装点成思想和意义得以言说的场所。"场所"这一概念,在西方修辞学和语言学中有着十分漫长的历史,罗兰·巴尔特(Roland Barthes)曾在他的《符号学历险》一书中这样定义,"(场所)有如字母相对于有待书写的字词,场所形成了由字母表构成的十分特殊的储存室:一个形式之体,本身并无意义,而是通过选择、排列、充实化来决定其意义。""场所是基本单室,在那里不妨说可以找到有关一切主题的话语材料和论证。"[1]可见,"场所"是人创造的特殊意义空间,"当空间和时间元素、人的行为和事件结合在一起的时候,空间变成了场所。"[2]

墓葬是一个集合了神话、历史、事件甚至是语言和思维的精神场所,这里保存着古老神秘的宗教信仰、意义生动的象征图符、神秘莫测的神祇灵怪以及神圣和谐的宇宙秩序等,多样化的意义在这里汇合交流,而汉画像石的任务,就是要将各种繁复的意义可视化,即通过林林总总的图像尽力描述意义的发生与发展,用视觉符号将那些抽象的、幽深的思想情感转变成具体可感的艺术造像。

一、叙事场所之结构特征

墓葬对汉人而言,是安置葬者形魄的物理意义上的空间,更是笼络宗族、强化集体记忆、体验积极情感的精神场所。它如同一个意义的储存室,各种天文地理、民间传说、历史经典、地方风俗等为时人所重的内容,都被绘制成图像遍及整个空间,以便生者瞻仰,以供亡者歆享。从这个层面来看,这又是一个由图形符号所构建的意味深长的、令人深思的宏大视觉叙事场所。主题多重并置、时空相互交织、同类图像可彼此置换是这个叙事场所的三大特征。

首先,主题并置是叙事场所的空间特征。在汉画艺术发展较为成熟的东汉中期,绝大部分组合关系相对完整的画像石墓、祠,都在尝试构建一个多元中心的视觉表达体系,这个体系就是以天界、仙界和人界为框架的宇宙图

---

[1] 罗兰·巴尔特.符号学历险[M].李幼蒸,译.北京:中国人民大学出版社,2008:68-69.
[2] 冯炜.透视前后的空间体验与建构[M].南京:东南大学出版社,2009:74.

式。墓葬赞助者募使名工雕文刻画，将天界中的祥瑞异兽、仙界中的神话传说以及人世间的安适逸乐搬进墓葬，以便墓主灵魂在幽冥世界能够享受绝对自由：它不为温饱所苦，沉耽于声色；它伴之以祥瑞，缥缈乎升入不死仙境；它与诸神为伍，畅游在广袤宇宙。如此一来，不同主题的图像便把墓室营造成一个"包括宇宙，总览人物""控引天地，错综古今"（《西京杂记》）的多元中心的综合体。具体来说，墓葬建筑中的图像结构大致可以分为如下四个层次：一、以能够独立表达完整意思图像单元为单位；二、多个图像单元之间或者因叙事相关，或者因概念相关而并置在一个更大的画面中，烘托同一个主题，它们阐述了幽冥世界意识形态的一个特定方面；三、不同的主题彼此关联，甚至可以与同一空间中的葬具、葬品发生联系，共同营造出一个更大的具有象征意义的空间；四、每个空间最后组成一个结构有序的有机整体。

以刻绘人间景象为主要内容的武梁祠为例，其祠堂前石室东壁下石（原石编号：前石室七）中，画面共分为四层，第一、二层刻绘了一组历史故事群像，其中第一层共计4幅画像，画面自左至右分别为：赵盾舍食于灵辄、邢渠哺父、闵子骞御车失棰、齐将汛问义姑姊弃子；第二层共计3幅画像，画面自左至右分别为：文王十子、老莱子娱亲、伯俞伤亲年老。祠堂赞助者之所以将这七个历史故事并置一隅，并不是随机选择的结果，而是因为它们都象征着"孝义"这一儒家道德规范，符合汉代主流文化所推崇的三纲五常之道，与墓葬赞助者试图宣扬的忠孝教化最相契合。在这个图例中，"孝义"可视为叙事场所中的一个主题，七个历史故事便是在这个主题统摄之下，彼此虽有区别但又相互关联、相辅相成的图像单元。它们在同一个平面空间中形成并置，凝成一体，与身处画外的观者产生了精神对话。这种类型的并置在汉画中比比皆是，构成某一主题的图像单元之间，可能没有时间上的接续关系，也不存在一定的因果关联，纯粹因为它们具有相似的象征意义而得以聚合、并置。该石第三、四层又刻绘了乐舞百戏图与庖厨宴饮图。表面上看，这些内容似乎与一、二层历史故事图无关，但深究其义，这是赞助者希望祠堂受祭者不仅可以在物质上衣食无忧，还可以在精神上感到饱满与富足，虽是两个不同的主题，却指向了同一个议题：幽冥之域的特征之一，就是对现实世界的搬演和美化。

<<< 第二章 墓庙合一：汉画像石的时空建构

简而言之，在墓葬这个特殊的叙事场所中，不同的图像单元烘托着同一个主题，不同的主题又统一在天界、仙界和人界三大中心主题之内，精明的汉人从不同侧面描述、丰满着那个神秘幽暗的地下世界，最后一个以现实世界为基础，但远比现实完美、有序，充满幻想意味的"异托邦"（Heterotopias）空间就展现在我们眼前。

其次，共时性是叙事场所的表现特征。三重空间在墓葬建筑中的形象化表现，说明在汉人心目中，汉画不是彼此不相干涉的装饰性图画，而是存在某种结构关系的意义整体。正如上文所言，这个整体意义是由不同的主题组合而成，而主题又是由若干图像单元并置构成。囿于空间所限，这些图像单元往往是片段式结构，即图像呈现的多是故事或事件中的某个片段，而不是一个具有"头、身、尾"结构的完整表达。前文所举武梁祠前石室东壁石刻画像（原石编号：前石室七）一例，工匠把赵盾舍食于灵辄、邢渠哺父、闵子骞御车失棰、老莱子娱亲等若干发生在不同时空中的历史故事并置，以表现"孝义"之主题的做法，基本能够代表汉代画像石艺术的构图风格：面对同一主题之下的各个图像单元，工匠没有依照历时性序列整理图像脉络，也并不热衷于给这些图像单元设计因果线性情节，而是根据赞助者的个人需求，以图像的象征意义为考量，有选择性地把那些发生在不同时间不同空间，或同一时间不同空间的多个事件集中起来，这一过程类似于空间形式中的拼贴艺术。

1988年，在山东曲阜东北东风公社旧县村出土的一块画像石中，再现了这一共时性概念：画面中庭院重深，堂前院中似为嬉戏图，有伎人倒立、乐师奏乐，旁有观者欣赏；左侧门外，一人侧立，一人跪拜；又有二重门半掩，一人侧露半身，似为窥视院中杂技；其后楼阁相连，楼上一人抚琴、一人听曲，楼下又有四人登梯。发生在同一时间、不同空间的生活场景被工匠并置在同一画面，表现出怡然自乐的生活气息。除此之外，以神怪仙灵来象征天界的主题图像，如徐州洪楼祠堂顶部天井石所见，以胡汉战争象征墓主升仙度世的主题图像，如陕西绥德苏家岩画像石墓墓门所见，都显示出不同时空的交织与重叠。可见，墓葬空间中的图像主题总是呈现出一种裁割缀连的共时性特征，或为时间上的裁割，或为场景上的缀合，这样，观者的注意力便

75

被吸引到场景间的关联上，只有当我们仔细体察、揣摩并联结这些貌不相关的图像单元的象征意涵时，才能正确读解出主题的意义。

最后，可替代性是叙事场所的结构特征。可替代性主要分为两种情况：构成主题的各图像单元的完全可替代和部分可替代，这主要取决于图像单元的构图原则以及它在表现概念或意义时所起到的作用。图像单元完全可替代，是指在同一个主题中，用一个全新的、具有相同效用的图像单元完全替代原先的图像单元。例如，武梁祠前石室东壁石刻画像（原石编号：前石室七）第一、二层共刻绘7个历史故事，以象征儒家"孝义"精神。其中，这7幅图像单元并不唯一，其他以"孝义"为主题的故事画如孝孙原毂、丁兰刻木、曾参孝母等都可与之替换，而图像主题内涵并不会因此受到影响。这种替换主要发生在象征性图像之中，由于这些图像的构图原则并不是"叙事性的"（narrative），而是"相关性的"（correlative）①，即图像的组合是基于它们之间的概念性联系。所以概念上具有"相关性"或共通性的图像单元可以彼此置换，在描绘天界时，龙、天马、鱼车、飞廉等祥禽瑞兽均可互换；在彰显孝道主题时，历史故事诸如伯俞伤亲年老、邢渠哺父、闵子骞御车失棰等之间亦可更替。

图像单元部分可替代，是指在不改变原有图像主题内涵的情况下，对一个图像单元中的部分内容进行省略或"同义替换"。例如，山东嘉祥纸坊镇敬老院出土的祠堂西壁西王母群像图，其中除了必要元件西王母之外，其他元件诸如人身鸟兽怪神、三足乌、九尾狐、玉兔捣药等都可以部分省略，或与西王母群像中的其他元件诸如羽人、蟾蜍等进行互换。在本书第一章第三节中，作者曾对汉代墓葬艺术在生产过程中的格套化问题展开了简要论述。邢义田先生早在2002年就分别以汉画"七女为父报仇图""射爵射侯图"为例详细探讨了画像石的格套问题，他认为："汉代的画像有一定的格套，不同的内容会依一定的格式化的方式呈现。""汉画基本上是由许多套装的主题以一定的构图方式组合而成。"②他将格套进一步解析为必要元件、次要元件和非必要

---

① 巫鸿.礼仪中的美术［M］//巫鸿.中国古代美术史文编：上册.北京：生活·读书·新知三联书店，2005：110.

② 邢义田.画为心声：画像石、画像砖与壁画［M］.北京：中华书局，2011：69，141.

元件，其中必要元件关乎画像主题意义的表达，无之则不能构成有独立意义的画像；次要元件和非必要元件的增减则对画像主题含义影响不大。这种格套化的呈现方式，作用于"和某个故事或事件相连"的叙事性图像时，便表现为承担了"子叙事"功能的图像单元的可替换性。在展示西王母不死仙境时，作为次要元件的羽人、玉兔、九尾狐、三青鸟等陪衬物可相互替代；在描绘墓主赴祠堂接受祭祀的盛大场景时，作为非必要元件的迎宾者、丧葬赗赠，作为背景元素的树和飞鸟，也可以相互替代。可见，这种可替代性主要发生在叙事性图像中，非核心元素由于对画像主题含义的影响相对较小，所以它们可以被省略，或是被其他同类题材所取代而无损于整个图像的完整叙事。就这一现象而言，汉代画像石相较魏晋之后产生的"艺术家的艺术"，其造物思想中的机械性、刻板性十分明显，这也可以从它们的本质属性——礼制性中得到解释：汉画的意义更多在于传递教化信息，而不是唤起人的艺术美感。

二、叙事场所之地貌次序

20世纪40年代费慰梅先生对武梁祠画像的重构、复原工作，再次强调了墓地建筑中图像"位置意义"（positional significance）的重要性。这一点在汉代典籍和墓葬铭文中都有所体现，司马迁对秦始皇墓室"上具天文，下具地理"的描述，以及东汉宋山许安国祠堂铭文中"上有云气与仙人，下有孝及贤人"的记录，不约而同地引入了一个描述墓葬空间的标准程式，即将汉画概括为"上""下"两大部分。在研究汉画像石的图像布局这一问题时，1973年发掘的苍山墓侧室门洞中央和右立柱上的题记，得到了学者的广泛关注。这篇长达238字的题记，被认为是"目前所发现对汉代墓葬建筑和画像进行系统解释的唯一文字材料"[1]，它进一步向我们揭示出墓葬装饰的空间结构：

> 元嘉元年八月廿四日立郭（椁）毕成以送贵亲魂零（灵）有知柃（怜）哀子孙治生兴政寿皆万年薄疎（疏）郭（椁）中画观后当朱爵（雀）

---

[1] 巫鸿. 礼仪中的美术［M］//巫鸿. 中国古代美术史文编：上册. 北京：生活·读书·新知三联书店，2005：214.

对游熨抴（仙）人中行白虎后凤皇中□直柱雙结龙主守中□辟邪夹室上五子举僮女随后驾鲤鱼前有白虎青龙车后□被轮雷公君从者推车乎桱寃（庖）厨上卫桥尉车马前者功曹后主簿亭长骑佐胡便（使）弩下有深水多鱼者从儿刺（刺）舟渡诸母便（使）坐上小车軿驱驰相随到都亭游徼侯见谢自便后有羊车橡（像）其趩上即圣乌乘浮云其中画橡（像）蒙亲玉女执尊杯案柈局□穏□好弱兒堂外君出游车马道（导）从骑吏留都督在前后贼曹上有虎龙衔利来百鸟共□至钱财其内有倡家生□相和伾吹庐龙雀除央鴲（鹤）嚼鱼堂三柱中□□龙□非详左有玉女与抴（仙）人右柱□□请丞卿新妇主待（侍）给水将（浆）堂盖□好中⺁枼□□色末有盱其当饮食就夫（大）仓饮江海学者高迁宜印绶治生日进钱万倍长就幽竇（冥）则决□闭旷（圹）之后不复发。①

若将题记中有关画像内容的叙述与苍山墓中已发掘的12幅汉画（A—L）相互对照（表2-3），则能清晰发现：除了西主室天井（A）与前室南壁中柱（H）没有题记叙述，且题记中所述主室顶部图像（M）"室上央，五子舉，僮女随后驾鲤鱼，前有白虎青龙车，后即被轮雷公君，从者推车，乎桱寃厨"、前室顶部图像（N）"堂盖窗，好中节，枼□□色末有盱"，可能因年代久远侵蚀殆尽之外，其余画像均可与题记所述内容一一相应。根据题记所述，苍山墓画像石的设计顺序依次为：后室→前室→墓门。从最先存放亡者躯体的后室开始，画像内容以神话为主，墓葬设计者将后室营造为一个布满祥瑞异兽的天界，此刻有关墓主的肖像尚未出现，他仍然长眠于棺中。刻绘于后室入口处立柱上的双结龙化作镇墓之神守护着这一空间；到了以车马出行、宴饮乐舞为主要内容的前室，墓主的存在形态发生变化，灵魂从无感的死亡躯体中释放，并在彼岸世界中恣意享用着歌舞和佳肴，前室横梁上自西向东刻绘的车骑行列，便是墓主灵魂在丧葬仪式中由此岸迈向彼岸的明证②；最后，则是由墓门上的4幅汉画构造出的奇异空间：交龙神虎镇墓，仙人和墓主后代分列左右。

---

① 张其海.山东苍山元嘉元年画象石墓[J].考古，1975（2）：126.
② 巫鸿.礼仪中的美术[M]//巫鸿.中国古代美术史文编：上册.北京：生活·读书·新知三联书店，2005：221-222.

表2-3 苍山墓画像内容与题记对应表

序号	位置	图像所绘	题记所述内容
A	西主室天井	龙虎嬉戏图	无
B	西主室后壁	画像分上下两层，上层左侧为四神图，右侧为仙人神兽图，下层为穿壁纹	薄疏郭中画：观后当，朱爵对游栗仙人，中行白虎后凤皇
C	前室北壁中柱正面	二巨龙相交	中直柱，双结龙，主守中雷辟邪
D	前室西壁横梁	墓主车马出行图	上卫桥，尉车马，前者功曹后主簿，亭长骑佐胡便弩，下有深水多鱼者，从儿剌舟渡诸母
E	前室东壁横梁	建筑与车骑行列图	便坐上，小车軿，驱驰相随到都亭，游徼候见谢自便，后有羊车橡其槾，上即圣鸟乘浮云
F	前室东壁横梁下壁石	画面分三层，上层为龙凤相戏图；中层为宴饮乐舞图；下层为车马出行图	其中画橡，蒙亲玉女执尊、杯、桉、样，局□稳□好弱兒
G	前室南壁横梁	画面分两层，上层为仙禽神兽图；下层为乐舞图	其央内，有倡家，生汗相和㕭吹庐，龙雀除央鹤嚼鱼
H	前室南壁中柱	白虎图	无
I	墓门门额	画面分两层，上层为仙禽神兽图；下层为墓主车马出行图	堂央外，君出游，车马道从骑吏留，都督在前后贼曹、上有虎龙衔利来，百鸟共□至钱财
J	墓门中柱石	四龙缠绕图	堂三柱，中□□龙□非详
K	墓门东门柱石	画面分两层，上层为西王母图，下层为仙人图	左有玉女与仙人
L	墓门西门柱石	画面分三层，自上至下分别为两官吏、一妇女	右柱□□请丞卿，新妇主待给水将

79

续表

序号	位置	图像所绘	题记所述内容
M	主室顶部图像	无	夹室上央，五子罍，僮女随后驾鲤鱼，前有白虎青龙车，后即被轮雷公君，从者推车，乎椑兔厨
N	前室顶部图像	无	堂盖窗，好中节，枈□□色末有盱

  有的学者认为，苍山墓的画像配置，在一定程度上反映着成熟期（东汉中后期）画像石墓的空间配置规律。这种看法不无道理，随着规模的扩大化，结构的居室化，墓葬建筑中的空间逻辑意识远不止所谓"上""下"那样简单，造墓者对墓葬这一叙事场所的空间筑构似乎遵循着某种秩序。从苍山墓题记中看，这一秩序表现为以安葬亡者的后室为核心空间，并将之作为整个叙事场所的起点，所有的汉画图像以之为基点而组织起来并获得秩序，墓主的灵魂也从无到有被重新建构，它被具象化为多个图像主题中的参与者，甚至主人公，在有序的叙事场所中完成了再生的转化。但是，这种从后室到前堂、再到墓门的图像程序，在汉代其他墓葬中难以得到旁证。据巫鸿先生分析，这是墓葬设计者"假想"站在墓主而非参观者的角度进行的一次特殊尝试："设计者以这种方式体验了死者的'假想的'经历：他的遗体被放入棺中，他的棺被运往墓地，他被埋葬、他在新的家中再生并将享受各种娱乐。这一系列的经历被描绘为连续的叙事性图像。"[①]而汉代墓葬中更多的是以参观者的视角来组织图像程序，即以墓门为起点，以后室为终点的由外向内的空间秩序。就像许安国祠堂题记所说的那样"濠疠瘴治，规柜施张，寨帷反月，各有文章。调文刻画，交龙委蛇，猛虎延视，玄蝯登高，陴熊嘷戏，众禽群聚，万狩云布。台阁参差，大兴舆驾，上有云气与仙人，下有孝及贤仁。遵者俨然，从者肃侍，煌煌濡濡，其色若僐。"[②]并且，祠堂中的画像没有经过统一设计，每一幅画像彼此独立、互不关联。

  一般来说，墓葬建筑是以墓主为中心人物的神圣空间，建筑中的绘画自

---

① 巫鸿.中国古代艺术与建筑中的"纪念碑性"[M].上海：上海人民出版社，2009：321.
② 李发林.山东汉画像石研究[M].济南：齐鲁书社，1982：102.

然也应面向墓主而非参观者。然而由于汉墓中题记数量十分有限，苍山墓题记中所述空间秩序是否具有普遍代表性尚未可知。苍山汉墓之后，学者郑岩先生在考察甘肃河西地区的嘉峪关魏晋壁画墓（5号墓）时，同样按照后室→前室→墓道的次序对墓室中壁画各种题材的分布规律进行了阐释。正如他所言："壁画在墓室内各个不同的空间单位分布时应有一定的顺序，墓葬内的画像主要不是为生者绘制的，其假定的'观者'应是墓主本人，而墓主的尸体就放在后室，所以从墓主的角度去看这些画像，其起点也应在后室。"[①]

事实上，无论是由内向外的墓主视角，还是由外向内的参观者视角，都展示出古人思维中的秩序观念和历史意识。面对着这个由图像建构的秩序化空间，人们从出发点开始，沿着图像所示的"可见的思想"，重新感受历史的厚重和温度，追问生命和宇宙的终极之谜，直到祭拜结束。这个过程，就像是一种纪念式的宗教仪式，图像呈现的故事情节引领着观者在时空的隧道中漫步，正如德国历史学家克劳斯·E. 米勒所说，叙述可以被理解为在空间上将人们从一个出发点带到终点（across space and over time）的"漫游"（walks）。[②]

结　语

秦汉之际，受社会结构分化因素的影响，氏族社会中传统的族葬制被大家族墓地取代，并且在不断升级的社会生产力和越发浓厚的丧葬之风的双重推动下，墓葬规模不断扩大，建筑日趋宏丽。公元58年汉明帝一改故辙，先后将"元会仪""酎祭礼"等国之大典转移至光武帝原陵举行，以朝拜祭礼为主要内容的陵寝制度最终得以确立。如此一来，就使得宗庙在祭礼中的地位大幅降低，而陵寝的地位大幅升高，祖先祭祀的中心开始由"庙"转移到"墓"。此制一设，此风一开，朝野上下无不附从，最终"墓祭"在汉代相习

[①] 郑岩. 从考古学到美术史［M］. 上海：上海人民出版社，2012：49.

[②] 克劳斯·E. 米勒. 第五个维度——原始文化中的社会性时空及对历史的理解［M］// 保罗·利科. 过去之谜. 济南：山东大学出版社，2009：218-219.

成俗。

　　墓葬形制的革故鼎新，墓庙合一的政策推动，再加上"厚葬为德，薄终为鄙"的世风浸淫，都迫使以"事死如生"为丧葬原则的汉人思考：如何为亡者灵魂布置居所以使其尽享极乐？画像石艺术便是在这种文化背景下产生并发展起来的。画像石主要刻绘于祠堂、石阙、石棺和墓室，滥觞于西汉，兴盛于东汉。目前我国已发掘的画像石墓主要分布在山东、河南、陕西、四川等地。总览400年间两汉画像石的发展概貌，就题材而言，它是墓葬壁画的进一步发展，画像内容包罗万象，从神话传说、历史故事到现实写照无一不具；就画像配置而言，依照墓葬建筑的上下结构而营建出日月星辰为穹顶、神灵祥瑞缥缈仙界居于其下、历史故事和现实场景绘于四壁的颇具"宇宙图式"的象征性结构，显现出浓厚的空间逻辑意识；就艺术表现而言，剔地浅浮雕、深浮雕、半圆雕等技法的熟练应用，造就了汉画深沉雄大、浪漫主义与现实主义共冶一炉的艺术效果。

　　墓葬对汉人而言，是安置葬者形魄的物理意义上的空间，更是笼络宗族、强化集体记忆、体验积极情感的精神场所。它如同一个意义的储存室，各种天文地理、民间传说、历史经典、地方风俗等为时人所重的内容，都被绘制成图像遍及整个空间，以便生者瞻仰，以供亡者歆享。从这个层面来看，这又是一个由图形符号所构建的意味深长的、令人深思的宏大视觉叙事场所。这个叙事场所不仅"包括宇宙，总览人物"，主题多元而丰富；而且"控引天地，错综古今"，横跨千年时空。更重要的是，这些林林总总的图像多而不杂，正如苍山墓题记所载，每一幅画像彼此关联，它们被精心组织进某种秩序中，从而建起"一条视觉叙事的图像话语链"。面对这个由图像建构的秩序化空间，人们从出发点开始，沿着图像所示的"可见的思想"，在时空的隧道中漫步，它们重新感受历史的厚重和温度，再次探索生命和宇宙的终极之谜，直到祭拜结束。

第三章

历史画卷：图与文的叙事互动

作为彰显礼制的有形工具，汉画像石与先秦庙堂壁画"寓兴衰鉴戒，褒功挞过"的现实主义创作传统一脉相承。不同于传统造物艺术的审美特征，它的本质属性在于"礼饰"而非"美饰"。因此就图像内容而言（尤其是"和某个故事或事件相连"的叙事性图像），汉画与语言叙述系统的关系十分密切，它创作的重点在于把人们所熟知的历史叙述、神话传说图像化，以直观的图形描绘来还原人物面貌或历史事件，以便使观者能够根据图像主题迅速领悟其教化意义。这就涉及赵宪章先生所提及的，"文本时代'语—图'关系的基本特点——以'图像模仿语言'为主导的'语图互仿'"[①]问题。

第一节 语图互文中的汉代绘画

文字产生之后，人类从"口语时代"迈入"文本时代"，抽象的文字符号取代图像，成为人们表达认知和信仰的基本工具。此时，图像不再是记录历史和叙述事件的优先选择，它降格成为文字的"附庸"，表现之一便是图像艺术对文本的模仿和演绎。例如，秦汉之际，"绘画的内容主要是远古神话中的人物或具有象征意义的符号。图像是上古传说故事的转译，也就是神话传说等口头或书面语言的图像化。"[②]此说不谬，目前我们能够看到的相当一部分汉

[①] 赵宪章.文学和图像关系研究中的若干问题[J].江海学刊，2010（1）：183-191.
[②] 李彦锋.论中国美术史中的语图关系形态[J].中国美术研究，2012（3）：58-65.

画像石，就是将经史典籍中的历史故事、神异传说视觉化、图像化，这便是图像对文本的模仿。然而，汉画对经史文本的模仿并非单向进行，大量考古文献已经证实早期中国艺术实践中图与文的相互参照，就像来国龙先生对马王堆丧服图研究所概括的那样："图和文之间的互相关系应被视为一种动态的关系。"[①] 所谓"动态"二字即是文本时代语图关系的基本特征：文本与图像各自独立却又相互牵引，一方面是图像对文本的模仿占据主导地位，另一方面也存在文本对图像的摹写。

一、一诗一赋，述图像之遗形

古人图画于壁，或祀神祇，或怀宗祖，或效仙人，或仰圣贤。汉代不乏以祠堂画像、宫殿壁画为参照而展开的文学创作活动。如"犁阳营谒者李君"为缅怀"张公"，以其祠堂画像为素材，作歌九章而成《张公神碑歌》；又如，王延寿游鲁时有感于西汉宫室皆隳毁，遂以景帝子恭王余所建鲁灵光殿为题材，记颂而作《鲁灵光殿赋》，这些都是以文仿图的创作实践。

《隶释》卷三可见《张公神碑歌》全文。汉时盛行厚葬之风，为逝者在庙堂前竖碑刻文尤为普遍。这是一篇悼念逝者"张公"的抒怀之作，全文将七言古体诗和楚辞骚体相结合，内容中除了对"张公"生前功业的夸饰，还涉及对"张公"墓地祠堂画像的文学性描述。其中"蜚鱼""朱鸟""池水钓台"等形象的文学描绘，似乎都能够在汉画中找到原型（表3-1）。

表3-1 《张公神碑歌》中的汉画原型

《张公神碑歌》	汉画原型例举	图解
公□守相驾蜚鱼	山东济南孝里镇孝堂山石祠东壁画像[②]	"乘鱼桥者，故传为琴高乘鲤升仙之地。……《列仙传》有英子者，亦乘赤鲤升天。吴中门户皆作神鱼，遂立英祠。"[③] "蜚鱼"即汉画中多次出现的"鱼车"，表达了墓主升仙的企盼

---

① LAI G L.The Diagram of the Mourning System from Mawangdui [J] .Early China, 2003(28)：45.
② 王建中，闪修山.南阳两汉画像石 [M].北京：文物出版社，1990：154.
③ 朱长文.吴郡图经续记：卷中 [M] // 丛书集成初编：第3146册.北京：中华书局，1985：15-16.

第三章 历史画卷：图与文的叙事互动

续表

《张公神碑歌》	汉画原型例举	图解
鹿呦呦兮□□庭，文乐乐兮□□□，饮清泉兮□□□，见□伏兮不骇惊	陕西绥德辛店乡延家岔①	《抱朴子》引《玉策记》《昌宇经》云："虎及鹿兔，皆寿千年，寿满五百岁者，其毛色白。"鹿被视为升仙之运载工具。《楚辞·哀时命》有"仙人骑白鹿而容与"。汉画中鹿的形象，或如延家岔单独出现，更多则表现为仙人骑鹿
□□虋兮朱鸟栖，□□荣兮鸣喈喈	江苏徐州邳县燕子埠汉墓②	朱雀是引领墓主人灵魂升仙的祥瑞之鸟。《楚辞·惜誓》云："飞朱鸟使先驱兮。"王逸注："朱雀神鸟，为我先导。"
□鹄鷫兮乳徘徊，给御卵兮献于西	河南南阳方城县东关汉墓③	《艺文类聚》卷九〇引《庄子》云："南方有鸟，其名为凤……以璆琳琅玕为实。"《说文》："琅玕，似珠者。"汉人认为，凤鸟因食仙果琅玕而长生不死，这一传说逐渐衍生出汉画中大量"凤鸟吐珠"的画面。而"凤凰吐珠"的神话故事与图像，很可能是古人将"鸟生卵"这一自然现象进行神化的结果④
池水□兮钓台粲，四角楼兮临深涧	山东济宁微山县北部两城公社⑤	山东地区的汉画中，出现了大量"水榭""钓台"等元素。水榭临水而筑，空灵挺拔，池中莲花丛生，游鱼跳跃，是怡情享乐的好去处
门堂郁兮文耀光，公神赫兮坐东方。明暴视兮俨印印。夫人□女兮列在旁	山东济宁微山县北部两城公社⑥	墓主人正襟危坐，接受拜祭的画面，是汉画像石中最为常见的构图形式之一。《碑歌》中"暴视""印印"等词语的使用，将目光如炬，姿态轩昂的"公神"形象刻画得入木三分。这是作者面对祠堂壁画的视觉感受，表现出图像描摹的艺术技巧
车骑骆驿兮交错重。乘輗辂兮驾虋龙。骖白鹿兮从仙僮。游北岳兮与天通	山东滕州城郊东寺院出土⑦	画面上层为神兽人面龙拉车，车上乘仙人。《离骚》云："为余驾飞龙兮，杂瑶象以为车。"《神仙传》亦云沈羲道尝于路："逢白鹿车一乘，龙车一乘。"下层为车骑出行图，中有仙人骑鹿。几乎与《碑歌》描述一致，表示"张公"仙游北岳而"与天通"

① 康兰英.汉画总录：卷六［M］.桂林：广西师范大学出版社，2012：SSX-SD-100-24.
② 江苏美术出版社.徐州汉画象石［M］.南京：江苏美术出版社，1985：图150.
③ 康兰英.汉画总录：卷十八［M］.桂林：广西师范大学出版社，2012：编号 HN-NY-046-11（1）.
④ 牛天伟，金爱秀.汉代神灵图像考述［M］.开封：河南大学出版社，2017：234.
⑤ 山东博物馆，山东省文物考古研究所.山东汉画像石选集［M］.济南：齐鲁书社，1982：图38.
⑥ 山东博物馆，山东省文物考古研究所.山东汉画像石选集［M］.济南：齐鲁书社，1982：图1.
⑦ 中国画像石全集编辑委员会.中国画像石全集：卷二［M］.济南：山东美术出版社，2000：图174.

从碑歌中对祠堂画像的描述性文字来看，读者头脑中的一幅幅图像，是通过文字的想象来实现的。W. J. T. 米歇尔将这种图像称之为"文本图像"："我们在语言表达中发现的'图像'，无论是形式的还是语义的，都不被直义地理解为图像或视觉景观。它们只是相像于真正的画或视觉形象。"[①]的确，语言文字的抽象性决定了它固然无法如绘画一般能制造出直观具体的形象，但随着文字的层层展开，在想象和隐喻思维的统驭下，最初浮现在读者头脑中的诸多印象开始汇集、整合，最后一个"缝合的""综合的"文本图像被确定下来，读者则通过感性体验感知到这一画面，甚至类比联想到其他祠堂建筑中相似的图像，此时，语言文本构建的"语象"和图像艺术构建的"物象"之间便形成了相互唤起、相互联想的关系，这就是文学和图像的"统觉共享"[②]。

这种以文仿图的创作实践，在大约同一时期的赋作:《鲁灵光殿赋》中体现得更为充分。赋中极尽铺排之能事，对灵光殿壁画奇诡飘逸的艺术风格做出概括："图画天地，品类群生。杂物奇怪，山海神灵。写载其状，托之丹青。千变万化，事各缪形。随色象类，曲得其情。上纪开辟，遂古之初。"虽然壁画已毁，但从王延寿的描绘中不难看出他"包蓄千古之材，牢笼宇宙之态"的宏阔胸襟。作者煞费苦心地将不同形貌之物一一呈现，这种巨细不遗的创作心理、追求整体结构美的审美理想，在成熟期的汉代墓葬建筑中屡屡得以印证。

殿上壁画所绘内容在王延寿笔下大致可分四类：神异性内容、鉴戒性内容、建筑结构，以及对一些装饰性图样的铺陈。神异性内容可见"奔虎攫挐以梁倚""虬龙腾骧以蜿蟺""朱鸟舒翼以峙衡，腾蛇蟉虬而绕榱"之四灵；"白鹿孑霓于欂栌，蟠螭宛转而承楣。狡兔跧伏于柎侧，猿狖攀椽而相追"之瑞兽；"玄熊舚谈以断断，却负载而蹲跠"以祛除鬼魅；"胡人遥集于上楹，俨雅跽而相对""神仙岳岳于栋间，玉女窥窗而下视"以求仙；"五龙比翼，人皇九头，伏羲鳞身，女娲蛇躯"之神祇……鉴戒性内容多指向儒礼教化，赋中可

[①] 米歇尔. 图像理论 [M]. 北京：北京大学出版社, 2006：133.

[②] 赵宪章. 文学和图像关系研究中的若干问题 [J]. 江海学刊, 2010 (1)：183-191. 文章中所谓统觉，取自康德所赋予的意义，特指将知觉、想象和概念进行综合统一的主体意识，从而使杂乱的感性经验得以认识成为可能。

<<< 第三章 历史画卷：图与文的叙事互动

见"焕炳可观，黄帝唐虞。轩冕以庸，衣裳有殊。下及三后，淫妃乱主。忠臣孝子，烈士贞女"等具有鉴戒作用的人物形象。对建筑结构的描述有"飞梁偃蹇以虹指，揭蘧蘧而腾凑。层栌礌垝以岌峨，曲枅要绍而环句"。巧夺天工、雕镂精致的虹梁，层垒嵯峨的斗拱，筑构出一座"状若积石"的恢宏殿宇。此外，赋中还有对一些装饰性图样的铺陈，如象征长生的芝草纹："芝栭攒罗以戢香"；装饰屋顶的莲花："圆渊方井，反植荷蕖"；梁上云纹与藻纹："云粲藻梲，龙桷雕镂"等。

汉大赋以骋辞体物见长，以博为要，以繁为尚，然而物态的罗列并非杂乱无章，而是采取了"比物属事，离辞连类"的写作手法，按照以类相从的原则将性质相类的事物相次编排，从而使文本系统化、类型化。如《西京赋》中所述民情风俗，就列举了商贾游侠、角抵百戏、杂技幻术等数种。在汉代墓葬建筑中，不少汉画构图也体现出比物连类的思维方式，比如，诸神并置、灵禽瑞兽成列的天界图；比如，飞剑跳丸、缘橦走索的喧闹市井图，同类事象综合并举，渲染烘托着各自的主题，形成了一个个繁复统一、细腻生动的图像系统。如果说"赋者，言事类之所附也"，那么这一类汉画无疑是"画者，图事类之所附也"的代表了。可见，在体物的思维模式上，文与图存在着明显的同一性。

此外，相比于《张公神碑歌》对祠堂画像的片段式描述，《鲁灵光殿赋》在叙事中所形成的平面与立体交叉的多维视域，表现出对空间方位的重视。这一点朱光潜先生在讨论诗赋关系时就已提及："一般抒情诗较接近于音乐，赋则较近于图画，用在时间上绵延的语言表现在空间上并存的物态。诗本是'时间艺术'，赋则有几分是'空间艺术'。"[1] 以《鲁灵光殿赋》为代表的汉大赋，尤其是京都赋，在叙事上"逐渐形成了一种先中心后周边的'中央—边缘'模式"[2]，这种以地位最高者所处的"点"为参照系，按照一定的方位逻辑对周边事象进行陈述的叙事模式，在汉墓铭文中亦有所见。山东苍山汉墓题记所述的墓葬建筑，就是一个以墓主所在后室为核心空间，并将之做起点而

---

[1] 朱光潜.诗论[M].上海：上海古籍出版社，2001：174.
[2] 张朋兵.汉大赋制作的图志化倾向[J].中南大学学报（社会科学版），2017（1）：136-141.

组织起来的、由内（后室）向外（墓门）依次展开的空间结构。秩序化的空间观念，其背后暗合的思想根源可追溯到商周时期的宇宙观，从一个中心点开始，以东南西北四个方位为界限，形成了一个既是地理的，也是政治的和宗教的结构性宇宙，"氏族群体间的相互政治作用，人类与神灵间的祭祀沟通，都是在此结构中进行。"[1]人们在这个结构中安排生产和祭祀活动，建造房屋与墓穴。这就从宗教与哲学上进一步解释了为何汉大赋与墓室结构都如此重视空间方位的原因。

鲁殿之灵光虽逝，幸有吉光片羽的描述性文字，能够让我们一窥灵光殿之巍然。"成教化，助人伦"的周秦理性与神异灵奇、遨游仙境的楚巫浪漫，在这篇赋作中同时得到体现，并在后来的汉画中得以继承发展。近年来，众多学者纷纷从建筑布局、形制结构、图像配置、象征意义等不同角度，对《鲁灵光殿赋》与汉画的互证互阐进行深入研究，取得了大量成果。可以说，这篇以宫殿壁画为题的赋作，不仅是以文仿图的成功实践，更能启示我们探寻汉代墓葬建筑中绘画的审美意蕴，以及它所折射出的宇宙观念。

二、雕文刻画，绘经史之菁华

赵宪章先生曾经从历时性角度考察语言与图像的关系，他回溯历史，将"语—图"关系史大体划分为三个阶段，即文字出现之前，口传时代的"语图一体"阶段；文字出现之后，文本时代的"语图分体"阶段；宋元之后，纸印文本时代的"语图合体"阶段[2]。由此不难看出，数千年的中华文明史中，文字与图像总是存在着或隐或现、若明若暗的联系。其中，秦汉之际处于文本时代的"语图分体"阶段，其"语—图"互动关系主要表现在图像对语言的模仿，即语言是第一位的，图像多数是对文本语言的视觉转译。汉代墓葬中发现的一部分图像遗存，充分证实了这一说法。

在汉代画像石中，不乏可见三皇五帝以供人仰戴，篡臣贼嗣以令人切齿，高节妙士以促人发奋，忠臣死难以傲其抗节致忠……作为一种典型的礼制艺

---

[1] 王爱和.中国古代宇宙观与政治文化[M].上海：上海古籍出版社，2018：94.
[2] 赵宪章.文学和图像关系研究中的若干问题[J].江海学刊，2010（1）：183-191.

术，明善恶、宣教化是其自觉遵奉的设计宗旨。出于这种功利性需要，汉画中的许多图像，就把原本从属于"文"的经史故事转译成"图"，以乐于被各阶层人民所接受的直观形象进行示范，从而达到教化的目的。因此就这一类汉画而言，其"语—图"关系十分密切，它们"是以语言的逻辑为依据和基础而显现为空间结构中的图像，或者可以说是语言的'图解'"[①]，更多学者将其进一步概括为"历史故事"类图像，其文学底本多源自《史记》《战国策》等传世文献。

结合榜题及文献考释，作者对所收集的6500余幅汉画进行整理，考证历史故事画像300余幅，其中能与经史文本相对照的画像材料约240幅（表3-2）。

表3-2 历史故事类汉画与经史文本对照表

故事名称＼地区	鲁	豫	陕晋	苏皖浙	川	可见位置	文学底本
孔子见老子	22		2	1		祠堂、墓室	《史记·孔子世家》《史记·老子韩非列传》
周公辅成王	21		2	1		阙、墓室、祠堂	《史记·鲁周公世家》
孔子与项橐	20					墓室、阙	《战国策·秦策》《淮南子·说林训》
二桃杀三士	8	6	1			祠堂、墓室	《晏子春秋·内篇谏下》
完璧归赵	1		13			祠堂、墓室	《史记·蔺相如传》
泗水升鼎	14					祠堂、墓室	《水经注·泗水》
荆轲刺秦	4	1	2	2		祠堂、墓室、阙	《史记·刺客列传》《战国策》
邢渠哺父	5					祠堂、墓室	《太平御览》卷四一一·六引萧广济《孝子传》

---

① 朱青生.中国汉画研究：第五卷[M].桂林：广西师范大学出版社，2016：376.

续表

地区 故事名称	鲁	豫	陕晋	苏皖浙	川	可见位置	文学底本
季札挂剑	2		1		2	主阙、墓室	《史记·吴太伯世家》
骊姬计杀申生	4					祠堂、墓室	《史记·晋世家》
虎食女魃		3	1			墓室	《后汉书·礼仪志》《风俗通义》
董永侍父	2				2	祠堂、墓室	《搜神记》卷一、《太平御览》卷四一一·九引刘向《孝子图》
河伯出行	2	1		1		墓室	《楚辞·九歌·河伯》
管仲射小白、管仲射桓公	4					祠堂、墓室	《吕氏春秋·开春论·贵卒》
秋胡戏妻	2		1		1	祠堂、墓室、石函	《列女传》卷五
老莱子娱亲	2			1		祠堂、墓室	《太平御览》四一三·六引师觉投《孝子传》
豫让刺赵襄子	3					祠堂、墓室	《吕氏春秋·季冬纪》《史记·刺客列传》
伯乐相马	2	1				墓室	《韩诗外传》卷七
高祖斩蛇		1		1	1	墓室、阙	《史记·高祖本纪》
闵子骞御车失棰	3					祠堂	《太平御览》四一三·七引师觉投《孝子传》
聂政自屠	1	2				祠堂、墓室	《史记·刺客列传》
羲和主日	3					墓室	《山海经·大荒南经》
虞舜涂廪	3					祠堂、墓室	《列女传》卷一、《史记·五帝本纪》正义引《通史》
孝子丁兰	2					墓室	《太平御览》四一四·二引孙盛《逸人传》

续表

地区\故事名称	鲁	豫	陕晋	苏皖浙	川	可见位置	文学底本
仓颉造字	1			1		石函	《淮南子》《春秋元命苞》
常羲捧月	2					墓室	《山海经·大荒南经》
丑女钟离春的故事	2					祠堂、墓室	《列女传》卷六
程婴存赵氏遗孤	2					墓室	《史记·赵世家》
狗咬赵盾	1	1				墓室	《史记·赵世家》
鲁义姑姊	2					祠堂、墓室	《列女传》卷五
穆天子拜会西王母			2			墓室	《穆天子传》
孝子赵苟	2					墓室	《太平御览》卷四百一十四、《初学记》十七
晏子见齐景公		2				墓室	《晏子春秋》
曾母投杼	1			1		祠堂	《史记·甘茂传》
赵盾舍食于灵辄	2					墓室	《左传·宣公》二年
梁高行割鼻拒聘	1					祠堂	《列女传》卷四
伯俞伤亲年老	1					祠堂	《说苑》卷三
范雎与魏须贾的故事	1					祠堂	《史记·范雎传》
曹子劫桓	1					祠堂	《史记·刺客列传》
楚昭贞姜	1					祠堂	《列女传》卷四

续表

地区 故事名称	鲁	豫	陕晋	苏皖浙	川	可见位置	文学底本
东王公拜会西王母		1				墓室	《神异经·中荒经》
皋陶治狱				1		墓室	《论衡·是应》
公孙子都暗射颖考叔	1					阙	《左传·隐公十一年》
高渐离刺秦王	1					祠堂	《史记·刺客列传》
皇帝惩罚贰负之臣				1		祠堂	《山海经·海内西经》
鸿门宴		1				不详	《史记·项羽本纪》
黄公搏虎	1					墓室	《搜神后记》《西京杂记》
晋灵公杀赵盾	1					墓室	《国语·晋语》
京师节女	1					祠堂	刘向《列女传》卷五
刘道锡捞尉陀鼎	1					祠堂	《金石志》引《南越书》
梁节姑姊	1					祠堂	《列女传》
李善抚孤	1					祠堂	《后汉书·独行列传》
聂政刺杀韩王	1					祠堂	《太平御览》卷五七八·六引《大周正乐》
齐义继母	1					祠堂	刘向《列女传》卷五
齐桓公释卫	1					墓室	《吕氏春秋·审应览》
苏武的故事	1					墓室	《汉书·苏武传》
师旷鼓琴					1	主阙	《韩非子佚文》

92

续表

地区 故事名称	鲁	豫	陕晋	苏皖浙	川	可见位置	文学底本
三州孝人	1					祠堂	《太平御览》卷六一·四引萧广济《孝子传》
孙庞斗智			1			墓室	《史记·孙子吴起列传》
文王十子	1					祠堂	《白虎通·德论·姓名》
夏禹化熊		1				阙	《淮南子》
孝孙原毂	1					祠堂	《太平御览》卷五一九·三引《孝子传》
孝子魏汤	1					祠堂	《太平御览》卷四八二·二引《孝子传》
西门豹除巫治邺			1			不详	《史记·滑稽列传》
休屠的故事	1					祠堂	《论衡·乱龙篇》《汉书·金日䃅传》
晏子临盟不死君难					1	主阙	《晏子春秋》《春秋左传》
晏婴赈济灾民	1					不详	《晏子春秋·内谏篇上》
要离刺杀庆忌	1					祠堂	《吕氏春秋》卷十一
杨伯雍义浆	1					祠堂	干宝《搜神记》卷十一
张良椎秦皇					1	主阙	《史记·留侯世家》
专诸刺王僚	1					祠堂	《史记·刺客列传》
朱明的故事	1					祠堂	《初学记·友悌》引《朱明·张臣尉赞》
共计	72例历史故事共240块画像石						

除了上述所计历史故事画像石之外，尚有数十例汉画，如安徽宿县褚兰镇胡元壬墓M2前室西壁墓门南侧画像石第一格[①]，宿县褚兰镇宝光寺墓祠西壁画像石第三、四层[②]，南阳唐河县针织厂东汉墓前室北壁上部画像石[③]，临沂市兰山区红埠寺画像石[④]等图像材料，画面构图复杂紧凑、人物形态逼真生动、肢体动作流畅舒展，应该也是某一经史故事的图像转译，只惜无榜题加以佐证，又无类似画面比量，故而无法将其与经史文本对应命名。

据作者统计，就数量而言，山东、陕西及河南是历史故事类汉画数量和种类最多的三大地域，其中孔子见老子、周公辅成王、二桃杀三士、完璧归赵等"蕴含着深厚的历史积淀，萦绕着某种足以使整个民族难以忘情的心结"[⑤]的故事题材出现频率最高。就图像位置而言，山东地区的历史故事图有相当一部分出现在祠堂，或石阙之上，而其他地区鲜有，这种情况再次印证了"山东与其相邻的苏北和皖北，是唯一保存发现祠堂画像石的地区"[⑥]一说。祠堂主祭祀，服务于宗族，面向生；墓室主殓敛，服务于墓主，面向死。建筑功能的不同，导致刊刻在祠堂、石阙之上的历史故事画像教化色彩更为浓重，其主题明确而整一。而墓室之中，这种类型的汉画虽然道德鉴戒的功用依然存在，但也出现了一些新的变化：个别历史故事画像与其他主题图像单元，如象征仙界的灵禽瑞兽并置一格且高居墓室顶部，导致图像主题暧昧不明，这需要我们将图像归位到墓葬整体空间去把握其图像内涵。就"语—图"关系而言，大部分历史故事图能够忠实于经史文本，图像内容与文本情节高度一致，但"图文不符"的情况也时有出现。一种是图像与文本情节大略一致而细节互异，即图像内容虽然能够从经史中找到对应文本，然而将其图文仔细对照便能发现，二者在人物形象塑造、场景设计等细节上有所差异。以"荆轲刺秦""完璧归赵"等为典型，这涉及图像"模仿"语言时的一些符号

---

① 王步毅.安徽宿县褚兰汉画像石墓[J].考古学报，1993（4）：515-549.
② 中国画像石全集编辑委员会.中国画像石全集：第四卷[M].郑州：河南美术出版社，2000：图版171.
③ 康兰英.汉画总录：卷十七[M].桂林：广西师范大学出版社，2012：编号HN-NY-040-23.
④ 冯沂，等.临沂汉画像石[M].济南：山东美术出版社，2002：图113.
⑤ 赵宪章.文学和图像关系研究中的若干问题[J].江海学刊，2010（1）：183-191.
⑥ 蒋英炬，杨爱国.汉代画像石与画像砖[M].北京：文物出版社，2001：83.

学问题，如空间中的时间、顷刻的选取等，这部分内容将在下一章中予以详细阐释，此处不再赘言。另一种是图像与文本的"模糊对应"，即图像内容与文本所述情节不甚相同，但也不是完全脱离于经史的"凭空捏造"，而是多个历史故事或情节的综合，以河南洛阳"虎食女魃"图最为典型。此图最早出现在西汉晚期，或命名为"虎食鬼魅"。虎是汉画中一种极为常见的瑞兽，《风俗通义·画虎》云："虎者，阳物，百兽之长也。能执抟挫锐，噬食鬼魅。"[①]女魃则是由旱魃演变而来，《诗经》云："旱魃为虐，如惔如焚。"孔颖达疏："《神异经》曰：南方有人，长二三尺，袒身，而目在顶上，走行如风，名曰魃，所见之国大旱，赤地千里，一名旱母。"汉以后，受制于"禳灾避祸的巫用心理"[②]，人们将旱魃异形化为一位丑陋且裸身的女性形象，因有祸于人而被瑞虎吞食，而后便出现了"虎食女魃"图，象征着驱走旱鬼以求丰收。"图文不符"现象的出现，一方面，或许是因为文字材料图像化的过程中必然产生的信息过滤与重组；另一方面，也不排除刻意为之，这便折射出汉人图像叙事意识的挺进。

第二节　图文叙事相得益彰——以胡人图像为例

早在宋高宗时期，就有学者意识到"图"与"书"的互文关系。郑樵《通志》卷七十二《图谱略·索像》载："图，经也，书，纬也，一经一纬，相错而成文；图，植物也，书，动物也，一动一植，相须而成变化。见书不见图，闻其声不见其形；见图不见书，见其人不闻其语。图，至约也；书，至博也。即图而求易，即书而求难。古之学者，为学有要。置图于左，置书于右，索像于图，索理于书。故人亦易为学，学亦易为功。"[③]画像石作为汉代图像史料

---

① 应劭.风俗通义：卷八[M].台北：台湾商务印书馆，1966：200-201.
② 陈器文.人牲的符号记忆：论虎食女魃图像[M]//长安学术：第七辑.北京：商务印书馆，2015：103.
③ 郑樵.通志[M]//文渊阁四库全书：第374册.上海：上海古籍出版社，1987：494.

的重要组成部分，其图像学价值，正如葛兆光先生所言，绝不限于辅助文字文献或"图说历史"，"而是蕴含着某种有意识的选择、设计和构想，隐藏了历史、价值和观念。"①汉画之于历史、文本和价值观念的重要意义，作者将以胡人图像为例进行说明。②

一、"图"与"文"中所见胡人形象之不同

殷商伐鬼方，西周患猃狁，春秋征戎狄，战国抗匈奴……华夏一族早在3000年前就开始目睹西北之地的异域文明。自张骞开通西域之后的数百年间，丝绸之路这条古老的商路时断时续。频繁的战事不断扩展着异域文化的衍生空间，穿梭于文明之间的，是流寓汉地并在社会各阶层扮演着不同角色的胡人。史书中以敌对立场为主的胡汉邦交，汉画所绘却不尽然。

先汉之世，匈奴、西域兼被胡称，《汉书·匈奴传》载孤鹿姑单于致汉武帝："南有大汉，北有强胡。胡者，天之骄子也。"可知匈奴自称为"胡"。"胡"，初称北族，后冠以方位称乌丸、鲜卑为东胡，西北则曰西胡。王静安所撰《西胡考》博征故籍断定："后汉人于葱岭东西诸国，皆谓之西胡。"③认为后汉以降，匈奴浸微，西域遂专胡号。晚期学者吕思勉以《吕纂载记》《三国》《南史》为据考定胡名主于形貌，"浸假凡貌类西域人者，皆以是（胡）称之。"④是故后汉至唐，西方人种与匈奴公称为胡。吕氏所谓西方人种，即西域胡。据《汉书·西域传》所述："西域以孝武时始通，本三十六国，其后稍分至五十余，皆在匈奴之西，乌孙之南。"是自玉门、阳关以西，葱岭以东、天山以南，昆仑以北皆为汉时三十六国分布之地。然因两汉民族更迭过于繁复，细数西域胡人之种属成为一大难题。

早期中国文本对胡人外貌的描述多集中于衣着装束、发式及面部特征。以衣着装束言，最为学者所囿即孔子"左衽"说；以发式言，可见"羌胡被发"（《后汉书·西羌传》）、移支国"皆被发"（《后汉书·西域传》）等；以

---

① 葛兆光.思想史研究视野中的图像[J].中国社会科学，2002（4）：74-83.
② 张洁.汉画视域中的胡人意象[J].青海社会科学，2018（2）：184-191.
③ 王国维.观堂集林[M].石家庄：河北教育出版社，2003：307.
④ 吕思勉.吕思勉读史札记[M].上海：上海古籍出版社，2005：1309.

面部特征言,"自宛以西至安息国,其人皆深目多须髯"(《汉书·西域传》),乌孙"其形最异。今之胡人青眼、赤须,状类猕猴者"(《汉书·西域传》)之类。可见,胡之容貌,显与他种不同,"披发左衽""深目多须"八字尽之也。

汉画中模塑的胡人形象某种程度上与文献记载一致,显现出欧罗巴人种深目高鼻、多须的体貌特征,但又与文献记载有所出入。出土于山东孝堂山祠堂西壁画像石第四层胡汉交战图上,有一位凭几而坐的人物,其后榜题"胡王"二字已被证实为原刻。这位胡王样貌上最大的特征在于头戴飘带尖顶帽,且下巴多须。围绕在胡王周围的,是一群同样头戴尖顶帽的胡兵,姿态各异。另一块出土于山东微山两城公社、带有"胡将军"榜题的画像中,也出现了头戴尖顶帽的胡将和步卒。四川地区出土的大量东汉胡人俑[1],山东青州出土的东汉巨石胡人雕像[2],均头戴尖帽。由此可知,"尖顶帽"作为汉画中体现胡汉差异最为明显的文化符号,为我们判定胡人形象提供了一个可靠的鉴别标准。据学者研究,这样的装束或与欧亚草原上受斯基泰文化影响的民族有关。[3]而文献中时常提及的"被发左衽",画工似乎并不刻意以此为特征去描绘他们。

需要注意的是,由于制作传统、格套化及定型化倾向的影响,汉画艺术中的胡人形象具有明显的复刻性。榜题中的"胡王""胡奴""胡将军"等虽以"胡"名之,但不指实其种属。西汉至东汉早期胡人汉画以战争场景居多,概指涉匈奴,东汉中晚期汉画中胡人深目高鼻的体貌特质似乎更倾向于指涉西域种人,但由于汉画之"胡"与文学底本一样仅呈现出一般笼统概念中的"胡",并不能真实反映大宛、乌孙、婼羌等族的具体面貌,我们只能借助于汉人记忆中的"胡人典型"含糊地去认识他们。至于那些"貌不甚胡,颇类华夏"(《魏书·西域传》)的西域胡人,辨别难度就更大了。

二、借用数据解说汉画之胡

《史记》《汉书》《后汉书》等经史文献中所辑录民族史料弥足珍贵,其中

---

[1] 霍巍,赵德云.战国秦汉时期中国西南的对外文化交流[M].成都:巴蜀书社,2007:261.
[2] 邢义田.画为心声[M].北京:中华书局,2011:221.
[3] 邢义田.画为心声[M].北京:中华书局,2011:236.

大量的人物传记、地理志等篇章提及胡人，然正如上文所言，对胡人形象的刻绘单一而刻板。两汉官方文献对胡人形象的轻描淡写，在来自地下的图像艺术——汉画这里得到增补。结合榜题及尖帽、深目高鼻之典型形象，作者大致钩稽全国出土的汉画胡人图像资料183例（只是粗略统计，必有不少遗漏，但即此已可推见其内容之宏富），其中尤以"中国汉画像石的发源地和最主要的分布区"[①]山东地区数量最多，共计90例，其余依次为河南33例，江苏30例，陕西17例，安徽6例，四川5例，山西、贵州各1例。（附录）与"贪而好利""不可教训"的主流民族观不同，汉画胡人的角色似乎更为温和：有时，绘作控弦之士与汉兵交战，或被征召入伍成为"七校"之一；有时，身为远道使者与汉臣饮酒酬酢；有时，设像行道传播宗教；有时，内附为官家仆役，或为尊者乐舞百戏；有时甚至化身为仙界向导；等等。图像中多元化的胡人角色，成为汉帝国与西域联结的纽带，这远比史书中记载的更加丰富、直观。胡人形象的反复出现，一定程度上说明两汉时期流寓汉地的胡人数量已相当可观，其善射、大力、长于歌舞的体质特征为时人所习见，这种认知经验图像化为在社会各阶层扮演着不同的角色的胡者。同时说明至迟在新莽时期，画工们已然可以熟练地将胡人形象应用于汉画艺术创作。

  河南、山东、安徽等地出土的胡人画像石，其可考年代最早可追溯至西汉末。彼时西汉王朝为阻挡引弓之国侵入腹地，一方面武力薄伐，另一方面开以恩义采取羁縻政策。"夏夷有别"并未阻碍华夷为一的融合趋势：军事上，文帝前元十一年，中大夫晁错提出"以蛮夷攻蛮夷"，武装少数民族精兵良将使与汉兵相为表里；元狩二年，武帝置陇西、北地、上郡、朔方、云中五郡为属国以安置来降匈奴。政治上，元封四年单于太子为质于汉，此后西域诸国纷纷遣派质子赴长安朝贡；张骞两次出使西域，带来历史上第一个融合高潮，基本实现了汉武帝"广地万里，重九译，致殊俗，威德偏于四海"（《史记·大宛列传》）的民族理想。经济上，汉成帝军武库令杜钦以为罽宾之使名为奉献实则"通货市贾"（《汉书·西域传上》），都护郭舜以为康居王遣子侍汉的真正动机是"欲贾市"（《汉书·西域传上》），都从侧面反映出胡汉民族

---

① 信立祥. 汉代画像石综合研究[M]. 北京：文物出版社，2000：198.

之间的经济往来。西汉民族交往如此频繁,那些同时期汉画中的胡人侍者[①]、门吏[②]、胡人骑象[③]、胡兵与胡汉交战[④]等内容便一望而知了。

东汉王朝与西域诸国之交越发密切,虽然经历了两次隔离期:第一次因王莽政权积失恩信,与西域诸国隔绝长达65年。第二次因西域反叛,汉安帝撤除西域都护,通往西域的道路再次被隔绝。即便如此,华夷文化交流从未中断。顺帝永建元年,班勇征发西域诸国,除焉耆王元孟外,西域各城邦之国均附属于汉。和帝时期,记录在案的少数民族向汉"奉奏贡献"竟达11次之多。[⑤]如此频繁的政治往来推进了多边民族融合与互化,这也正是东汉中期汉画胡人图像数量激增的主要原因。汉画中胡人身份除门吏、侍者、战俘之外,更增补了乐舞胡伎、阉牛胡工、胡人力士、精兵胡将、趣马胡士、讲经胡者等角色,虽然仍以卑下之辈为主,但仍有些许胡人身份荣升,甚至与一般汉吏无异。

在图像志和图像学分析的基础上,作者将183例胡人图像爬梳剔抉(表3-3),按照数量递减的顺序,依次整理为戎事、殊方异物、胡奴胡客、乐舞百戏、骑射、力士、仙境七类,并根据胡人图像题材类型分别从军事、政治、社会、文化四方面挖掘流寓汉地的胡人群体被华夏民族赋予的文化意涵,以尽可能接近胡汉民族融合的真实情况。

表3-3 汉画胡人图像类型表(类型+图像数量)

战事戎兵45	胡汉交战 40	戎兵 4	髡刑 1
殊方异物30	牵引大象、骆驼 30		

[①] 康兰英.汉画总录:卷十八[M].桂林:广西师范大学出版社,2012:编号HN-NY-043-04.
[②] 康兰英.汉画总录:卷十三[M].桂林:广西师范大学出版社,2012:编号HN-NY-018-07(4).
[③] 汤池.中国画像石全集:卷六[M].济南:山东美术出版社,2000:图42.
[④] 高书林.淮北汉画像石[M].天津:天津人民美术出版社,2002:80.
[⑤] 崔明德.两汉民族关系思想史[M].北京:人民出版社,2007:305.

续表

胡奴胡客30	门吏 15	侍者 5	饲马 5	施礼拜谒 3	座上宾 1	讲经 1
乐舞百戏26	乐伎 10	舞伎 6	弄丸 5	操蛇 3	技击 2	
神仙色彩20	驯骑瑞兽 11		仙境向导 5		侍奉瑞鸟 3	云中飞腾 1
胡人之力16	力士 6	托举 4	蹶张 2	执兵器 1	武士 1	阉牛 2
胡人善射12	张弓而射（雀、鹿等） 7			狩猎 5		

三、复杂而多面向的胡汉之交

以"君臣"关系为主线的外交政策，直接推动了中原腹地对西域文化的兼容并蓄。汉画中那些流寓汉地的胡人身份不一，有等待发配的战俘、投降的王臣，也有朝拜的使者、讲经文吏，凝聚点则是以汉帝国为政治中心而开展的文化交融。汉代学术的基本性格之一，就是将许多各有分域的事物糅合重组，形成一个颇为杂就的系统，汉画胡人同样如此。手持兵刃的胡骑既可能是战事的象征，也可能是仙境的向导；胡人骑象既可能是朝觐的贡品，也可能是早期佛教传播的实证；百戏胡伎既可能是供职于宫廷的伶人，也可能是墓主升仙长生的企盼；等等。历史与想象相结合、事实与虚构相交融，这些都是以中西文化互动为背景的。只有对种类庞杂的胡人图像进行爬罗归类，剔抉经典，我们才能够在近乎模糊的历史与想象的分界线中探察汉人对遥远异邦的无垠遐想，这是一个图史互证的过程，也是一个对胡汉关系的认知从单一模糊到丰富具体的过程。

（一）军事：兵戎相接，绘其战绩以垂示后人

在长达400多年的两汉历史中，胡汉交战之多难以计数，尤以匈奴（北胡）为剧。匈奴因其暴虐无礼为汉人所恶，司马迁斥其"苟利所在不知礼义"（《史记·匈奴列传》）；班固言"贪而好利""人面兽心"（《汉书·匈奴传》）；

<<< 第三章 历史画卷：图与文的叙事互动

《吕氏春秋》也冠之以"无君"之族，这是战争创伤的文学表现。"出天汉之外，入强胡之域……斩将搴旗，追奔逐北，灭迹扫尘，斩其枭帅……"西汉骑都尉李陵《答苏武书》中征尘弥空的骁勇气势令人震撼，这种场景在汉画中并不鲜乏。汉画胡人图像中近四分之一的内容与战事有关，集中分布在鲁南地区，主要包括胡汉交战图、献俘图、战事汇报图三种类型。以建造年代约为东汉章帝时期的山东长清县孝堂山祠堂西壁画像石为例，其第四组图像即为胡汉战争图。[1]画面左侧楼中端坐数位主官，楼前为献俘场景。右侧重叠的山包内，尖帽胡兵持弓埋伏。山前一胡人凭几而坐，榜题"胡王"，身旁有跪禀者和侍者，又有二胡人在火盆上烤肉串。楼与山之间是人马奔驰、兵刃相接、众弩齐发的交战景象。"国之大事，在祀与戎"，祠堂作为祭祀之地，是对国家、宗族而言十分重要的政治场所。主祭者将戎事图绘在墙壁之上，或是述其绩以奉告先祖，或是"图其生平宦迹于四壁，以告后来"[2]。

虽然受材质、技法所限，气势磅礴的战场难以描绘殆尽，但汉画中胡汉双方纵马驰骋、弯弓奋戟的神勇体态，前后蔽亏、步骑搭配的战略布阵，无一不是驰逐鏖战的精彩缩影，暂不论其是否指涉某一历史真实，这些图像在一定程度上，为我们了解汉王朝与胡人（主要是匈奴）的战争情况提供了丰富的形象资料，是对经史文本的补充与完善。诚如巫鸿先生所言，东汉早期之前的胡汉战争图以描绘宏大战役场景为主，反映了崇高的政治景观，具有早期中国艺术的"纪念碑性"：既是对图制匈奴的历史纪念，也是对"胡虏殄灭天下服"的理想描绘。

刀光血影的战场之外，还有一些混同在汉军行列之中的胡骑，他们的身份俨然从侵略者转变为效力于汉室的精兵良将，这与汉王朝"以夷制夷"的军事策略密切相关。武帝时增设七校尉，其中便有"胡骑校尉掌池阳胡骑"。七校尉职同期门、羽林宿卫皇宫，战时则奉调出征。据《补汉兵志》载：胡骑"盖选募精勇及胡越内附之人"，即胡骑多为降胡、义渠、蛮夷之属来归谊

---

[1] 原图可见：汤池.中国画像石全集：卷一[M].济南：山东美术出版社，2000：图43.摹本见：中国国家博物馆，北京大学考古文博学院.俞伟超先生纪念文集：学术卷[M].北京：文物出版社，2009：358（图三）.

[2] 叶昌炽.语石 语石异同评[M].北京：中华书局，1994：330.

者，"赐之坚甲絮衣，劲弓利矢……两军相为表里，各用其长技。"(《汉书·晁错传》)在汉王朝抵御外侵的军事行动中，常见胡骑之踪迹：光武帝时乌桓"率众向化"，于是"皆居塞内……遂为汉侦候，助击匈奴、鲜卑"。汉明帝时西域等国"复愿归附，欲共并力破灭龟兹，平通汉道"(《后汉书·班超传》)。中西联合作战在汉画中也屡见不鲜，以山东滕县（今山东滕州）出土的十名尖帽胡骑左向前进图[①]、临沂白庄出土的二胡人武卒执兵器随汉兵步行图[②]等为代表。值得注意的是临沂白庄胡人武卒执兵器一图，《临沂汉画像石》一书将其称为"行刑图"。画像石右端二武卒深目高鼻，戴高帽穿靴，应为胡兵无疑。其所持兵器为汉人常用的环首刀和钩镶，这说明二胡人身份应为汉室兵将而非胡奴。"胡骑"的设置，自有其擅骑射、长益骁勇之用处，而"胡越骑或以他军充之，其名则犹故也"，多是为了彰显帝国四海宾服、协和万邦之威严。

战争令一部分胡俘留在汉地，他们有的被编入伍参军作战，有的沦为奴隶，而那些归附于汉的王臣、质子，则多数受到礼遇，封为王侯或朝堂官员。作为朝贡体系的一端，西域之属来归谊者悉数将奇珍异宝充于黄门，来自异域的殊方异物，便以一种神奇的崭新面貌进入汉人的视野。

（二）政治：内附归顺，殊方异物以展诚恪

从对外政治交往来看，汉初以反击北胡侵略为主的系列战役在汉武帝时告一段落。"孝武之世，图制匈奴……天下殷富，财力有余。"同时，西域诸国纷纷归附于汉，大量奇珍异宝随之涌入汉廷。"自是之后，明珠、文甲、通犀、翠羽之珍盈于后宫，薄梢、龙文、鱼目、汗血之马充于黄门，巨象、狮子、猛犬、大雀之群食于外囿。殊方异物，四面而至。"(《汉书·西域传赞》)汉画中这些西域之物在人类的"精神改造"下被赋予了各种含义，例如，象征朝廷之兵力的良马，化作镇墓兽的狮犬以及映射爵禄的楼阙雀鸟等，其中尤以胡人骑象最为突出。据史书记载，永元六年永昌徼外夷遣使者献犀牛、大象，献帝时"于阗国献驯象"(《后汉书·献帝纪》)。大象作为西域贡品之

[①] 山东省文物考古研究所.山东汉画像石选集[M].济南：齐鲁书社，1982：图316.
[②] 临沂市博物馆.临沂汉画像石[M].济南：山东美术出版社，2002：图9.

一,被赋予了政治归顺的意味。在汉画胡人图像中,胡人驯象、骑象的主题约30幅,并且常常与骆驼形象伴生出现,这样就形成了"胡人—象—骆驼"的图像模式。这种主题的图像可分为三种类型:纪实类、佛教意涵类、祥瑞符号类。

纪实类图像以山东邹城画像为例[1],画面左起一胡人骑射,一胡人双手执戟刺向二鹿,鹿后二猎狗追逐。再右为一大象一骆驼,一胡人手持钢钩驯服大象。这类图像多取材于现实,真实反映了张骞出使西域后,殊方异物四面而至的炽盛景象。而佛教作为西域居主体地位的宗教信仰,也呈现在这些图像组合中。出土于唐河冯君孺人墓的一幅西汉画像石[2]带有明显的佛教意涵。画面中一只大象鼻子向下弯曲,背上载有二人。左一戴尖帽者结跏趺坐面右。右一高鼻光头者似为胡僧,以臂托头,悠然仰卧。收藏于滕州汉画像石馆的另一幅汉画[3]也能见到类似内容:画面左侧一人骑骆驼,右侧一只大象低头面右,背上驮七位光头胡僧呈一字排列,最右侧胡人手执长钩驯象。调象之法有三,其一即"钢钩钩口著其羁绊"(《法华譬喻经》)。参照大英博物馆所藏两件贵霜银盘,其画像内容和象钩细部均与滕州汉画如出一辙,而银盘中又清晰描绘出象钩的印度来源,由此可知汉画胡人驯象图表现出与佛经中居士调象、印度驯象传统的一致性。这类图像是佛教在中原萌生和流布的真实历史画面,成为相关佛教文献的重要补充。另外,还有部分胡人引象图与身处天界的龙、麒麟等神兽并置在祥云之中,因而又具有一定的祥瑞意涵。

来自西域的殊方异物不只灵禽瑞兽而已,变幻莫测的杂戏幻术亦为汉人所称奇。《史记·大宛列传》载:元封三年,安息国"以大鸟卵及犁靬善眩人献于汉",鱼豢引《魏略》称"大秦国俗多奇幻、口中出火,自缚自解,跳十二丸,巧妙非常"。我们能够在汉画中看到胡人出现在各种百戏表演中:如"安息五案"见于山东枣庄倒立胡人[4];"大秦跳丸"见于徐州洪楼跳丸胡人[5];

---

[1] 胡新立.邹城汉画像石[M].北京:文物出版社,2008:图116.
[2] 汤池,等.中国画像石全集:卷六[M].济南:山东美术出版社,2000:图42.
[3] 朱浒.大象有形垂鼻辚囷[J].故宫博物院院刊,2016(6):77-94.
[4] 汤池,等.中国画像石全集:卷六[M].济南:山东美术出版社,2000:图143.
[5] 徐毅英.徐州汉画像石[M].北京:中国世界语出版社,1995:图77.

"都卢缘橦"见于山东滕州建鼓之上胡人[①]……百戏图中数胡人跳丸出现频率最高，这一技艺文学作品亦多有描述，如《西京赋》"跳丸剑之挥霍"、《正都赋》"跳丸掷掘，飞剑舞轮"、《平乐观赋》"飞丸跳剑，沸渭回扰"等是也。汉廷对西域珍奇的倒屣相迎，中原艺苑对西域百戏的兼收并蓄，都显示出汉朝广纳异域文化的博大胸襟，这种潜移默化的文化渗透，最终形成了"宣、元后，单于称藩臣西域服从，其土地山川王侯户数道里远近翔实矣"（《后汉书·西域传》）的亲密态势。

（三）社会：身份不一，图像所见尊卑贵贱各有差等

汉画中胡人之入汉地者，其身份大致可分三等：下焉者，因战为奴以赐汉将，或得以化狎沦为家臣，如门吏、侍者、饲马者之类是也；中焉者，尽其所长，谋生有具，如舞伎乐伎是也；上焉者，出身显贵，颇浸染中原之文教，游走于宫廷之间，如属国王臣、质子及使臣是也。

汲黯在上汉武帝奏疏中云："（胡人）皆以为奴婢以赐从军死事者家。"（《史记·汲郑列传》）外族战俘沦为奴者不在少数。西汉时期，有两位胡奴见诸史册。其一是匈奴贵族金日磾与"母阏氏、弟伦俱没入官，输黄门养马"（《汉书·金日磾传》）。其二是随张骞俱出陇西的堂邑氏胡奴甘父。与先周奴隶不同，汉时得以"化狎"沦为汉臣家奴的胡俘具有一定的人身自由，通常从事一些较为低贱的工作，如门吏、侍者、饲马等，汉画如数记录了大部分历史真实。拥彗门吏是墓门处常见的汉画图像。《尔雅序》云："辄复拥彗清道，企望尘躅者，以将来君子为亦有涉乎此也。"有一部分拥彗之人表现出深目高鼻、下颌上翘的胡人特征，河南方城画像石[②]即为典型。画面中人物多须蓬发，左颊黥印，左手执钺，右手拥彗，上方隶书"胡奴门"。根据《汉书·刑法志》记载："墨者使守门。"胡奴左侧脸颊刺刻的圆形标记，是汉统治者对奴隶施黥的例证，此画像正可与文献记载相印证。方城画像中胡奴的敌对色彩已经大大淡化，出土于徐州睢宁的一幅胡侍者与汉侍者同立墓主左右的画像石[③]更能够说明这一问题。这些发现都进一步证实了两汉时期西域外族输入

---

① 孙贵俭．汉画石语［M］．北京：文物出版社，2007：图40-41．
② 汤池，等．中国画像石全集：卷六［M］．济南：山东美术出版社，2000：图43．
③ 徐毅英．徐州汉画像石［M］．北京：中国世界语出版社，1995：图133．

中原充作家奴的社会现象。此外，还有一些胡奴发挥游牧民族擅养马的优势掌王马之职。东汉中期，汉画中始见饲马胡人，陕西义合镇出土的胡人牵马图①，当为墓主驯马。这些马匹身边的胡人，便是上文提及金日䃅"输黄门养马"的生动写照。

汉画中还有一部分胡人，他们与战争无涉，不见卑微姿态，而为歌舞升平的舞台增添一抹异域色彩。"灵帝好胡服……胡笛、胡舞，京都贵戚，皆竞为之。"（《后汉书·五行志》）统治者对胡文化的喜好，进一步推动这股胡风渐被中土，上至宫廷苑囿，下至市井街坊，似乎哪里有鼓乐喧天，哪里就有胡伎的影子。西域各民族历来就以擅骑射、长歌舞著称于世，从各地出土的26幅汉画来看，有不少乐舞表演者由胡人担任。出土于临沂白庄的一幅乐舞百戏图中②，就出现了倒立尖帽胡人作盘鼓舞的画面。东汉傅毅作《舞赋》曰盘鼓舞："浮腾累跪，跗蹋摩跌。"汉画中的胡人舞伎或飞舞长袖，或踩鼓下腰，或按鼓倒立，或身俯鼓面，无不令观者惊叹。除盘鼓舞之外，巾舞、建鼓舞等技艺在汉画中亦有体现，以山东临沂居多，由此可见汉时鲁地乐舞中浓郁的胡风。两汉有关胡舞的文献记载较少，胡乐相对较多。早在张骞出使西域之前，就已有西乐传入长安，《西京杂记·卷三》云："临百子池，作于阗乐。"汉时自西域传入内地的乐器在出土文物中多有发现，主要有"胡箛""胡笛"和"胡箜篌"三类。③《后汉书·窦宪传》有"远兵金山，听箛龙庭"。以胡箛为例，汉画中迄今所见执这种乐器的人，基本上是步行佐吏，通常位于车马行列中的主车前后，有单人、双人之分。其典型可见山东两城胡人吹箛画像石。④西域乐舞一经涌入汉地便广为流传，极大冲击了中原地区传统的礼乐文化，我们似乎可以想见，数百年之后的魏晋之乱，西域乐舞以破竹之势取代雅乐的必然结果。

如果说胡奴、乐伎和舞伎是来自社会底层的存在，那么藩属于汉的西域属国王臣、质子以及诸国使臣则作为礼遇之客活跃在社会上层。史载西胡首

---

① 康兰英.汉画总录：卷七［M］.桂林：广西师范大学出版社，2012：编号SSX-SD-135.
② 临沂市博物馆.临沂汉画像石［M］.济南：山东美术出版社，2002：图14.
③ 萧亢达.汉代乐舞百戏艺术研究［M］.北京：文物出版社，2010：117，177，182.
④ 山东省文物考古研究所.山东汉画像石选集［M］.济南：齐鲁书社，1982：图44.

次遣使入汉是在张骞第二次出使西域之时,乌孙遣使,"既见汉人众富厚,归报其国,其国乃益重汉"(《史记·大宛列传》)。其后丝路使者络绎不绝。敦煌悬泉汉简中,也发现了史书中未载的关于西域使节与汉王朝来往的记录,"今使者王君将于阗王以下千七十四人,五月丙戌发禄福,度用庚寅到渊泉。"[1] 自西域国归属汉朝,各国使团涌入长安,少则几十多则千人,聚居于藁街蛮夷邸,另通过质子、礼赠、贡献等途径,渐入长安政坛圈。对待臣服的民族首领和贡纳诸国的质子,汉王朝总是以客礼待之,甚至封为王侯。汉画中这些胡客出现的时间稍晚,大抵起于东汉中期,并且由于榜题阙失,难以将使者、藩臣、质子等身份区分开来,这些穿梭于朝堂的"外国客"仅见其尊贵,而难辨其身份。例如,出土于徐州洪楼[2]的胡客拜谒图,五名高帽胡人执笏板跪拜,另立四名胡人恭顺侍立,拜谒左侧跽坐的汉臣。《广韵》有记:"笏,一名手版,品官所执。"显然这九位胡客具有一定的身份地位。另山东大学旧藏的一幅汉画[3]中刻有宴饮场面,筵席左旁似有四位戴尖顶冠的西域宾客坐下首,与主人觥筹交错。贾谊曾以"五饵"之策建议文帝"以厚德怀服四夷"(《新书·匈奴》),上述汉画所绘图景让人不得不联想到汉天子以盛食珍味招待异客,诱降匈奴的景象。除此之外,还有一些身居高位的胡人入汉讲经授道,如山东滕州市西户口村出土的"讲经胡人"汉画像石。[4] 画面中央讲经人高鼻似胡,头戴进贤冠。《后汉书·舆服志》曰:"进贤冠,古缁布冠也,文儒者之服。"可知进贤冠为汉代文官所戴之冠,足见讲经人的官吏身份……这些胡客是联结华夷邦交的政治纽带,汉画中此类题材相对较少,仅有5例,可能是因为这些尊客驻留的时间较短,而且平民百姓难以接触的缘故所致。

(四)文化:胡人形象仙化,根植于西北之地的文化想象

远古中国对世界的认知,总是充满了创造性的想象。表现在文学上,便是志怪类小说的大量产生与兴盛。学者 DeWoskin 曾经留意到汉代叙事文学中

---

[1] 胡平生,张德芳.敦煌悬泉汉简释粹[M].上海:上海古籍出版社,2001:110.
[2] 徐毅英.徐州汉画像石[M].北京:中国世界语出版社,1995:图77.
[3] 李发林.记山东大学旧藏的一些汉画像石拓片[J].考古,1985(11):994-1152.
[4] 山东省文物考古研究所.山东汉画像石选集[M].济南:齐鲁书社,1982:图219.

一个特别的现象,即志怪或异闻类故事的特殊地理因素。① 那些奇异的故事似乎总是发生在远离中原地区的偏远地带,例如,西域。《三辅黄图》卷四中载有武帝得黑土,东方朔不知而西域胡人知一事,足见"西方"在汉人心中不只是一个地理方位,更是未知知识和无穷想象的渊薮。汉代以前人们对西方世界的想象概不会超过《穆天子传》《山海经》。"西有王母之山,壑山,海山。有沃之国,沃民是处,沃野,凤鸟之卵是食,甘露是饮……鸾鸟自歌,凤鸟自舞。"(《山海经·大荒西经》)"沃民国",很可能就是对胡人("沃民")所居之地的美好追忆。张骞西域之行带回了荒服之地的人文信息,也丰富了根植于西北大荒的西王母想象的土壤。山东、河南、陕西等地画像石中就留存有许多仙化胡人的形象,从图像内容来看,胡人似乎从写实人物衍变成为西王母神仙系统的一部分。汉画中仙化胡人的图像类型主要有三:升仙图、胡戏神兽图、胡人羽化图。

仙化胡人最早见于东汉初年山东嘉祥胡人导骑图。② 画面由上而下第三层中,一列车马向仙境行进,左二尖帽胡骑做向导行进于前。除了升仙之路的向导之外,也有阻碍墓主升仙的胡人,可见山东肥城出土的胡汉车骑战争行列图。③ 画面中左一胡卒张弓射箭,右侧汉骑身后一步卒手捉胡人献于车前。这幅战争图中同时出现了鱼车和鹿车,显然与升仙有关,因此汉骑队伍的目的地应是必经西域之地的昆仑仙境,此刻胡人化身为通往仙境之路的阻碍。肥城车骑战争图与早期画像石中常见的胡汉野外交战图看似相似,仿佛都在暗示战役,实则所指大不相同。东汉中期,胡汉河桥征战图大量出现,以山东晒米城出土的元嘉元年胡汉桥头作战图④ 为例,墓主车马行进于桥上,而胡人作为冥界守桥士卒阻碍其前行,反身欲射——战争画像的外壳形式虽然得以沿用,然而其图像意义完全发生了改变,车骑队伍的最终目的不是战役的胜利而是步入极乐世界。可见,从胡汉野外交战图,到肥城战争图与车马行列结合,再到东汉中晚期的河桥征战图,经历了一个图像学意义完全改变的

---

① DEWOSKIN K J.The Six Dynasties Chih-kuai and the Birth of Fiction[M]//PLAKS A H.Chinese Narrative.Princeton: Princeton University Press, 1977: 27.
② 朱锡禄.嘉祥汉画像石[M].济南:山东美术出版社,1992:图107.
③ 山东省文物考古研究所.山东汉画像石选集[M].济南:齐鲁书社,1982:图472.
④ 临沂市博物馆.临沂汉画像石[M].济南:山东美术出版社,2002:图126.

过程。

　　还有一些仙化胡人衍生于百戏图。升仙原本就是百戏表演的主题之一,《西京赋》载"总会仙倡",李善注"仙倡,伪作假形,谓如神也"。节目中,既有头戴黑豹熊虎面具的歌舞表演,也有"怪兽陆梁,大雀踆踆,白象行孕,垂鼻辚囷"之类的驯兽表演。百戏图中常常可见胡人饲凤、胡戏神兽的画面,其中胡人与象的组合神仙色彩最为浓重。出土于山东滕州的胡人骑象图[①]中,两只大象被云气环绕;徐州洪楼胡人钩象图[②]中,与胡人骑象一同出现在画面中的,还有鱼车、龙车与神人出行。《汉郊祀歌·象载瑜》章云:"象载瑜,白集西。"山出象舆,瑞应车也,出自西方。在工匠的刻意安排下,经过艺术加工的胡人与大象组合配合着飞龙、鱼车、仙人等元素出现在祥云中,因此而被赋予了神仙色彩,共同构筑了一个奇幻倏忽的神异仙界。

　　汉画中的胡人羽化图也是一个饶有兴味的课题。《鲁灵光殿赋》中有这样一段记载:"胡人遥集于上楹",然王延寿并未解释楹上之胡的含义,但联系上文依次铺叙的奔虎、蛟龙、蟠螭等神兽,及下文提及的神仙、玉女等,不难想见楹上之胡的神仙色彩。临沂白庄出土的拱门柱承托胡人浮雕,完全再现了这一文学场景。[③]文学描述与汉画图像的双重证据,说明随着东汉人们升仙热情的高涨,胡人已成为神仙体系的重要组成部分。同样属性的胡人图像在临沂北寨也有发现,他们时而托举,时而与仙兽为伴,时而云气中飞腾,甚至与一般羽人无异。《论衡·无形篇》载羽人"图仙人之形,体生毛,臂变为翼,行于云",可知羽人不失人形,有翼可飞。出土于山东济宁的胡人饲凤图[④]中,凤鸟右侧羽人、胡人跪拜。羽人高鼻深目,手捧丹药,身后二人头戴尖帽,深目高鼻,并无羽翼,应为胡人。羽人形象上显著的胡人特征似乎可以说明,东汉晚期仙境中胡人羽化的一种倾向。并且,胡人羽化并非独见于

---

① 山东省文物考古研究所.山东汉画像石选集[M].济南:齐鲁书社,1982:图262.
② 原图见:汤池.中国画像石全集:卷四[M].济南:山东美术出版社,2000:图41.摹本见:周保平.徐州洪楼两块汉画像石考释[J].中原文物,1993(2):42-48.
③ 中山大学艺术学研究中心.艺术史研究:第一辑[M].广州:中山大学出版社,1999:134.
④ 山东省文物考古研究所.山东汉画像石选集[M].济南:齐鲁书社,1982:图139.

汉画，西安汉城遗址出土的胡人相貌铜羽人[①]、洛阳汉代铜羽人[②]，都是汉人以西域胡人相貌为蓝本构想神灵的佐证，这无疑是西域神秘文化在中原大地渗透的结果。

第三节 汉画叙事的三层结构

传统观点认为，语言是时间的艺术，图像是空间的艺术，与时间性思维相适应的语言自然是叙事传统中的绝对主流，而图像在叙事方面则存有天然缺陷。然而，大量图像学研究已经证明这种思想的片面性。图像原本就是人类古老的两大表意符号系统之一。汉画中的叙事性图像，无论是单幅图像的静态呈现，还是多幅画面的流动组接，都是包蕴着完整情节的视觉符号链，它们都具备叙事所要求的意义向度，本身就具有叙事能力。只不过由于符号属性的不同，图像在叙事时表现出与语言叙事不大相同的时空观。正如约瑟夫·凯斯特纳（Joseph Kestner）在《第二位的幻觉：小说与空间艺术》一文中所分析的那样：视觉艺术是空间第一性、时间第二性的艺术。空间艺术的基本元素是"同在性"，而以小说为代表的时间艺术的基本元素则是"连续性"，但空间艺术的"同在性"隐含了时间关系，时间艺术的"连续性"也暗含了空间关系。[③]所谓空间艺术的"同在性"，可以理解为图像元素以一种同在的、动态的、充满表现力的空间化结构进行表意，以便使观者在一瞬间从空间上而非顺序上领会其意。

"同在"并不意味着图像元素的无序堆砌，历经漫长的演变和发展，汉画逐渐形成了一套别具特色的、秩序感极强的视觉表达体系，生者得以在"秩序"中受到精神洗礼，亡者灵魂得以在"秩序"中羽化升仙。

秩序化视觉体系的形成仰赖于汉画图像在墓葬空间中的编排分布，正如

[①] 西安博物院编著.西安博物院[M].北京：世界图书出版公司，2007：100.
[②] 赵春青.洛阳汉冢青铜羽人[J].文物天地，1993（5）：23-24.
[③] 龙迪勇.空间叙事学[M].北京：生活·读书·新知三联书店，2015：11.

几何中以点成线，以线带面的组织特征，就墓室空间而言，我们不妨将其类比为一个由图像组建而成的言说场域，当中，代表了某种物体、现象，或是和某个故事、事件相连的图像单元是"点"，由若干图像单元、场景并置而成的复合图像是"线"，形态各异的图像烘托着各自的主题，不同主题彼此关联，并依照建筑空间的结构和布局堆叠在一个更大的画面中，此为"面"；点、线、面彼此呼应、交织、联结，构成立体的空间关系，最后一座由图形符号所装饰的、囊括天地又追溯往来的宏大叙事空间就这样落成了。

一、时间切片：单元图像的叙事形态

单元图像（"图像单元"，为了便于读者将其与"复合图像"做比较，下文统称"单元图像"），是汉画中的最小叙事单元，是某单一事件或情节内容的视觉呈现，表3-2中所计240幅历史故事汉画均属此类。

龙迪勇先生曾在《图像叙事：空间的时间化》[①]一文中谈及故事画，他根据故事画中时间展现方式的不同，将单幅图像的叙述模式划分为单一场景叙述、纲要式叙述和循环式叙述三种类型。这种分类方式对汉画叙事性图像研究具有重大启示意义。汉画中单元图像对事件或情节的呈现，往往是通过"截取事件发展过程中具有一定时间性的画面"[②]来实现的，更具体地说，是将文本情节中"最富孕育性"的那一顷刻进行定格，从而给观者带来兴会神到的视觉感受。在时间的定格上，有的画面展现的是情节中的一个瞬间场景，我们称之为"单一场景叙事性图像"；也有的画面是将一条时间线上的几个关键场景综合呈现，我们称之为"纲要式叙事性图像"。

单一场景叙事性图像，是指工匠在绘制图像时，通过某个单一场景把文本情节中"最富孕育性"的那一顷刻展示出来，以暗示情节的前因后果，从而让观者在意识中补足叙事缺失的部分。它不仅是汉画中最基本的叙事性图像，也是近年来汉画研究领域的学者们研讨最多的图像类型。"史笔善记事，画笔善状物；状物与记事，二者各得一。"（邵雍《史画吟》）由于图像叙事

[①] 龙迪勇.图像叙事：空间的时间化[J].江西社会科学，2007（9）：39-53.
[②] 李彦锋.岩画图像叙事的顷间性[J].艺术探索，2009（2）：68-71.

在表现时间方面存在天然缺陷，它无法像文字那样将某一事件的起因、脉络、结果等起承转合纤悉无遗地描绘出来，因而不可避免地容易造成意义的模糊。为了精确传达伦理教义、降低理解成本，工匠自然会选择那些广为人知的历史故事或神话传说题材，并截取情节中最为典型的场景加以表现，甚至在画面旁侧标注榜题以助理解。时间与场景的截取有一定规则，"理想的图像截面选取的顷间应该既有叙事的时间性又具有'有意味的形式'的艺术表现性。"[①] 汉画的构图设计显然遵循了这一点。

就单一场景的叙事性图像而言，其"有意味"的"顷间"的选择大体有如下两种。其一，以事件发生过程中的某一幕为截面，如东汉武梁祠前石室后壁小龛东壁第三层画像石[②]：帷幔下刻有三人，右一老者左向坐于榻上，右手前伸；中一男子右向跪坐，右手执魁，左手执箸，为老者哺食；左一妇人右向捧碗站立。蒋英炬先生考定该图为孝子故事"邢渠哺父"。据《孝子传》所载："邢渠失母，与父仲居。性至孝，贫无子。佣以给父。父老齿落，不能食，渠常自哺之，专专然代其喘息，仲遂康休，齿落更生，百余岁乃卒也。"[③] 武梁祠后壁的这幅图像应该就是其中"渠常自哺之"一句的场景再现。从画面可见，该图像所述情节十分简单，仅仅是人物之间直接的行为互动。"二桃杀三士""董永侍父"等历史故事的刻画都属此类。其二，以事件的结果为截面。如雅安高颐阙西侧横额下所刻"季札挂剑"图[④]。《史记·吴太伯世家》记载："季札之初使，北过徐君。徐君好季札剑，口弗敢言。季札心知之，为使上国，未献。还至徐，徐君已死，于是乃解其宝剑，系之徐君冢树而去。"[⑤] 汉画中，故事的开端已被工匠刻意舍去，我们仅能看到图中所刻一人戴冠，左向俯身面对一丘坟墓，左手抚右袍袖，掩面痛哭。墓边一树直立，斜挂一长剑。这显然是故事结局"乃解其宝剑，系之徐君冢树而去"一幕的再现，

---

① 李彦锋.岩画图像叙事的顷间性[J].艺术探索，2009（2）：68-71.
② 原图见：蒋英炬，吴文祺.汉代武氏墓群石刻研究[M].济南：山东美术出版社，1995：前石室图版5.20. 摹本见：王振铎.科技考古论丛[M].北京：文物出版社，1989：378（图六）.
③ 李昉.太平御览：第四册[M].石家庄：河北教育出版社，1994：427.
④ 高文主编.中国画像石全集：第七卷[M].郑州：河南美术出版社，2000：图版88.
⑤ 司马迁.史记·吴太伯世家[M].北京：中华书局，1959：1459.

图像以宝剑为视觉焦点，把季札守信的品格重点突出，从而实现了说教的旨趣。

纲要式叙事性图像，或称综合式叙事性图像，即把一条时间线上的几个重要场景、事件要素提取出来，在一个画面中全部展现，以此来增加图像的"时间厚度"，观者通过时间的拼凑来还原事件全貌。由于这种叙事方式改变了事件发生的自然时序，带有将时间碎片进行综合重组的特性，所以又称"综合式叙事性图像"。关于这种叙事模式，法国学者莫里斯·梅洛·庞蒂在以儿童画为例探讨绘画艺术的闪躲性与暗示性时，提出了类似理论："在儿童的'图画叙述'（narration graphique）中，他把故事的连续场面组合成一个单一的图像，并且一次性地使背景的不变要素在图像中形象地呈现出来，甚至一次性地在图像中勾勒出了采取与这一故事的如此时刻相适应的姿势的每个人物。这样一来，在那一受到重视的时刻，他把全部故事都包含在这个单一形象中，一切东西共同透过时间的厚度进行对话，并且以一定的时间间隔来设定故事的标志。在把时间看作是一系列并置的暂时瞬间的'理性的'成年人眼中，这一叙事可能显得有脱落和含糊不清。但按照我们所体验到的时间，现在仍然触及过去，仍然掌握着过去，它与过去处于一种奇特的共在中，唯有图画叙事的省略能够表达把现在延伸到未来中的这一故事运动。"[①]汉画当然不是儿童所创，但若是从绘画的发展历程来看，汉画无论是塑形构图上，还是叙事技法上，都稚拙意味十足，体现出叙事性图像在萌芽阶段的简略与粗疏。儿童画中将一系列"暂时瞬间"进行并置的叙述方式，在汉画中也时有出现，这就是纲要式叙事性图像。相比于将流动的时间浓缩为即时的一点的单一场景图像，纲要式图像是一种多场景叙述，它最大的特点在于画面中包含了至少两个顷间的场景。汉画中，这种类型的图像数量颇多，而且最能体现出汉画艺术的叙事特色，如"荆轲刺秦""完璧归赵""骊姬计杀申生"等，均属此类。

有的汉画在演绎文本情节时，时间要素的综合重组并不十分明显，仅仅表现为不同时间点上出场人物和关键场景的并置，例如，引起学者广泛关注

---

① 莫里斯·梅洛·庞蒂.世界的散文［M］.杨大春，译.北京：商务印书馆，2005：170.

的"荆轲刺秦"图。这一历史故事,在《战国策》《史记》《燕丹子》等经史文本中均有记载。目前所见汉画"荆轲刺秦"图共计9幅,其中山东地区4幅。在武氏祠左石室后壁小龛西侧的一块画像石上,第二层刻历史故事"荆轲刺秦"[①]。画面中部立一柱,一支带缨匕首将柱刺穿,画面由此一分为二。柱左一人头戴武士冠面柱,双手上扬,怒发冲冠,左上榜题"荆轲"二字。其后一人双腿叉开,左手环抱荆轲腰,右手高举,似为呼唤侍卫。柱右立者为秦王,一截断袖跌落;秦王身后一武士执刀、盾赶来,脚下有一人仰面跌倒。画面中还有一盒半开,露出樊於期首级。从图像内容来看,该画像石重点表现了荆轲庭上刺杀秦王这一段情节,然而半启的函盖又与刺杀一幕无关,而是荆轲刺杀秦王之前其准备活动的情节叠加,这是工匠为在有限的图像空间中表现出更为完整的、连贯的叙述内容所做的努力。在另一则汉画"骊姬计杀申生"图中,时间要素综合重组的痕迹就越发明显了。1978年嘉祥宋山墓出土的第一批画像石中,有一块画像石第三层刻骊姬置毒的故事。[②]画面左侧三位男子站立,一男子跪坐,手持一条状物,似刀,当为晋国太子申生。对面一人躬身站立,应是晋献公,二人之间有一犬死于地上。晋献公身后一女子侧立,当是骊姬。对比《国语·晋语二》中对这一历史故事的描写,画面右侧刻绘的骊姬,是故事的起因;倒毙之犬,是故事发展中的状态;太子持刀自刎,则是事件的结局。"骊姬受福""与犬肉,犬毙""申生自缢"三个关键时间点上场景的综合,辅之以相关人物的动作、神情,完整再现了骊姬谮杀太子申生的悲剧情节。

二、关联并置:复合图像的叙事形态

单元图像既可独立成画,又可作为复合图像的有机组成部分。对单元图像的叙事性分析涉及图像叙事的基本学理,即如何用共时性画面再现事件发展的历时性过程,而复合图像的叙事性研究则更能洞悉汉画作为空间艺术的叙事独特性和结构多样性。复合图像是指在同一画面中,一系列相互关联的

---

① 蒋英炬,吴文祺.汉代武氏墓群石刻研究[M].北京:人民美术出版社,2014:前石室图版5.39.
② 刘敦愿.《山东汉画像石选集》中未详历史故事考释[J].东岳论丛,1984(2):79-83,113.

图像单元、场景融合并置而成的空间关系。在时间的展现方式上，复合图像远比单一场景图像和纲要式图像复杂，图像的内涵意义也更为隐约，需要观者在意识中重新建立起不同单元图像之间的逻辑联系——这种逻辑通常不等同于线性的时间逻辑，而是暗含着一定的空间秩序。汉画是无法与墓葬整体脱离关系的图像集合，刻绘在祠堂、墓壁之上的单元图像通常不是独立存在的艺术作品，它们被工匠组织进某种"关系"中，从而建起"一条视觉叙事的图像话语链"[①]。所谓关系，就是主题。因此复合图像就形式特征而言，表现为空间中的并置；就思想层面而言，表现为主题的同一。

在西汉早期的画像石中，我们确能看到不少零散的、杂乱无章的图像，或许是历时久远，以致刻有关键情节的图像材料漫漶不清，又或许是画像石作为新兴艺术未成规模。东汉之后，大到墓室壁画，小到门阙石刻，画像石纷繁却不芜杂，呈现出从松散罗列到有机综合的演变，体现出以并置性、关联性、整体性为特征的空间结构。"并置和表现并置的思维模式，是古典时期之前规范的表达方式和思维方式。"[②] 并置思维在汉画中的应用极为普遍，绝大多数复合图像就是若干单元图像和场景的关联并置：单元图像从一个完整的文本情节中抽拣出来，再被移植到新的视觉语境中，从而创造出崭新的视觉表达。这些单元图像之间，可能存在因果关联。例如，前文提及的山东长清孝堂山祠堂西壁画像石第四组"胡汉战争"图，画面从右至左可分三大情节：右侧刻胡汉两军交战于山丘，当中有一位胡将踞坐于案几前，听取胡卒汇报战况。胡将旁刻榜题"胡王"。中部刻胡汉骑兵交战。左侧刻一座两层楼阁，内有汉军馘首、献俘场景。图像以事件自然发生的先后顺序为轴线，将"交战"与"汇报战果"（双方献俘或汇报战绩）这几个存在因果联系的图像场景进行并置，从而实现了图像单元的叙事连接功能。当然，也有图像单元之间不存在"因果律"和"时间化"的逻辑关系，共同的主题和观念是将它们维系在一起的唯一纽带。例如，前文提及的江苏徐州洪楼汉墓祠堂顶部"导

[①] 段炼.视觉文化与视觉艺术符号学 艺术史研究的新视角[M].成都：四川大学出版社，2015：107.

[②] 诺托普罗斯.论荷马史诗中的并置[M]//刘小枫.荷马笔下的伦理.北京：华夏出版社，2010：38.

引升仙"图为例,《徐州汉画像石》一书将该图释为"百戏图"[①],其实不然。画面左侧刻绘二位男子,一人长袍冠巾,双手执一炬状物,面右而立。另一人头戴山形冠,左向踞坐。此二人当为半仙方士。[②]二人之外,还分别刻有雷公"连鼓相叩击"、云神吐云、风神吹风、雨师布雨、水神驰鱼车、仙人载龙车等,这幅图像寓意不言而明,表现了墓主人正受神仙方士的导引前往神灵所在的仙界。考古所见如洛阳卜千秋墓升仙图、辽宁金县营城子汉墓升仙图等,画面结构及表现手法都与洪楼"导引升仙"图有相同或相似之处:通过对传世文献中常见的神祇形象进行拼贴,在视觉上形成多个视点中心,同时饰以华丽的纹样如缭绕云纹,使画面更加灵动。当观者凝视画面时,视点便自觉沿着这些看似凌乱的形象游走,体验着视觉的运动性和多变性,想象着仙人御风而行、缥缈凌云的逍遥快意。再比如,山东诸城前凉台孙琮墓出土的"髡刑图"[③],图像单元采用了"关联性"和"空间化"的结构模式。该图内容十分复杂,工匠在安排图像元素时,采用了"上远下近的等距离鸟瞰透视法"[④],将视点提高,按照上远下近的原则,将纵深空间中的事物一一展现。画面以中间的髡刑场面为中心,受髡刑者二十人,皆着褐衣,蓬首跣足,或踞坐,或俯首弯腰,或匍匐于地,或正受髡刑。而踞坐的观者分布于上、左、右三侧,他们头戴进贤冠,或执笏端坐,或执笏站立。此图是研究东汉刑律不可多得的综合图像资料,若不了解经史文献中关于髡刑的记载,单从看似毫无逻辑的画面构图来看,观者恐怕很难理解整体图像的意义。事实上,若站在视觉空间逻辑的角度、沿着内隐的空间秩序去分析图像,便能理解这类图像的叙述内涵。

由此可见,复合图像就是将零散的单元图像有序组织成一个视觉的统一体,这其实是一种通过增加画面空间容量的并置手段,以消解时间维度的叙述模式。结构上的并置并不是汉画艺术表达的最终目的,由此引发的关

---

① 江苏美术出版社.徐州汉画象石[M].南京:江苏美术出版社,1985:图版85.
② 周保平.汉代吉祥画像研究[M].天津:天津人民出版社,2012:162.
③ 山东博物馆,山东省文物考古研究所.山东汉画像石选集[M].济南:齐鲁书社,1982:图版553.
④ 信立祥.汉代画像石综合研究[M].北京:文物出版社,2000:50.

联式思考，才是其没有明言的终极启示。"在'关联式的思考'中，概念与概念之间并不相互隶属或包含，它们只在一个'图样'（pattern）中平等并置；至于事物之相互影响，亦非由于机械的因之作用，而是由于一种'感应'（induction）。""符号间之关联或对应，都是一个大'图样'中的一部分。万物之活动皆以一特殊的方式进行，它们……是由于其在循环不已之宇宙中的地位，被赋予某种内在的性质，使它们的行为，身不由己。""所以万物之存在，皆须依赖于整个'宇宙有机体'而为其构成之一部分。它们之间的相互作用，并非由于机械性的刺激或机械的因素，而是出于一种神秘的共鸣。"[①]在古老中国的墓葬艺术中，这种关联思维可谓贯穿始终。可以说，复合图像的整体意义不是各部分单元图像的机械同构，而是凭借其内部的协调、神秘共振来保持整体的一致。观者通过关联式思考，把每一个物象、每一个图像单元相互参照，从而对这种"神秘的共鸣"进行意义解码。

所谓"概念性联系"也好，"神秘的共鸣"也罢，说的都是复合图像的内核：主题，主题是单元图像能够进行组合的动因。由于不同单元图像的题材各异，复合图像主题的呈现不尽相同。有的图像主题是"显在"的，各单元图像在移植到新的视觉语境中时，其图像意义并未发生改变，单元图像之间表达了相同或类似的精神追求。如武梁祠西壁画像石[②]第三层自左而右刻四则故事：丁兰刻木、老莱子娱亲、闵子骞御车失棰、曾母投杼。这四则历史故事情节类似，都讲述了孝子敬侍父母的故事。同一石上第四层自左而右再刻三则故事：荆轲刺秦、专诸刺王僚、曹子劫桓，均可见《史记·刺客列传》，怀有对忠臣贤士的赞扬之情。汉代儒教盛行，十分强调由孝而及于忠，所谓"君子之事亲孝，故忠可移于君"[③]，以此来强化君臣忠孝的政治伦理。受这种伦理观念的影响，汉画中孝子形象与忠臣形象颇多，体现出礼制艺术教化功能与审美功能的统一。

有的图像主题则相对模糊，只有对各单元图像进行相互参照，才能将之准确概括，这种图像主题是"隐在"的。仍以徐州洪楼汉墓祠堂中的"导引

---

① 李约瑟. 中国古代学科思想史 [M]. 陈立夫，译. 南昌：江西人民出版社，1990：375-376.
② 蒋英炬，吴文祺. 汉代武氏墓群石刻研究 [M]. 济南：山东美术出版社，1995：图版5.1.
③ 孝经·广扬名 [M] // 十三经注疏. 北京：中华书局，1980：2558.

升仙"图为例,一些学者将此图主题释为"百戏",认为画面左下角双手各持一蛇状物的怪人,表现了"水人戏蛇"的场景;旁有一人手引一绳,绳上系五个圆形物,为"转石之戏";左上角一人口做喷吐状,为"伎人吐火";画面右侧的鱼车、龙车,为人或动物装扮的"鱼戏""龙戏"。除此之外,他们并没有对画面左侧中部相对的二男子,以及画面中缭绕的云纹做出合理解释。学者周保平广览古籍,同时对比同类图像在其他汉画中的表现,根据画像石所在建筑中的位置,认为此图主题为"升仙"而非"百戏",并将上述单元图像分别概括为:雨师布雨、雷公击鼓、风神吐风、天界鱼车及龙车奔驰。[1] 而文中未曾提及的胡人钩象图,应该是汉人基于西域特殊的地理因素所引发的仙界想象,胡人并非现实中的人物,而是西王母所在昆仑仙境中的仙人。部分学者之所以对这一复合图像的主题判断产生偏差,是对单元图像的机械性解构所导致的。他们忽视了各单元图像之间的意义联结:当一部分单元图像从原有语境中剥离出来,被植入到新的视觉语境中时,其图像意义很可能随之发生改变。

结合上述所举案例,我们基本能够概括出复合图像叙事的一般特征:首先,从构图形式来看,复合图像是若干单元图像和场景的关联并置。其次,从逻辑关系来看,在同一个主题的统摄下,单元图像之间可能存在因果关系,也可能既无因果关联,又无时间顺序,主题或观念是维系这些单元图像的重要纽带。最后,从意义建构来看,当单元图像从原有语境中剥离,被植入新的视觉语境时,其图像意义可能发生相应转换。

三、有序同构:整体空间的叙事形态

正如前文所言,汉画是无法与墓葬整体脱离关系的图像集合,它们不是独立存在的艺术作品,而是被工匠组织进某种"关系"中的"一条视觉叙事的图像话语链"。因此,对汉画图像意义的释读,应当以还原、追溯其所在的物态情境和原境信息为前提。墓葬建筑中,所有图像连同其附着的空间位置共同构筑了一个生命由死而仙的叙事场所,若对这一叙事场所进行结构拆分,

---

[1] 周保平.徐州洪楼两块汉画像石考释[J].中原文物,1993(2):42-48.

单元图像便是构成意义整体的一个基本单位或"叙事原子",它们多数能够从经史典籍中找到对应文本,可以说是某一事件或情节内容的视觉呈现。复合图像则是"叙事分子",它由多个"叙事原子"围绕某一主题并置而成,是最富于叙事表现性的图像集合。不同主题彼此关联,并依照建筑空间的结构进行精心配置,层层堆叠出一座信仰的高地,在这里,人们"合乎逻辑地"消解着死亡的恐惧,缔造着永生的幻景。相比于平面的二维图像,墓葬空间是由不计其数的、大小不一且形态各异的图像串合而成的艺术空间,这是一个结构颇为复杂,但秩序感极强的视觉表达体系,它独特的机能组织——图像内容与建筑结构之间存在对应关系——导致它完全区别于其他艺术门类。因而如果我们仅仅把视野聚焦在个别单元图像抑或复合图像的叙事问题上,而不对其所在的叙事空间做整体观照,那么必将无法领略汉画艺术的深沉和博大。

对墓葬叙事空间进行探究的第一步,便是对墓葬建筑的复原。费慰梅先生对武梁祠建筑原貌的考证工作对汉画像石研究颇具启发意义。"有了这种复原,已被打散的各幅画像就可以恢复原来的相互关系,从而能认识其本有含义。"[1]自1954年山东沂南北寨村大型汉画像石墓被发掘以来,众多研究者纷纷注意到画像石图像内容与其所在的空间位置之间的紧密联系。基于目前大量的研究成果,我们基本能够总结出成熟期石室墓汉画空间分布的一般规律。

墓室中的汉画题材,除装饰性纹样外,大致有如下三种类型:一是表现天上世界,有日月星辰、神灵和祥瑞;二是象征墓主升仙度世,有置身于仙境的神灵,也有御凶驱邪的神怪;三是描绘人间现实,有记录墓主生前活动的图像,也有具备鉴戒功能的历史故事图像。三类图像的空间分布各有其规律,整个墓室空间被营造成一个微型的宇宙模型,表现出汉人独特的宇宙观和世界观。

就建筑布局而言,墓门被视为沟通生死世界的临界点,作为墓室的入口,它担负着驱邪逐疫,守卫墓主灵魂的重任,因而在题材选择上,往往以"镇墓"内容为主。例如,门扉处大都以"朱雀(上)+铺首衔环(下)"为主要

---

[1] 俞伟超.古史的考古学探索[M].北京:文物出版社,2002:219.

构图形式，以山西离石马茂庄 M2 墓门门扉画像为典型。或是辅以其他象征着力量、具有辟邪作用的神兽如龙、虎、独角兽等，来抵御或防范鬼魅邪祟，以陕西绥德杨孟元墓门门扉画像为典型。相比于构图规范的门扉石，门楣石和门柱石画像内容则更加灵活多变，没有固定的叙述主题。常见的门楣石画像题材有珍禽异兽、车马出行，也有个别门楣石刻绘场面壮观的胡汉交战图，如沂南北寨汉墓墓门门楣画像。常见的门柱石画像题材有东王公西王母、灵禽瑞兽、侍者门吏等。进入墓室之后，天象图诸如北斗星、牛郎织女、日轮三足乌、月轮蟾蜍等形象绘于建筑顶石，象征天界。陕西神木大保当 M3 墓室顶部正中的天界图、南阳麒麟岗前室由九块石组成的盖顶石所刻星云图，皆属此例。视线沿着画面向下移动，在连接前、后两室的过梁处、立柱石上部以及墓室四壁上部，画像内容通常与升仙有关。最为常见的题材有：西王母东王公、伏羲女娲、车骑行列、珍禽瑞兽等，以陕北绥德苏家岩墓后室过洞石画像（车骑行列、仙人）、河南唐河县针织厂汉墓北主室北立柱正面画像（半人半龙神）、山东邹城高李村 M1 前室的立柱石画像（羲和捧日）、山西离石马茂庄 M2 前室南壁画像（东王公西王母）为例。继续沿着画面向下观看，在墓室四壁的中、下部，大多集中刻绘着一些具有一定现实意义的人世场景。有对墓主理想家园的描绘，如表现墓主灵魂奢侈享受的庖厨图、乐舞百戏图、登台垂钓图等，带有福荫万代、族裔兴隆的愿景；也有用以垂示后世的历史故事，如周公辅成王、二桃杀三士等，通过这些模范典型来宣教儒家人伦之道。需要区分的是，由于汉代墓葬是仿造生人居室而建，"前堂后室"的空间布局在墓室中得以延续。放置墓主遗体的主室即为"后室"，而后室之前的中室或前室即为"前堂"，这里是墓主会客宴宾、社交娱乐乃至接受祭祀的重要场所，因此，前室或中室四壁所见图像题材，多是祭祀、庖厨、乐舞百戏之类，而后室四壁则多见生活起居类题材，或是象征辟除不祥、保护墓主灵魂安宁的镇墓神怪，以沂南北寨汉墓最为典型。

以上是从画像石的空间布局层面来对墓葬空间进行剖析，不同题材的图像交织在一起，为墓主建造了一个"上具天文，下具地理"的神圣中心。不过，这座由图像装点的艺术空间绝不仅仅是容纳着各种形象和情节的物理空间，更是各种题材按照一定规律有机组合而成的精神空间，这意味着它包含了能指和所指两个层面：所谓能指，是"述形"的，是图像描绘的客体事件所构成的空间；所谓所指，是"意识性"的，它高于"述形"层面，是观者在浏览图像之后，头脑中积极参与符号意义建构时所形成的意识空间，它更多指向图像的外部参照关系。在汉画的制作过程中，工匠大量征用那些广为人知的经史故事和神话传说，巧妙利用视觉符号将这些符合礼制观念的内容进行精心编排，或是象征性改造，使之不仅彰显出礼制艺术的崇高性与功利性，又与天人合一的宇宙生命观相契合，从而将观者引向一个追思怀远、追问生命归属的精神殿堂。

结　语

近年来关于"语—图"关系的理论研讨已相当深入，大量研究成果不断涌现，为我们进一步开展图像研究提供了诸多有益启示。确如学者所论，数千年的中华文明史中，文字与图像总是存在着或隐或现、若明若暗的联系。文字产生之后，抽象的语言符号取代图像，成为人们记录历史和叙述事件的基本工具，而图像则降格为文字的"附庸"，此后，"语—图"关系的基本特点表现为"以'图像模仿语言'为主导的'语图互仿'"[①]。汉代墓葬中发现的一部分图像遗存，充分证实了这一说法。在汉代画像石中，我们不乏可见三皇五帝以供人仰戴，篡臣贼嗣以令人切齿，高节妙士以促人发奋，忠臣死难以傚其抗节致忠……作为一种典型的礼制艺术，明善恶、宣教化是其自觉遵奉的设计宗旨。出于这种功利性需要，汉画中的许多图像，就把原本从属于"文"的经史故事转译成"图"，以乐于被各阶层人民所接受的直观形象进行示范，从而达到教化的目的。因此就这一类汉画而言，它们毫无疑问是对经史文本的模仿。

然而，作为汉代图像史料的重要组成部分，汉画的图像学价值，正如葛

---

① 赵宪章.文学和图像关系研究中的若干问题[J].江海学刊，2010（1）：183–191.

<<< 第三章 历史画卷：图与文的叙事互动

兆光先生所言，绝不限于辅助文字文献或"图说历史"，"而是蕴含着某种有意识的选择、设计和构想，隐藏了历史、价值和观念。"以汉画中的胡人形象为例，通过对比"话语叙述"和"图像叙述"之异同，便可知经史文献对华夏边缘异族形象的轻描淡写，在来自地下的图像艺术——汉画这里得到增补；史书中以敌对立场为主的胡汉邦交，汉画所绘却不尽然：有时，他们被绘作控弦之士与汉兵交战，或被征召入伍成为"七校"之一；有时，他们身为远道使者与汉臣饮酒酬酢；有时，他们设像行道传播宗教；有时，他们内附为官家仆役，或为尊者乐舞百戏；有时，他们甚至化身为仙界的向导；等等。图像中多元化的胡人角色，成为汉帝国与西域联结的纽带，这远比史书中记载的更加丰富、直观。

从叙事学的角度来审视，图像和语言是人类最古老的两大表意符号系统，二者都是叙事的工具，只不过在表意的功效上各有所长。语言是时间的艺术，与时间性思维相适应的语言自然在传统叙事中占有优势，而图像是空间第一性、时间第二性的艺术，空间艺术的基本元素是"同在性"。所谓同在性，我们可以理解为图像元素是以一种同在的、动态的、充满表现力的空间化结构进行表意，以便使观者在一瞬间从空间上而非顺序上领会其意。"同在"并不意味着图像元素的无序堆砌，历经漫长的演变和发展，汉画逐渐形成了一套别具特色的、秩序感极强的视觉表达体系。这一体系的形成仰赖于汉画图像在墓葬空间中的编排分布，正如几何中以点成线，以线带面的组织特征，就墓室空间而言，我们不妨将其类比为一个由图像组建而成的言说场域，当中，单元图像是"点"，是构成意义整体的一个基本单位或"叙事原子"，它们多数能够从经史典籍中找到对应文本，可以说是某一事件或情节内容的视觉呈现。根据图像中时间展现方式的不同，单元图像的叙述模式可以进一步划分为"单一场景叙事性图像"和"纲要式叙事性图像"两种。复合图像是"线"，是构成意义整体的"叙事分子"，它由多个"叙事原子"围绕某一主题并置而成，是最富于叙事表现性的图像集合。在时间的展现方式上，复合图像远比单元图像复杂，图像的内涵意义也更为隐约，需要观者在意识中重新建立起不同单元图像之间的逻辑联系——这种逻辑通常不等同于线性的时间逻辑，而是暗含着一定的空间秩序。汉画是无法与墓葬整体脱离关系的图像集合，它们不是独立存在的艺术作品，而是被工匠组织进某种"关系"中的"一条视觉叙事的图像话语链"。所谓关系，就是主题。因此复合图像就形式特征而言，表现为空间中的并置；就思想层面而言，表现为主题的同一。形态各异的图像烘托着各自的主题，不同主题彼此关联，并依照建筑空间的结构和布局堆叠在一个更大的画面中，此为"面"；点、线、面彼此呼应、交织、联结，构成立体的空间关系，最后一座由图形符号所装饰的、囊括天地又追溯往来的宏大叙事空间就这样落成了。

  时至今日，图与文的相关研究已经取得了丰硕的成果，然而在探奥索隐中也暴露出一些问题，那便是：对现代西学的过分迷恋，本土意识不够明晰；许多重要的问题迄今仍然停留在经验性的现象描述与概括阶段而尚未深入肌理。对此，赵宪章先生指出，未来研究的方向应当更加"注重中国传统和本土资源，更强调历史纵深感和实证精神，更关注个案分析与小中见大"[①]。因此在接下来的三章中，作者将个案分析与综合研究相结合，一方面针对不同图像类型，各举典型，以阐释独具本土文化特色的汉画图像叙事的发生机制；另一方面尽可能还原或者追溯与图像相关的物态情境和原境信息，从而得出既合乎历史，又合乎逻辑的结论。

[①] 赵宪章.文学与图像关系研究：向学理深层挺进［N］.中国社会科学报，2012-9-21（B1）.

第四章

单元图像的叙事形态
——以汉画"完璧归赵"图为例

历史故事作为汉画像石的八大题材谱系之一[①]，从忠臣贤士到孝子烈女，从帝王将相到侠义刺客，这些"取诸经史事"的情节性图画无不彰显着汉代以忠孝节义为纲常的伦理观。从目前已整理的汉画来看，以历史故事为题材的汉画图像，"绝大多数都已有文本语言的现成品"[②]，即其所呈现的内容，基本上是对经史文本中的历史故事或神话传说进行"模仿"与再现。其中，有一些被图像艺术反复摹写的文学母题值得注意，比如"完璧归赵""荆轲刺秦""二桃杀三士"等。以"完璧归赵"为例，当我们将图像与文本这两种不同的叙述系统进行比较，就能发现汉画对经史故事的视觉呈现，往往是通过"截取事件发展过程中具有一定时间性的画面"[③]来实现的，更具体地说，是将文本情节中"最富孕育性"的那一顷刻进行定格，从而给观者带来兴会神到的视觉感受。然而，图像在构图上并非完全"屈从"于文本，"图文不符"现象时有出现，个中细节的增删更易、若干场景情节的巧妙并置，都折射出汉人图像叙事意识的挺进。

[①] 朱存明.汉画之美 汉画像与中国传统审美观念研究[M].北京：商务印书馆，2011：146.
[②] 赵宪章.文学与图像关系研究中的若干巧题[J].江海学刊，2010（1）：183-191.
[③] 李彦锋.岩画图像叙事的顷间性[J].艺术探索，2009（2）：68-71.

第一节　图像意义的探释

一、汉画像石"完璧归赵"粉本的演变

汉画作为一种图像艺术，本身具有多义性和模糊性，再加上年深日久、外力侵蚀以致画面斑驳漫漶，图像内容的辨认之难可想而知。幸而榜题的留存，为我们还原图像的本来面貌、断定其文本来源提供了重要参照。虽然不排除也有少量榜题误刻的情况出现，例如山东沂南北寨画像石墓中，其中室北壁东段的一幅画像石上栏，刻绘了二佩剑武士相对而立，人物之间有桃，二人伸手欲争。学界普遍认为这幅画像表现了"二桃杀三士"的故事，但其榜题却刻"令相如"和"孟犇"，显然是误刻[①]，但榜题依然是我们考证图像内容的重要依据。

汉画有题者，当属武梁祠为多。出土于山东武梁祠后壁的一块残缺的画像石上，刻有"奉璧于秦""秦王"榜题，对应画像内容之表现，我们基本能够确定它是历史故事"完璧归赵"的图像转译（图4-1：m）。而陕西榆林四十里铺镇出土的另一块刻绘精美的画像石（图4-1：f），无论是人物的肢体动作，包括人物手中所持圆环物，还是分隔画面的立柱，都与武梁祠"奉璧于秦"的图像高度相似，让我们有充分理由认定这也是历史故事"完璧归赵"的图像表现，同时也基本确定了这一历史故事的标准图版。以之为据，按图索骥，除武梁祠、四十里铺镇之外，另有13块"完璧归赵"图散落于陕西、四川两地。按照其所属年代进行排列、比较，我们可以大体勾勒出这一图像粉本的演变过程（图4-1）。

其一，陕西绥德崔家湾镇苏家圪坨杨孟元墓门刻石，其门楣石内栏刻绘

[①] 邢义田. 画为心声：画像石、画像砖与壁画[M]. 北京：中华书局，2011：85.

第四章　单元图像的叙事形态

了一幅"完璧归赵"图（图4-1：a）[①]。图中，绘有一右向戴王冠者、一左向举璧者，二人之间，还有两位头梳垂髫髻的女子站立，居左的女子着拖地长裙，居右的女子挥袖而舞（东汉永元八年，即公元96年）。

其二，陕西绥德崔家湾镇苏家圪坨杨孟元墓前室南壁，其横楣石内栏右侧刻绘了一幅"完璧归赵"图（图4-1：b）[②]。图像构成与图a基本一致，只是人物位置稍有不同：在右向戴王冠者与左向举璧者之间，有一位女子头梳垂髫髻，着长裙站立，另一女子头梳垂髫髻，着桂衣挥袖而舞，立于举璧者身后（东汉永元八年，即公元96年）。

其三，陕西绥德崔家湾镇贺家湾出土的一块残石上出现了"完璧归赵"图（图4-1：c）[③]。虽然原石右段残佚，但左段图像与其他地区所见"完璧归赵"图十分相似。画面分为内、外两栏，外栏刻有卷云纹，灵禽瑞兽穿插其中；内栏右侧立一弯曲斗拱柱，一人戴王冠面柱跽坐于地，身后二人戴冠着袍侍立（东汉永元十五年，即公元103年）。

其四，陕西绥德四十里铺镇出土的一块断石内栏中间出现"完璧归赵"图（图4-1：d）[④]。画面中部立一弯曲斗拱柱，柱左一人面柱跽坐，身后一戴冠侍者着长袍站立；柱右一人发束高髻，左手持璧，欲以击柱，身后另有一人跽坐，一人侧身侍立。

其五，陕西绥德四十里铺镇出土的一块画像石内栏，刻绘一幅"完璧归赵"图（图4-1：e）[⑤]。画面正中刻有一座二层阁楼，楼阁左侧为拜谒图和"完璧归赵"图。图中，秦王戴冠着袍，跽坐于弯曲斗拱柱左侧，身后有两人捧牍恭立；柱右蔺相如下蹲，一手举璧，一手前伸，其身后一人袖手站立。

其六，陕西绥德四十里铺镇出土的一块断石内栏，刻有"完璧归赵"图（图4-1：f）[⑥]。汤池《中国汉画像石全集》认为此图表现了历史故事"窃符救

[①] 康兰英. 汉画总录：卷四[M]. 桂林：广西师范大学出版社，2012：编号SSX-SD-022-01.
[②] 康兰英. 汉画总录：卷四[M]. 桂林：广西师范大学出版社，2012：编号SSX-SD-022-07.
[③] 康兰英. 汉画总录：卷四[M]. 桂林：广西师范大学出版社，2012：编号SSX-SD-014.
[④] 康兰英. 汉画总录：卷五[M]. 桂林：广西师范大学出版社，2012：编号SSX-SD-065.
[⑤] 康兰英. 汉画总录：卷五[M]. 桂林：广西师范大学出版社，2012：编号SSX-SD-066.
[⑥] 康兰英. 汉画总录：卷五[M]. 桂林：广西师范大学出版社，2012：编号SSX-SD-081.

赵"①，李贵龙《绥德汉代画像石》亦认为此图内容为"窃符救赵"②，而《汉画总录》考定该图所绘内容是"完璧归赵"。画面中，在多层斗拱立柱的左侧，秦王戴冠着袍，双手前伸，身后有两侍者持鸠杖侧身恭立；柱右，蔺相如似怒发冲冠，持璧向柱身奔去。

其七，陕西绥德中角乡白家山 M2 墓室后壁横楣石内栏，刻有"完璧归赵"图（图4-1：g）③。画面正中立一弓形楣柱，其形貌与图 d、图 e 十分相似。柱左有一尊者戴冠着袍跽坐，双手前伸，身后有一执笏跪拜者。柱右刻绘一高举环形物（似璧）者（东汉永元十六年，即公元104年）。

其八，陕西米脂县官庄 M4 牛文明墓前室东壁左门柱刻绘"完璧归赵"图（图4-1：h）④。斗拱、垂直的柱身、连同覆盆形柱础组成的立柱将四层画面一分为二，同一层的两格构成一个画面。其中第二层刻有"完璧归赵"图。立柱左侧刻一人头戴王冠，着袍跽坐，身后一人持棨戟侍立。柱右则有一人蹲地，一手前伸，一手高举圆形物，身后一人执戟侍立（东汉安帝永初元年前后）。

其九，陕西米脂官庄 M4 牛文明墓室前室一壁上，刻绘"完璧归赵"图（图4-1：i）⑤。画面可分上、下两栏，上栏刻忍冬纹，下栏最右侧为"完璧归赵"。弓形楣柱左侧，一人发束高髻，一手执璧，一手前伸，面柱而蹲踞，身后似为二女子侧身侍立；柱右一人戴冠着袍，面柱跽坐，身后二人侧身侍立。

其十，陕西绥德新店乡延家岔前室南壁横楣石下部刻有"完璧归赵"图（图4-1：j）⑥。在弓形楣柱左侧，刻一尊者戴冠着袍跽坐，右臂弯曲前伸作劝阻状，身后一侍者跪坐；柱右一人左手执环状物高举，面柱而蹲，身后两侍者侧立（东汉中期）。

其十一，陕西神木大保当墓门门楣石内栏右侧，刻有"完璧归赵"图（图

---

① 中国画像石全集编辑委员会.中国画像石全集：第五卷［M］.济南：山东美术出版社，2000：图122.
② 李贵龙，王建勤.绥德汉代画像石［M］.西安：陕西人民美术出版社，2001：图67.
③ 康兰英.汉画总录：卷八［M］.桂林：广西师范大学出版社，2012：编号SSX-SD-177-06.
④ 康兰英.汉画总录：卷一［M］.桂林：广西师范大学出版社，2012：编号SSX-MZ-009-12.
⑤ 康兰英.汉画总录：卷一［M］.桂林：广西师范大学出版社，2012：编号SSX-MZ-009-18.
⑥ 康兰英.汉画总录：卷六［M］.桂林：广西师范大学出版社，2012：编号SSX-SD-103-19.

4-1：k)①。也有一说认为该图表现了"燕太子丹易水相送"之场景。此说首见于韩伟《陕西神木大保当汉彩绘画像石》②，书中将玉璧解释为鼓。李雪梅《发现之旅 探寻黄河文明》一书中③，也认为此图是历史故事"燕太子易水相送"情节的再现。邢义田纠正了这种说法，他认为这是历史故事"完璧归赵"的刻绘④。画面可分上、下两栏，上栏刻绘日、月、卷云纹及神话传说"穆天子会见西王母"；下栏刻绘"完璧归赵"。画面中弓形楹柱左侧，一人戴冠着袍似为秦王，双臂前伸，面柱跽坐于地，身后一人头戴帻巾，俯首侍立；柱右一人着武士服，发束后拂，右手高举一物，头顶似有两鸟飞过（东汉永建三年，即公元128年左右）。

其十二，陕西米脂官庄 M1 前室北壁横楣石下栏刻有"完璧归赵"图（图4-1：l)⑤。弯曲的殿柱左侧，刻秦王跽坐于地，伸手作制止状，身后两人侧身侍立；柱右蔺相如下蹲，左手举璧，右手朝前，身后三人站立（东汉中晚期）。

其十三，陕西米脂境内出土的一块门楣石内栏中段刻有"完璧归赵"图（图4-1：m)⑥。画面中弓形楹柱左侧，一人头戴通天冠，着长袍跽坐，双手前伸，对面一人戴冠着袍，盘坐于圆形坐垫上，似与左侧跽坐之人对语；柱右一人蹲踞，一手高举玉璧，仰首面柱，似为举璧撞柱。该图画面与图d、图e、图g、图l十分相似，表现出明显的格套特征（东汉中晚期）。

其十四，原石编号"武梁祠一"，出土于武梁祠后（南）壁，其画像第三层右段刻"完璧归赵"图（图4-1：n)⑦。画面中直柱上刻有榜题"□□□□（蔺相如赵臣）也，奉璧于秦"。柱左刻一人冠服佩剑，右向而立，略渺，左上刻榜题"秦王"，秦王身后一人执笏侧身躬立；柱右，刻一人冠服佩剑，双手上举，右手持一璧（约东汉桓帝元嘉元年，即公元151年）。

---

① 康兰英.汉画总录：卷十[M].桂林：广西师范大学出版社，2012：编号SSX-SM-010-01.
② 韩伟.陕西神木大保当汉彩绘画像石[M].重庆：重庆出版社，2000：5.
③ 李雪梅.探寻黄河文明[M].北京：东方出版社，2004：118.
④ 邢义田.画为心声：画像石、画像砖与壁画[M].北京：中华书局，2011：130（注释42）.
⑤ 康兰英.汉画总录：卷二[M].桂林：广西师范大学出版社，2012：编号SSX-MZ-018-16.
⑥ 康兰英.汉画总录：卷三[M].桂林：广西师范大学出版社，2012：编号SSX-MZ-057.
⑦ 曹建国，张洁.石头上的叙事解码：从汉画"完璧归赵"看图像叙事[J].中南民族大学学报（人文社会科学版），2019（1）：图十四.

其十五，四川合川濮岩寺石室墓中室南壁横楣石上，刻"完璧归赵"图（图4-1：o）[①]。画面中右三为蔺相如，右手执璧，正欲向柱上击去。右二为秦王，急忙摆手制止。秦王之右为柱，柱之右为侍者（东汉晚期）。

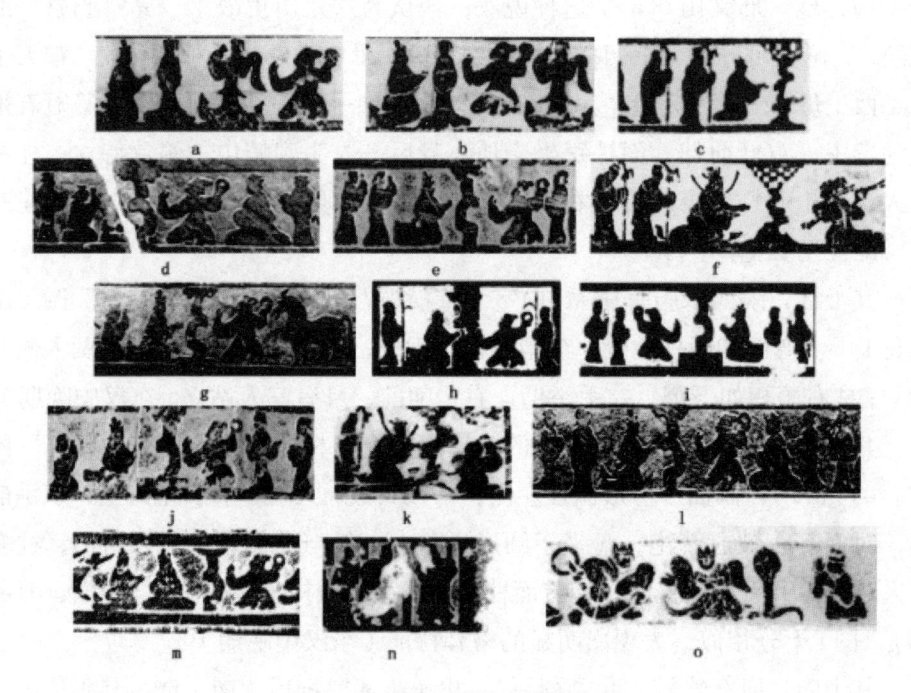

图4-1 画像石"完璧归赵"图

二、格套与个性

从公元96年的杨孟元墓，到东汉晚期的濮岩寺石室墓，百余年间，汉画"完璧归赵"在构图造型上经历了一个由简至繁，由随意铺排到合理布局，且趋于程式化的发展过程。在年代较早的杨孟元墓中，2幅"完璧归赵"图（4-1：a与4-1：b）略显粗朴，尚未形成合理布局，具体表现在关键要素"柱子"的缺失，以及画面中出现了与主要情节无关的"美人"，这说明工匠在构思画面时，仍处于混沌的摸索阶段。这种情况在公元103年（图4-1：c）出现转

[①] 曹建国，张洁.石头上的叙事解码：从汉画"完璧归赵"看图像叙事[J].中南民族大学学报（人文社会科学版），2019（1）：图十五.

机，图像构成逐渐从杂乱无章的困境中挣脱出来而走向规范：关键元素"柱子"出现，并将画面一分为二，柱两旁各绘一人，一边是秦王跽坐双手前伸，一边是蔺相如举璧跨步。此后，零落分散在各地的"完璧归赵"图基本沿用了这一图式。这便是邢义田先生所指出的"格套"问题，他发现"汉画基本上是由许多套装的主题以一定的构图方式（格套）组合而成。一般的石工画匠墨守成规，依样葫芦，高明的可以巧施变化"。并且，他进一步将"格套"的基本元件拆分为必要、次要和非必要部分：

> 解析格套的基础在于确立图像构成的单元（unit），分析构成单元的元件（elements），区分其中必要、次要和非必要的部分。所谓必要，是指关乎画像主题寓意的核心元件，缺少即不足以显示图像的用意。核心元件也是一个画像单元成立的要件，无之则不能构成某一有独立意义、具有单元性的画像。所谓次要，是指与主题意义有关，但其作用主要在使主题更为突显周延，无之并不会使基本主题无法呈现，也不会使其单元性丧失。非必要部分则是一些可有可无，为丰富视觉效果而作的增饰。有些增饰有时也会延伸出新的涵义。[1]

来自陕西的图 a、图 b、图 d、图 e、图 g、图 h、图 i、图 j、图 l、图 m 这10幅"完璧归赵"图，格套特征十分明显。高度相似的构图方式、出奇一致的雕刻技法和绘制风格，说明这些汉画很可能来自同一作坊。从图像构成的基本元件来看，其中分隔画面的立柱、秦王和举璧蔺相如三个核心元件是"构成具有独立意义，具有单元性"的"完璧归赵"图的必要部分，它们关乎画像主题寓意的表达，缺一不可；其他元素诸如秦王身旁侍者，是图像的次要元件，它们的主要功能在于"使主题更为突显周延"，相比于核心元件，虽然它们与主题意义也存在关联，但"无之并不会使基本主题无法呈现，也不会使其单元性丧失"；而图 a、图 b 中的舞女，图 g 中蔺相如身后的骏马，则是一些可有可无、单纯为了丰富图像视觉效果而作的增饰。

---

[1] 邢义田. 画为心声：画像石、画像砖与壁画[M]. 北京：中华书局，2011：141.

"格套"这一概念已经被众多学者的研究所证实，其他类型的图像如"荆轲刺秦""七女救父""季札挂剑"等历史故事图、西王母东王公神祇图、"射爵射侯"图、胡人图等，都呈现出明显的格套化特征。格套的存在无疑大大增强了画像内容的可辨识性，然而格套也并不是固定不变的形式框架，它有一定的规范作用，但也"允许相当程度形式甚至内容的变化"①。在不影响画像主题寓意的原则下，图像构成可以在传承中求新求变。例如图c、图f、图k、图n、图o，这5幅图像的造型风格明显与另外10幅图像不同。其中，陕西绥德四十里铺镇（图f）、陕西神木大保当（图k）、四川濮岩寺（图o）3幅图像对人物的刻绘尤其细腻精致，将蔺相如怒发冲冠的激昂、秦王仓皇失措的窘迫表现得淋漓尽致。这种统一与差异，一方面印证了美国汉学家霍尔德·劳费尔（Berthold Laufer）关于汉画存在"固定的图式"（fixed ready-made models）②的猜想，另一方面也说明，虽然大部分汉画有格套作范本，但不同的工匠在表现同一个文学母题时，可以自由发挥想象力，各显其能，各展所长。总而言之，格套方便了汉画在丧葬市场的生产与流通，却没有对工匠的艺术创作造成束缚，高明的匠人完全可以在不失画旨的前提下，将构成图像的基本元件进行拆分、重组，以求用有限的资源创造出变幻无穷的视觉感受。

当然，同一主题不同格套版本的存在，应该是由于"制作者地域、文化氛围的不同而注入的一部分新的创作个性"③，"各具特色的方案期初或许是由不同工匠发明的，或许是同一名工匠在不同时期发明的。相同、相异的方案还可以汇合在一起，产生更为复杂的画面。"④无论是遵照格套依样画葫，还是

---

① 邢义田.格套、榜题、文献与画像解释：以一个失传的"七女为父报仇"汉画故事为例[M]//第三届国际汉学会议论文集：中世纪以前的地域文化、宗教与艺术.台北："中央研究院"历史语言研究所，2002：200-201.
② 据邢义田先生考证，最早讨论到汉画格套的学者应当是霍尔德·劳费尔，1912年他在《通报》上发表一篇文章 Five Newly Discovered Bas-Reliefs of the Han Period，讨论新近发现的五件汉画的文章，认为它们都是工匠依据固定的图式制作出来的。参见：邢义田.画为心声：画像石、画像砖与壁画[M].北京：中华书局，2011：141（注释10）.之后，中国学者也提出"汉画制作大量使用模板"一说，详参：戴应新，魏遂志.陕西绥德黄家塔东汉画像石墓群发掘简报[J].考古与文物，1988（5-6）：251-262.
③ 顾森.中国绘画断代史 秦汉绘画[M].北京：人民美术出版社，2004：277.
④ 巫鸿.古代墓葬美术研究：第2辑[M].长沙：湖南美术出版社，2013：157.

在传承中求新求变，都体现出工匠在以图仿文过程中的自主性、创造性和探究性，仅从"完璧归赵"这一图例来看，说明至少在和帝刘肇时，人们已经着手探索图像叙事的奥妙了。

三、文本到图像：图像意义的分化

以历史故事为题材的汉画，有的出现在墓前阙楼上，有的出现在地下墓室中，但更多的是刻绘在祠堂内，其中尤以山东嘉祥武氏祠所刻历史故事群像最为学者珍视，这些画像绝大多数都可以从经史文本中找到相应情节，宣扬着儒家以"忠、孝、节、义"为代表的伦理道德。正如《鲁灵光殿赋》所载："图画天地，品类群生。杂物奇怪，山神海灵。写载其状，托之丹青。千变万化，事各缪形。随色象类，曲得其情。上纪开辟，遂古之初。五龙比翼。人皇九头。伏羲鳞身，女娲蛇躯。鸿荒朴略，厥状睢盱。焕炳可观，黄帝唐虞。轩冕以庸，衣裳有殊。下及三后。淫妃乱主。忠臣孝子，烈士贞女。贤愚成败。靡不载叙。恶以戒世，善以示后。"然而对于"长就幽冥则决绝，闭圹之后不复发"的地下墓室而言，这里是藏匿亡者躯体的封闭空间，因此诫示的对象不复存在，若仍以"恶以戒世，善以示后"的精神功用去诠释墓室中的历史故事图，恐怕有些牵强。

汉代墓葬建筑中反复出现的"完璧归赵"图，出现频次之高、分布地域之广，说明这一图像题材绝非工匠的偶然之作，而是形成了具有原型性和普遍性的图像叙事主题。其中，有14幅"完璧归赵"图被安排在地下墓室。在文学作品中，蔺相如举璧睨柱的壮举象征着将士的抵抗、勇武之力，这种精神品格与儒家温柔敦厚的人格理想、与追求"安逸和谐"的墓室氛围格格不入。这一矛盾，似乎说明墓室中"完璧归赵"图与经史故事的本义背离，产生了意义的分化。若要解读"完璧归赵"图的真正涵义，我们就必须回到这一单元图像的"原境"中，即通过恢复该图像的组织关系来找寻答案。

费慰梅先生对武氏祠画像的复原工作已经证明，祠堂中任何题材的画像都不是孤立存在，而是处于多层结构中的一层，它们总是与周围其他题材画像，甚至整个建筑空间相互关联、联成一体，共同组合成了祠堂这一和谐统一的象征性空间，墓室亦是如此。在那些保存相对完整的石室墓中，汉画内容含括了彰显墓主功业生平、奇禽异兽、升仙辟邪、历史故事等各种题材，并且不同题材依照墓葬建筑结构进行有序配置，从而为葬者构筑了一个可供灵魂栖居的、豪华奢靡的微型宇宙。然而在现阶段的图像研究中，不乏存在将墓室中具有独立意义的单元图像，尤其是那些从情节上看与毗邻的单元图像内容互不连贯、缺少前承后续的演进关系的图像，理解为拼凑式组合构图的观念，这正是忽视了对汉画"位置意义"的考量。

日本学者曾布川宽曾在《汉代画像石中升仙图の系谱》一文中认为，江苏徐州沛县栖山1号墓中椁西侧壁板外壁画像中的"车马出行图"实为"墓主升仙图"[①]，而信立祥先生对此表示怀疑，在辨析过程中他引入了画像在不同墓葬建筑环境中的位置关系研究，证明该幅"车马出行图"表现的是墓主从地下世界奔赴祠庙去接受子孙家人祭祀的场面[②]。这种对图像"位置意义"的关注，将考释汉画涵义推向更精深的层次，并且对我们研究墓室中"格格不入"的"完璧归赵"图，具有指导性意义。

墓室中的14幅"完璧归赵"图，除米脂县官庄牛文明墓M4一例刻在前室东壁左门柱之外，其余13例皆出现在墓门门楣石上或墓室内的横楣石上。看似无关大局的空间配置，实际上暗示着重要启示。正如本书第三章第三节所指出，在成熟期的石室墓中，汉画在空间配置上具有一定规律：墓门被视为沟通生死世界的临界点，墓门门楣石作为它的重要组成部分，担负着驱邪逐疫，守卫墓主灵魂的重任。因此，墓门门楣石常刻灵禽瑞兽、神话、车马出行等题材，象征着通过借助神异力量御凶辟邪，以助墓主人升入仙界。而在连接前、后两室的过梁上，墓室四壁横楣石上，画像内容通常与升仙有关——具有道德鉴戒功能的"完璧归赵"图，显然无法与上述语境相契合。我们不妨将这一单元图像还原到更大的图像系统中，去解读图像的深层意义。在图像组织关系能够被恢复的图a、图b、图g、图j、图k、图l中，"完璧归赵"图均与象征着辟邪镇墓和祈福升仙的图像元素紧密组合在一起（表4-1）。

---

① 曾布川宽.汉代画像石中升仙图の系谱[M]//东方学报：第65册.京都：京都大学人文科学研究所，1979：34.

② 信立祥.汉代画像石综合研究[M].北京：文物出版社，2000：211.

表4-1　汉画"完璧归赵"图空间配置及其象征意义

出土地	组合关系	图像元素	象征意义
崔家湾镇苏家圪坨（图 a）	墓门门楣石上层	熊、人面兽	辟邪镇墓
		灵禽瑞兽、羽人、玉兔捣药	升仙
	墓门门楣石下层	雄鹿、翼虎、朱雀	祈福、镇墓
		车马图	通往仙境或死后享用
		完璧归赵	历史故事
	左、右门柱	东王公、西王母、博山炉	升仙
		门吏	守护安宁
	左、右门扉	朱雀、铺首衔环、独角兽	辟邪镇墓
崔家湾镇苏家圪坨（图 b）	前室南壁横楣石上层	卷云纹、灵禽瑞兽、人面鸟、羽人、怪兽等	升仙、辟邪镇墓
	前室南壁横楣石下层	日月、独角兽	天界、祈福升仙
		狩猎	驱赶不祥之物或祭祀礼制
		牛车	大力、长生、辟邪或神话
		完璧归赵	历史故事
	左、右门柱	东王公、西王母、博山炉	升仙
		门吏	守护安宁
中角乡白家山（图 g）	墓室后壁横楣石上层	灵禽瑞兽、羽人	升仙
		猛兽	辟邪镇墓
	墓室后壁横楣石下层	车马出行	通往仙境或死后享用
		完璧归赵	历史故事
	左、右门柱	东王公、西王母	升仙
		门吏	辟邪镇墓
		马、家禽、牛挽犁	世俗生活

133

续表

出土地	组合关系	图像元素	象征意义
辛店乡延家岔（图j）	前室南壁横楣石上层	伏羲女娲	标识虚拟的墓室环境
		车马行列	通往仙境或死后享用
	前室南壁横楣石下层	乐舞、侍奉	死后享用或作为完璧归赵的一部分
		完璧归赵	历史故事
	左、右门柱	东王公、西王母、捣药玉兔、仙人等	升仙
		门吏、犬	辟邪镇墓
神木大保当（图k）	墓门门楣石上层	日月	天界
		穆天子会见西王母	升仙
	墓门门楣石下层	人物施礼	世俗生活
		荆轲刺秦王、完璧归赵	历史故事
	左、右门柱	灵禽瑞兽、牛首神怪、鸡首神怪	升仙
		人物对立或跽坐	世俗生活
		乐舞图	死后享用
		玄武、奔马	镇墓
	左、右门扉	朱雀、铺首、青龙白虎	辟邪镇墓
米脂县官庄（图l）	前室北壁横楣石上层	车骑行进	通往仙境或死后享用
	前室北壁横楣石下层	灵禽瑞兽、羽人、玉兔捣药	升仙
		完璧归赵	历史故事
	左、右门柱	人物跽坐或站立、舞伎、牵马图	世俗生活或死后享用
		犬鹿	祈福、镇墓

通过还原并整合汉画"完璧归赵"的图像原境，我们发现"完璧归赵"图所在的图像系统，其主题不外乎有三：一是辟邪镇墓，二是引领墓主升仙，三是供墓主死后享用。嵌刻于其间的"完璧归赵"显然不是为了彰显勇士之义，而更有可能是借勇士之力以辟邪镇墓。正如学者所论，墓室中出现的同类型"荆轲刺秦""二桃杀三士"等题材，都是为镇墓而准备的形象，"因为勇士的力量和勇敢恰恰具备了驱逐鬼怪所必须的条件。"[①] 以崔家湾镇苏家圪坨出土的杨孟元墓画像石为例进行讨论，墓门门面五石组合中，门楣石上层刻绘卷云鸟兽纹，其中灵禽瑞兽、羽人、玉兔捣药等物象勾勒出一幅缥缈神异的仙界图景，熊、怪兽等象征辟邪镇墓的神兽穿插其间；下层刻带有祈福、镇墓意义的雄鹿、翼虎、朱雀，以及带领墓主人通往仙境的车马图，"完璧归赵"图刻绘于门楣石下层中部。其下两门柱构图左右对称，分为两段，上部外侧纹饰与门楣纹饰相接，内侧上刻西王母、东王公端坐于神台之上，下刻二门吏守护安宁。门柱下部各刻一博山炉，象征仙山。左、右门扉则采用传统的"朱雀—铺首衔环—独角兽"图式，用以御凶驱邪。除陕西外，在历史题材原本就稀少的四川地区，同样出现了"完璧归赵"图与镇墓辟邪元素组合并置的情况。甚至如果我们用同类题材如"荆轲刺秦""二桃杀三士"等将之替换，也无损于门楣石整体意义的表达。这些历史题材被植入到新的视觉语境后，便不再发挥道德教化作用，它们被组织进一个看似并无关联的图像程序之中，这背后实际上隐含了图像叙事意义的转变。这与德国汉学家雷德侯（Lothar Ledderose）先生在研究中国古代艺术时所提出的"模件化"[②]概念不谋而合。在汉画图像系统中，任何一个具有独立意义的图案，都是这个系统中的一个模件，这些模件可以独立成图，也可以通过复制、叠加、并置等手段，在变化与组合中创造出更复杂的图像。当更高层次的模件包含低层次的模件时，它将主导低层次的模件涵义发生相应变化。

综上可知，在以"完璧归赵"图为重要"模件"的图像系统中，既包括

---

① 张文靖.论汉代墓室画像石中三个历史题材的辟邪镇墓功用 [M] // 中国汉画学会第九届年会论文集：上册.北京：中国社会出版社，2004：308.
② 雷德侯.万物：中国艺术中的模件化和规模化生产 [M].张总，译.北京：生活·读书·新知三联书店，2005：25.

了升仙、辟邪镇墓的内容，也包含世俗生活的内容，前者比例明显更多。在那些结构较为完整的墓室中，"完璧归赵"图常常与其他非现实性的神异形象组合并置在一起，比如灵禽瑞兽、玉兔捣药、飞天羽人等，这显然不是为了"成教化、助人伦"，更有可能是被图像语境所同化而具备了神异色彩。此时，信义之使蔺相如的道德品行被渐渐隐去，以璧击柱的躯体之猛得以凸显，蔺相如具有了如秦琼、尉迟恭一样的勇士神力，而这种神力，正是辟邪镇墓的必要条件。再观祠堂中的"完璧归赵"图，如山东嘉祥武梁祠后（南）壁，画面自上而下可分四层。第一层，自左而右刻烈女故事四则：楚昭贞姜、鲁义姑姊、秋胡戏妻、梁高行割鼻拒聘。第二层，自左而右刻孝义故事六则：休屠、李善抚孤、朱明、董永佣耕养父、邢渠哺父、伯俞伤亲年老。第三、四层画面中部上下贯通，刻一重檐双阙。第三层左段刻侍者人物图，右段刻历史故事两则：魏须贾膝行谢罪、蔺相如完璧归赵。第四层左段、右段分别刻车骑图。其中"完璧归赵"图与四周其他象征着忠、孝、节、义的历史故事图遥相呼应，它们与其文学底本传达的意义一致，生动传神地塑造了一个个道德模范典型，用以彰显礼教、垂示后人。通过比较可见，若将墓葬建筑的空间结构进行拆分，不同位置其功能的侧重点有所不同。而装饰墓葬空间的汉画被配置在不同位置时，其图像意义可能随之发生相应变化，这便是汉画艺术与墓葬建筑空间的文化契合。

第二节　图像对文本的模仿与再现

　　图像与文本，或称图像与语词的关系问题是一个古旧话题，在数千年的中华文明史中，二者始终保持着或隐或现、若明若暗的联系。作为人类最古老的两大表意符号系统之一，图像和语词以不同的方式叙述着往昔，所谓"河出《图》，天地有自然之象；洛出《书》，天地有自然之理"（《通志·图谱略》）。图像教人认识自然之形相，语词使人探求自然之法则。在文字诞生之前的远古中国，先民就已经开始使用图形符号来传达思想、沟通情感。从神农氏"结绳为治而统其事"到以烽火传递军情,从史前留存于岩石之上的"掌足之迹"再到两汉墓葬中古拙的石刻图画,都让我们依稀看到充满智慧的古人如何在文字之外巧妙叙事。

诚然,在传统叙事学领域,与时间性思维相适应的语词比图像更有优势,但这并不能否定图像的叙事功能,事实上,图与文在叙事上各有所长、各显其能。德国心理学家舒里安(Walter Schurian)的一段话或可视为图像叙事的本质及特色:"图画就是一种编了码的现实","图画总是比话语或想法以一种在时间和空间上都浓缩了的方式传输现实状况","图画在内容上比话语更为丰富"。[1] 在意义的表达上,语言文字自然要比图像更加清晰、更具指向性,却也因此在一定程度上丧失了多样性;图像自有其意义模糊的天然缺陷,它是一种"在时间上和空间上浓缩"的艺术,这意味着时间流的中断和完整空间的离析,也直接导致了图像歧义性的存在,但也正是这种歧义性,赋予了图像更为丰富和鲜活的内涵,从而给观者带来更加广阔的遐想空间。

结合上文所论,以历史故事为题材的汉画像石,可视为早期中国故事画的雏形,它以视觉符号的形式将经史文献中与"忠孝节义"等儒家伦理道德有关的经典情节图像化。在图像转译的过程中,工匠充分发挥着想象力、创造力,能动"再现""模仿"着文本情节,甚至为了满足墓葬图像系统的内在需要而对文本情节进行"改造",从而使汉画具备了内在的有机生命,最终呈现在我们面前的是"以画面构图的形式为载体并能够被视觉所感知的叙述形式"[2]。这种独特的叙述方式,依照法国社会学家塔尔德(Gabriel Tarde)的"模仿理论",便是图像对文本的模仿与再现。

一、"完璧归赵"图像与文本的互涉

画像石中表现"完璧归赵"这一历史故事题材的图像有多幅,通过将图像与文本这两种不同的叙述系统进行比较分析,能够让我们站在一个新的角度再次审视"完璧归赵"的主题内涵。经史故事"完璧归赵"的文本记载,详见《史记·廉颇蔺相如列传》,其中与汉画图像构成对应的情节为"蔺相如

---

[1] 舒里安.作为经验的艺术[M].长沙:湖南美术出版社,2005:268.
[2] 李立.汉画像的叙述 汉画像的图像叙事学研究[M].北京:中国社会科学出版社,2016:193.

持璧击柱"一段，原文摘抄如下：

……秦王坐章台见相如，相如奉璧奏秦王。秦王大喜，传以示美人及左右。左右皆呼万岁。相如视秦王无意偿赵城，乃前曰："璧有瑕，请指示王。"王授璧，相如因持璧却立，倚柱，怒发上冲冠，谓秦王曰："大王欲得璧，使人发书至赵王，赵王悉召群臣议，皆曰'秦贪，负其强，以空言求璧，偿城恐不可得。'议不欲予秦璧。臣以为布衣之交尚不相欺，况大国乎！且以一璧之故逆强秦之欢，不可。于是赵王乃斋戒五日，使臣奉璧，拜送书于庭。何者？严大国之威以修敬也。今臣至，大王见臣列观，礼节甚倨；得璧，传之美人，以戏弄臣。臣观大王无意偿赵王城邑，故臣复取璧。大王必欲急臣，臣头今与璧俱碎于柱矣！"相如持其璧睨柱，欲以击柱。秦王恐其破璧，乃辞谢固请，召有司案图，指从此以往十五都予赵。①

长于表现时间先后承续关系的语言文字往往会将立体的、同时发生的若干事件压缩成线性序列——表述，如此一来，便割裂了事件的"自然"接续。从司马迁对《史记》的叙事方式来看，他基本按照时间先后顺序对传主的生平事迹进行完整叙述，即力图遵循事件发生、发展的"自然"时序展开叙事，从而全面、真实地再现历史原貌。然而有话则长，无话则短，在具体叙事中，他又"抛开了对时间线索完整性的关注"，而是根据事件本身的重要程度，"把经历集中在最能代表传主性格特点的几件大事上，大刀阔斧地剪掉了所有与主题无关的枝枝叶叶"②，这就导致了叙事时间与历史时间存在一定差异——事件发展的客观进程和自然时序被人为破坏。他正是在文本疏密之间、在时间速度的操作中形成了简洁紧凑、张弛有度的叙事节奏。有时一日之事曲尽其详，有时寥寥数语便纵横千年。

相比《左传》《国语》"每一事不过数行，每一语不过数字"③的言简意赅，

---

① 司马迁.史记[M].北京：中华书局，1959：2440.
② 尹雪华.先秦两汉史传叙事研究[M].上海：学林出版社，2017：203.
③ 李渔.闲情偶寄[M].天津：国学研究社，1936：30.

《史记》中"蔺相如持璧击柱"这一段，发生时间不过须臾，叙事文字却多达300余字，叙事密度较高。司马迁将叙事节奏刻意放慢，以精描细刻呈现出一位机智而果敢的大臣形象。汉画"完璧归赵"，是将经史文本中的线性叙述转译成直观可感的故事图景，再现了"蔺相如持璧击柱"的惊险场面，但细观其图，又与《史记》所载文本略有出入。作者对照《史记》文本，尝试把这一段情节分解为"秦王""立柱""蔺相如""陪衬"四个单元要素，同时将之与15幅"完璧归赵"图的整体构图进行比对，于差异中一窥汉画图像叙事之微隐（表4-2）。

表4-2 汉画"完璧归赵"构图要素与《史记》文本对应情况

	单元要素	秦王	立柱	蔺相如	陪衬
文本	《史记·廉颇蔺相如列传》	1.坐章台 2.恐其破璧	1.倚柱 2.睨柱	1.持璧却立 2.怒发冲冠 3.睨柱，欲以击柱	1.美人 2.左右（之人）
汉画	图4-1：a、b	1.戴王冠 2.跽坐、双手前伸	无	1.发束高髻 2.左手举璧，右手前伸 3.下蹲状	两女子，一人着拖地长裙，一人着袿衣而舞
	图4-1：c	1.戴王冠 2.跽坐，双手前伸	斗拱柱头，柱上似盘龙	原石右段残佚，柱子右侧内容缺失	秦王身后两人戴冠着袍，持鸠杖微微躬身侧立
	图4-1：d、e、g、h、i、j、l、m	1.戴王冠着袍 2.跽坐，双手前伸，身体微微前倾	柱形弯曲（其中图4-1：h为覆盆形中柱）	1.发束高髻 2.左手举璧，右手前伸 3.下蹲状	侍者或拱手跽坐，或捧觞恭立（图4-1：l 蔺相如身后另有两仕女）
	图4-1：f	1.戴王冠着袍 2.跽坐，双手前伸，身体微微前倾，神态若"恐"，作制止状	多层斗拱立柱，弯曲貌	1.发束后拂，似怒发冲冠，似着武士服 2.左手持璧，右手执一物 3.跨步向前状	秦王身后两老者戴冠着袍，持鸠杖恭立

139

续表

单元要素		秦王	立柱	蔺相如	陪衬
汉画	图4-1：k	1.戴王冠着袍 2.面右跽坐，双臂前伸，身体微微前倾，神态若"恐"，作制止状	斗拱呈弯曲貌	1.着武士服，头顶发束后拂 2.右手执璧 3.蹲于地上	1.秦王身后一人头戴帻巾，身着红袍，略俯首站立 2.蔺相如头顶似有两只飞鸟飞过
	图4-1：n	1.着冠服佩剑 2.面右而立，一手前伸	直柱，柱上刻有榜题	1.着冠服佩剑 2.双手上举，右手擎一璧	秦王身后一侍者执笏躬立
	图4-1：o	1.戴冠着袍 2.张开双臂作制止状	位于秦王与身后侍者之间	1.戴冠着袍 2.右手执圆环物，跨步向前	一侍者躬立

　　对照文学底本，如果我们将汉画"完璧归赵"中的构图要素串联并转化为叙事上的意义联结，不难发现这些构图要素大体勾画出文本所述"蔺相如持璧击柱"这一瞬时场景。文本中出现的"秦王坐章台""相如持璧睨柱""欲以击柱"三个主要情节，在汉画中分别通过"秦王跽坐""相如面柱""相如一手持璧，一手前伸"三个动作得以体现。并且在东汉永元十五年（公元103年）陕西绥德崔家湾镇贺家湾"完璧归赵"图之后，图像中关乎"完璧归赵"主题寓意的核心元件高度雷同（这也是历史故事类汉画构图程式化的典型表现）。就图像内容而言，画像试图还原文本中故事发生的真实场景，将殿内"持璧击柱"这一瞬间相关人物的动作、神态，全部纳入同一画面，同时也兼顾了"秦王坐章台见相如""传璧以示美人及左右""秦王恐其破璧"等相关情节的视觉呈现，以期在有限的空间中展示出更加完整的内容。

　　图像对事件或情节的呈现，往往是通过"截取事件发展过程中具有一定时间性的画面"[①]来实现的，相较经史文本，汉画"完璧归赵"再现"持璧击柱"这一时间点情节时，甚至出现了许多文本中不曾提及的内容，这些内容或与图像主题意义有关，使主题更为突显周延，或是为了丰富图像视觉效果而作的增饰，它们都在一定程度上体现出图像叙述的超拔之处。就人物形象而言，文本中对秦王、蔺相如二人的形象少有描述，而15幅汉画中秦王均戴

---

① 李彦锋.岩画图像叙事的顷间性[J].艺术探索，2009（2）：68-71.

冠着袍；对于表现蔺相如的勇志，汉画中他被刻绘成身着武士服、须发倒竖的勇猛志士。

此外，陪衬人物如侍者、美人等，他们在文本中被轻描淡写一笔带过，而在图像中，他们被赋予了更多的"细节"，侍者头戴帻巾，持鸠杖、棨戟、捧牍恭立，美人则头梳垂髾髻，着拖地长裙而舞。他们作为与主题意义存在关联的次要元件，使图像主题更加明确，内容更加丰富。就场景设计而言，除了图4-1中的图a、图b、图h、图m、图n，其余画像都把情节中关键场景的柱子设计成弯曲状。这些来自不同地域、不同风格的画像对"柱"的设计如出一辙，显然不是巧合。并且，在造型上它们又与"荆轲刺秦"图，以及绥德延家岔楼阁画像中的弯曲的柱子惊人的相似。"柱子相似的形态说明它们可能同出一源，但这源头显然不是故事内在的元素，而是来自故事之外。"[1]就人物动作而言，汉画中秦王伸手欲接、蔺相如跨步向前这两项构图要素最值得关注，不仅是因为这两项构图要素无一例外地在15幅"完璧归赵"图中得到表现，而为文本所不见，更重要的是这两项构图要素之间存在叙事意义上的因果关联。根据文本所载，正是因蔺相如"持璧却立""欲以击柱"这一举动，才导致了秦王"恐其破璧"，故而伸手欲接。汉画中的秦王身体前倾，双臂前伸呈"接"的姿态，虽然文本中没有出现对秦王动作的相关描述，但构图中这一安排完全符合情节逻辑，能够将秦王"恐其破璧"之"恐"外化为仓皇之举。另一位主人公蔺相如一手持璧高举，一手前伸，下身呈跨步状向前，极力演绎出"欲以击柱"的无畏。一举一止的动作联结显示出汉画"完璧归赵"在构图上的规律性，其他构图要素也正是围绕秦、蔺二人的主位关系，在图像中找到自己应有的附属位置，共同服务于主题寓意的表达。

总而言之，上述汉画中关于人物形象、场景设计、人物动作三方面的刻绘，虽然在细节之处与文本相异，但却涵盖在情节内容之中，不仅丰富了视觉效果，同时有助于汉画在有限空间内传达出更为完整的信息，至于相如示秦王璧有瑕、秦王辞谢固请等情节，则因空间所限而被工匠刻意淡化隐去了。

---

[1] 巫鸿.古代墓葬美术研究：第二辑[M].长沙：湖南美术出版社，2013：152.

二、图像与文本的辩证关系

图文互证的结果表明，汉画"完璧归赵"的图像构成以"跽坐秦王""分割画面的立柱""蔺相如举璧跨步"为核心元件，以恭立侍者，起舞美人等为次要元件，以相对稳定的、程式化的图式结构勾勒出"举璧击柱"这一瞬时情节的大体轮廓，巧妙地再现了一个既契合于经史文献记载，又在细节之处不同于文本描述的历史场景。由于图像艺术自有其意义模糊的天然缺陷，为了尽可能消解图像的歧义性，一些牵涉文本关键情节的图像元素在历经流变之后被固定下来；而为了进一步凸显主题、丰富叙述，一些不为文本所见的、新鲜的图像元素被设计出来，显示出图像在叙述上的灵活性、自由性和变化性。并且，"完璧归赵"这一程式化又不失灵动的构图方式，已经超越了个案本身，它在很大程度上揭示出历史故事类汉画成像的一般规律。这当中涉及一个图文关系的重要问题，即图像如何在文本的"伴随"下实现叙事。具体而言，包括以下两个方面：图像的叙述如何发生；图像的意义如何"停泊"与"接力"。

首先，图像的叙述如何发生。

以视觉形式再现历史故事或神话传说，是两汉时期（尤其是东汉中后期）工匠们熟练掌握的艺术创作。随着墓葬艺术的繁盛发展，加之雕刻技艺的日趋成熟，工匠们一方面在形式上遵循着传统规范，另一方面又在构图中寻求着变化和创新。他们在不失画旨的前提下，精心选取和主题寓意有关的事件场景、人物形象，通过合理编排图像元素的主次关系和时空位置，使画面富于情节性和戏剧性，这便是此类图像叙事的发生学问题，即"画什么"，以及"怎么画"的问题。第一，"画什么"，就是要确定图像所叙述的事件，并对事件的意义进行"破译"和解释。作为具有"类语言"特征的视觉表达，汉画图像叙事研究的第一步，就是思考工匠如何从浩如烟海的经史典籍中挑选"图说"对象，并结合相关文本展开图像学解释。第二，还原图像所在的物态情境和原境信息，也就是将图像纳入一个"有意义"的图像系统之中，通过考察图像系统的组织结构，进一步分析图像潜在的本质意义或内容层。相较而言，第二步是汉画图像叙事研究的关键环节，即探讨把图像组织起来的模式或结构比探讨图像本身更加重要。因为汉画的艺术魅力正在于其"模件"与系统间的互动：它是工匠在广泛融合各种社会文化思潮的基础上，用视觉符号将象征着生命灿烂永存的神话传说、将经史文献中与"忠孝节义"等儒家伦理道德有关的经典情节转译成"图"，并将这些图像组织进一个结构严密的图像系统，喃喃低语着生命轮回的故事。

其次，图像的意义如何"停泊"与"接力"。

很少有画种能够像汉画这样与语言叙述系统保持如此密切的联系。正如朱青生先生所言，"部分汉画图像在当时是以语言的逻辑为依据和基础而显现为空间结构中的图像，或者可以说是语言的'图解'，如'射侯、射爵'图等"，各个图像在"局部构成中形成了'图像与语词'间存在一种'类对应'或'模糊对应'关系（也就是说其自始就是部分重合的、片段化语言或逻辑的图形化显现）……"[1] 汉画是具备意指作用的视觉符号系统，一部分汉画创作的重点就在于把人们所熟知的历史叙述、神话传说图像化，以直观的图形描绘来还原人物面貌或历史事件，这使得图像无可避免地渗入语词成分，带上某种"类语言"的特征。所谓"类语言"，指的就是图像与文本的互文性。汉画与文本的互文关系在形式上无非有两种，即"内在关系"与"外在关系"。所谓"内在关系"，指的是经史文本以其内容作用于图像，使图像成为某一事件或情节的视觉呈现，汉画中绝大部分历史故事和神话传说题材的图像，均属这种情况。所谓"外在关系"，指的是文字符号（如榜题、题记等）直接出现在图像中，在有限的画面中与图像共生共存，这种情况在汉画中相对少见，以武梁祠带有题记的历史故事类画像为典型。

无论是图像通过转译经史文本而获得意义的"内在关系"，还是图像内容借助文字符号得以确认的"外在关系"，都说明汉画图像意义的产生并不完全由自身决定，而是由图像与文本的互文性所建构，即"每一个图像都存在于与其'伴随文本'共同搭建起的意义网络之中"[2]。具体而言，汉画图像意义的构成可以粗略地分为三个大类：（1）对于那些参照文学底本而来的汉画来说，

---

[1] 朱青生.中国汉画研究：第五卷[M].桂林：广西师范大学出版社，2016：376.

[2] 安琪.图像[J].民族艺术，2014（4）：23-27.

图像的意义主要来自与其平行的"伴随文本",图像是文本的附庸,文本内容支配着图像,二者之间是明显的主次从属关系。(2)其中一部分图像在被纳入更大的图像系统中之后,为了满足新的视觉语境的功能性需求,它会适当对文本情节进行"改造",从而滋生出新的意义。此时,图像就不再是文本的附属,二者"互济相生,文本为图像提供描写、叙述、解释、标记,图像则为文本提供示例,在从一种符号体系转换为另一种符号体系的过程中,二者不再是各执一端甚至相互抵消的异质媒介,而是呈现出交汇与调和的关系"[①]。(3)当然,还有一少部分图像,它们并不依赖于文本,而是通过自身的视觉符号来构建意义。比如汉画中种类繁多的纹饰、代表了某种物体或现象的象征性图案等。

法国文学家罗兰·巴尔特将这种文本与图像合力构成意义的作用称之为"停泊"(anchorage)和"接力"(relay)。他认为,图像的本质是多义的(polysemous)、模糊的,在文本特定意义的协助下,图像的多义、漂浮就此定着,这就是意义的"停泊",而当图像和文本互相证成、互补共存时,意义"接力"的现象就此发生。[②] 对于汉画而言,了解图像如何"破译"文本、图像的意义"停泊"于何处,只是图像叙事研究的一个方面。若要对汉画的图像叙事问题进行更为精确、深入的思考,就必须立足于整个墓葬图像系统,进一步考察图像与文本在叙事上的交汇与调和。

三、"以文入画":图像对文本的"模仿"

《鲁灵光殿赋》中曾对灵光殿的栋宇结构及彩绘雕刻做出生动描绘:"图画天地,品类群生。杂物奇怪,山神海灵。写载其状,托之丹青。千变万化,事各缪形。随色象类,曲得其情。"这段话,可谓道出了汉画的美学品格。其中"随色象类,曲得其情"一句,李善在此处注释:《淮南子》曰"以镜视形,曲得其情"[③]。此言无意间点出了图像能体万物之情状的"反映"特点,它与西

---

① 安琪.图像[J].民族艺术,2014(4):23–27.
② BARTHES R. Rhetoric of the Image[M]// HEATH S. Image, Music, Text.New York:Noonday Press,1977:32–51.
③ 萧统.文选[M].上海:上海古籍出版社,1986:515.

方最古老的"模仿"与"再现"的艺术理论不谋而合。

公元前5世纪,一群西方哲学家对"模仿"如此定义:"模仿"意即事物外表的翻版。[①]在汉画中,包括"完璧归赵""季札挂剑""骊姬计杀申生"等在内的200余幅[②]历史故事类图像,无一不是经史文本中有关情节的图像再现,就像赵宪章先生所概括的:它们"绝大多数都已有文本语言的现成品",即其所呈现的内容,基本上是对文本的"模仿"与再现。其实,图像对文本的模仿并非古代中国艺术独有的特色,据历史学家考证,早在公元前580年,远在大西洋彼岸的一幅《珀琉斯与忒提斯的婚礼》瓶画作品,就是对古希腊诗人荷马的长篇史诗——《伊利亚特》和特洛伊战争的描绘。可见,在文字产生之后,人类从"口语时代"步入"文本时代",抽象的文字符号取代图像,成为人们记录历史和叙述事件的优先选择,图像沦为文字的"附庸",但这并不能消减图像储存记忆和叙述历史的基本功能,它依然是反映、模仿,甚至重塑世界的重要工具。

有关图像的模仿问题,国内外众多学者展开了大量探索并取得一定的理论成果。公元前4世纪,古希腊哲学家柏拉图(Plato)就曾在其《理想国》中记录了一段苏格拉底与格罗康的对话,苏格拉底将事物的制作者分为三类:神、工匠、画家。如果说神创造了本质的、真正的事物,或曰事物本身,工匠制作出具体的物品,那么画家乃是工匠制品的模仿者。这一结论,便是后来对文学和艺术影响至深的"反映论"的雏形。20世纪70年代中期,美籍中国文学研究家刘若愚先生用"宇宙→作家→作品→读者"四要素相互勾连的环形结构,阐析了艺术发生的具体过程(图4-2)。他说:"我所谓的艺术过程,不仅仅是指作家的创作过程和读者的审美体验,而且还指先于作家的创作过程和读者审美体验之后的活动。在第一阶段,宇宙影响了作家,作家反映了宇宙;基于这种反映,作家创作了作品,这是第二阶段。当作品及于读者,直接作用于读者,是为第三阶段。在第四阶段,读者对宇宙的反映因他对作品的体验而改变。这样,整个过程形成了一个完整的循环体系。与此同

---

① 塔塔尔凯维奇.西方六大美学观念史[M].刘文潭,译.上海:上海译文出版社,2006:275.
② 据作者整理,能够与经史文本相对照的画像材料约240幅,详见本书第三章表3-2.

时，因为宇宙影响读者的方面也作用于读者对作品的反映，还因为通过体验作品，他又同作家的心灵产生联系，从而在体验作家对宇宙的反映；这样，循环便向相反的方向运行，因而，图表中的箭头具顺时针和逆时针两个方向。"①

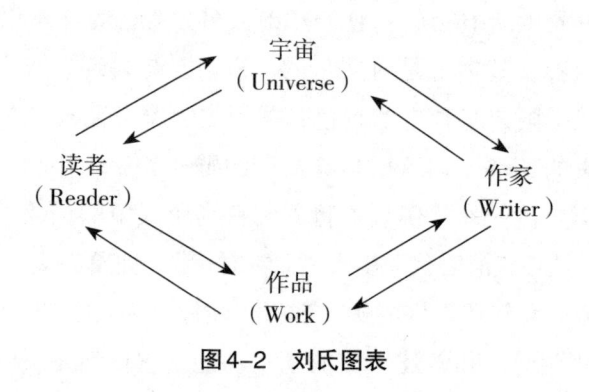

```
              宇宙
           (Universe)
          ↗        ↖
         ↙          ↘
   读者              作家
 (Reader)         (Writer)
         ↘          ↗
          ↙        ↖
              作品
             (Work)
```

图4-2　刘氏图表

在此基础上，我国图像叙事研究的先锋学者龙迪勇先生，进一步以故事画为例，深入探讨了图像对文本的模仿问题："按照古老的模仿理论，如果说故事画中的'文本'是对现实生活的模仿的话，那么其图像则是对文本的模仿，即对'模仿'的再一次模仿——模仿中的模仿；按照叙事学理论，如果说故事画模仿的文本是对现实或想象中发生的事件的叙述的话，那么故事画本身则是对已在文本中叙述过的'故事'的叙述——叙述中的叙述。"②这一观点，为我们探索汉画艺术与客观现实之间的关系，即汉画图像叙事的生发提供了理论指导。以历史故事汉画为例，其文学底本对现实世界的模仿，是第一性的；图像相对于其反映的文学底本，则是第二性的，即"反映之反映"，它是"模仿"或"再现"已经被"模仿"过的事物。不过，由于汉画是死亡与献祭的艺术，独特的属性决定了它无法与一般艺术等量齐观。因此，我们有必要在刘氏图表的基础上进行改造，使之能够适用于汉画这种特殊的艺术门类（图4-3）。

---

① 刘若愚. 中国的文学理论[M]. 郑州：中州古籍出版社，1986：12–13.
② 龙迪勇. 空间叙事学[M]. 北京：生活·读书·新知三联书店，2015：57.

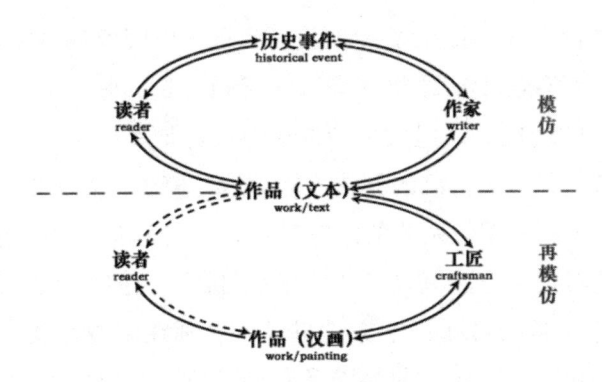

图4-3 汉画的产生:"模仿"的再模仿

　　从历史事件到文本作品,是艺术过程的第一环节,这一环节被称作"模仿"环节。在"模仿"环节中,客观世界(历史事件)感发作者,作者随之做出意识反映,将事件组织成文字,形成作品。当读者与作品相遇时,因阅读文本带来的体验而对世界产生新的认知。如此一来,艺术的过程便形成一个完整的闭环。与此同时,客观世界对读者的影响直接干预到他对作品的接受程度,并使读者以自我投射的角度去捕捉作者眼中的世界,因此这个过程具有可逆性。如果说文本是对历史事件(客观世界)的模仿的话,那么以之为底本的汉画作品,则是对文本的模仿,即"模仿"基础上的"再模仿"。从文本到图像,是艺术过程的第二环节,这一环节被称作"再模仿"环节。在"再模仿"环节中,工匠描摹的对象已然不是客观世界,而是被作家加工、"模仿"后的"拟态世界"。工匠将文本中的信息进行筛选、编排、重组,继而通过视觉语言将之图像化,制成汉画。至于观者——通常是葬者,则是在生者的主观期待中完成对图像意义的接收。因此,"再模仿"环节无法形成一个完整的回环,即观者无法反作用于文本。

　　需要强调的是,图像对世界的模仿,可以是视觉上的相似,也可以是精神上的共通。前者强调的是艺术作品与客观现实之间的"外观"联系,即图像"反映"世界;后者考虑的是模仿对象的内在组织和虚构特性,即图像"摹拟"世界或"创造"世界。[①] 无论是将"模仿"引向视觉上的相似性,还是精

---

① HALLIWELL S. The Aesthetics of Mimesis [M]. Princeton and Oxford: Princeton University Press, 2002: 23.

神上的共通性,都向我们提出了一个关键问题,即图像的"模仿"绝不是不加任何创造的、对现实生活的机械翻版。汉画也是如此,虽然绝大多数图像都已有文本语言的现成品,但大量图像史料已经证实,工匠不是跟在文本之后亦步亦趋的奴仆,他用自己的创造力能动地"模仿"着文本、"再现"着文本,甚至为了满足墓葬图像系统的内在需要而对文本进行"改造",从而使汉画具备了内在的有机生命。就以汉画"完璧归赵"为例来看,"图文不符"现象时有出现,即便是面对同一个文学母题,汉画在图像表现上也不尽相同。个中细节的增删更易、若干场景情节的巧妙并置,一幅幅不拘于常规而独具匠心的汉画作品,折射出汉人图像叙事意识的挺进,此时,他们不再是流水线上的装订工,而是一位有自觉意识的图像叙述者。

第三节 图像叙事的方式

"任何材料都适宜于叙事。"[①]所谓叙事,就是"叙述事情(叙+事),即通过语言或其他媒介来再现发生在特定时间和空间里的事件"[②]。"叙事就是讲故事,故事中总要包括一系列按时间顺序发生的事件。即叙述在一段时间之内,或者更确切地说,在一段时期间发生的事件。这段时间可能很短,如童谣。也可能很长,如长篇小说和叙事诗。"[③]由此可见,叙事是一种在特定时空中展开和完成的艺术,任何叙事,都必然包含了时间与空间两个维度。

图像和语言文字作为人类最古老的两大表意符号系统,二者都是叙事的工具,只不过在表意的功效上各有所长。从符号属性上看,语言文字是时间的艺术,它与时间性思维相适应,因此更容易反映事件前后的时间序列关系;而图像是空间的艺术,它通过线条和色彩来表现事物的外观形象,而拙于展

---

① R.巴特.符号学美学[M].董学文,王葵,译.沈阳:辽宁人民出版社,1987:108.
② 申丹,王丽亚.西方叙事学:经典与后经典[M].北京:北京大学出版社,2010:2.
③ 阿瑟·阿萨·伯格.通俗文化、媒介和日常生活中的叙事[M].姚媛,译.南京:南京大学出版社,2006:7.

现连续性情节。因此不难看出，图像与语言文字在传统叙事中"所处的境遇并非纯粹对称的"[①]，与时间性思维相适应的语言文字自然是叙事传统中的绝对主流，"图像符号构成的形象语码则因其直观再现客体的属性而在表述中居于次级地位。"并且，语言文字在传统叙事中的强势地位，导致它"容易成为范本而被模仿，因此出现了叙事性图像文本'模仿'叙事性语词文本的倾向"[②]。在这种格局下，如何突破有限空间的框架束缚，力求在静止的画面中表现时间和形象的流动，便成为图像实现叙事功能的核心问题。

本书第二章曾对图像的艺术造型进行类别划分，图像既有代表了某种物体或现象的"象征性"图像，也有与某个故事或事件相连的"叙述性"图像。所谓"叙述性"图像，美籍中国艺术史研究专家孟久丽教授从视觉艺术的角度将之定义为"与故事相关的绘画"，即那些"内容与口头或文本故事（其中有事件发生）相关，并且通过对该故事的表现而对观者产生影响的绘画"[③]。历史故事汉画"完璧归赵"当属此类。一如前文所述，它再现了《史记》中同名历史故事"相如持璧击柱"这一时间节点的惊险场景。文本中，蔺相如见秦王无意偿赵城→"持璧却立，倚柱"→怒发冲冠，语对秦王→语毕，"持其璧睨柱，欲以击柱"→秦王恐。这几个动作前后接续，在线性的时间流中依次发生。再看汉画，在十分有限的画框内，"秦王坐章台""相如持璧睨柱""欲以击柱"等情节要素被工匠从完整的时间链条中提取、定格，由此便失去了和上下文中其他人物、场景、事件的联系。与此同时，一部分情节如"相如奉璧奏秦王""相如视秦王无意偿城""语对秦王""王授璧""秦王辞谢固请"等，则因空间所限而被工匠刻意淡化隐去。因此，最终成形的汉画作品成了一个"去语境化"的存在。时间流的中断、关键场景和情节的简化，都不可避免地造成叙事断裂和图像意义模糊、漂浮不定的问题。要避免这种情况，就必须把时间因素纳入其中，即将空间时间化。

---

① 舒里安.作为经验的艺术[M].长沙：湖南美术出版社，2005：265.
② 安琪.图像[J].民族艺术，2014（4）：23-27.
③ 孟久丽.道德镜鉴：中国叙述性图画与儒家意识形态[M].北京：生活·读书·新知三联书店，2014：19-20.

一、空间中的运动创造了时间

作为汉代最为辉煌的两大艺术成就，汉画与汉赋在精神气候、审美品格上有诸多相似。但赋有铺排繁多、佶屈聱牙之弊，汉画就显得通俗许多，它既无须辨别名物，也不存在音义之障，是知觉一眼就看得到的对象，观者也不需要在时间的流动中跟随对象。尽管图像呈现在观者眼前的信息量是有限的，但知觉具有整体性特征，人们会根据自己的知识经验，充分利用想象力去填充、复原那些在画面中并没有出现的内容，从而形成整体印象。所以，人们感知到的永远比看到的更多。用德国哲学家胡塞尔（E. Edmund Husserl）的话来说，"在知觉对象的建造中进入许多紧紧依附知觉、补充知觉或实现知觉意义的空洞意向。这些意向把知觉对象变成一个现实的和意指的对象。"[1] 当看到汉画中怒发冲冠的人物形象时，我们能够感受到他的悲愤情绪；看到栖息于阙、榭，或是屋顶的玄猿，我们感受到盛行于战国秦汉时期养生术影响下的升仙企盼[2]；看到"完璧归赵""泗水升鼎"等故事图像，我们眼前仿佛铺开了一幅幅因果链完整的历史画卷；等等。那么，在知觉构建的过程中，"时间"起着怎样的作用？或者说，既然没有脱离时间的叙事，那么汉画是如何在空间中表现时间的？

"使绘画空间获得活力的时间多少应该属于绘画的结构"，"时间只有以运动的方式间接地参与才有可能"。"换言之，如果绘画空间作为一个有结构、有方向性的空间呈现于我们，在这空间中某些特殊线条构成轨迹，同时这些轨迹不像是运动的惯性残余而是相反，像是孕育着一种它们在不动中完成的运动的话，那么，绘画空间就一定会实现时间化。"[3] 显然，画面中的运动因素决定了图像空间与时间的联系性。就以汉画来说，我国艺术史研究专家常任侠先生曾在《东方艺术丛谈》一书中这样评价汉画："汉代的艺术劳动者，为了适应封建社会的需要，曾创造出不少伟大的作品，其最著名如山东嘉祥武梁祠，孝堂山郭巨祠，两城山画像，沂南汉画像等，规模都相当大，而且创

---

[1] 米·杜夫海纳.审美经验现象学[M].北京：文化艺术出版社，1992：312.
[2] 曹建国.汉画像"玄猿登高"升仙含义释读[J].文史哲，2018（1）：89-103.
[3] 米·杜夫海纳.审美经验现象学[M].北京：文化艺术出版社，1992：314.

作的内容与方法，较之过去的艺术，都有很大的发展。……在构图方面，如武梁祠画像中的海上诸神战斗，空际主神战斗的场面，云奔海立，幻怪恣肆，变化纷聚，不可端倪。又如荆轲刺秦、豫让吞炭、程婴救孤、专诸进馔等故事画，人物显出强力而紧张，反映出封建社会旺盛期的雄劲气概。"[1] "云奔海立""幻怪恣肆""变化纷聚""人物强力而紧张"正是汉画富于动感的表现。不同于以静为美的水墨画，以表现人物活动为主要内容的汉画像石以"动"为特征：严整排列的车骑队伍驱使奔驰、驾雾腾云的神仙灵怪尽显缥缈、怒目圆睁的勇士激烈昂扬……工匠力求动感的艺术匠心在汉画中表现得淋漓尽致。

汉画中的运动是囿于不动中的运动，是一种"静止不动的、但趋于展开的、由静到动的运动"[2]。工匠在构思画面时，十分巧妙地将流动的时间凝结成一个个瞬间的点，好比截取了全部运动中各个阶段的某一间歇，虽然运动在静止的画面中被定格下来，但这一间歇仍然保留着运动的一些余波。这种把运动"固定"下来的方式反而使运动更加出色，只不过这种难以被察觉的运动很少在我们身上唤起对时间过程的感觉。为了进一步阐明运动如何将时间纳入空间之中，我们以陕西四十里铺镇"完璧归赵"图（图4-1：f）为例来进行演示。

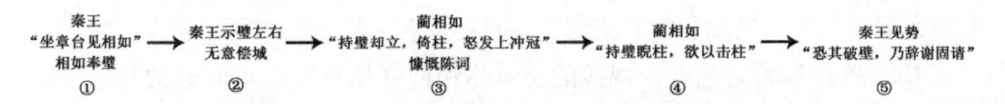

图4-4 文本"蔺相如持璧击柱"的时间段落

《史记》中，与汉画"完璧归赵"图像内容相对应的文本是"蔺相如持璧击柱"一段，该段情节可细分为五个先后的时间段落（图4-4）：①秦王坐章台见相如，相如奉璧；②秦王示璧于左右，而无意偿赵城；③蔺相如慷慨陈词；④蔺相如"持璧睨柱，欲以击柱"；⑤秦王恐其破璧，辞谢固请。而汉画

---

[1] 常任侠. 东方艺术丛谈：上编[M]. 上海：新文艺出版社，1956：75.
[2] 米·杜夫海纳. 审美经验现象学[M]. 北京：文化艺术出版社，1992：317.

"完璧归赵"在时间点的处理上与此不同，它并非依照线性时间次序，而是把文本中的①⑤，③④重新组合，重点刻绘了人物的动作、神态：蔺相如发束后拂，似怒发冲冠；大张的口仿佛据理力争；他高举玉璧，玉璧上的绶带因动作迅猛而高高飘起；下身呈奔跑状，似乎下一刻就与玉璧俱毁于柱。从情绪爆发到动作生成，连贯且充满了戏剧性。而柱左的秦王此刻因蔺相如贸然之举，又恐又惊，双手忙不迭前伸欲接。为了使画面呈现出一定的结构性，工匠巧妙借用关键场景：柱子的分隔作用，把发生在不同时间的场景并置于左右，从而延伸了时间的进程。所以说，这幅汉画刻绘的并不是情节中的某一个瞬间，而是一个时间段中两位故事主角相继发展的一系列动作的叠加：工匠把不同瞬间的动作提取出来，然后把它们并置在一个有结构、有方向性的平面中。

"提取"必然伴随着"舍弃"，画面中那些被工匠刻意淡化、隐去的情节，是否会造成叙事断裂？答案是否定的。虽然被提取的瞬间动作对于时间流而言只是一个个极其短的点，但汉画的魅力正在于，构成图像的基本元件都具有走向某种象征意义的趋势，静止的画面蕴含着急于让观者看到"全部"的迫切性。动作的定格并不意味着意义的中止，动作构成的轨迹意指丰富、耐人寻味，像是在不动中孕育着运动，是图像在空间中实现时间化的关键。如此一来，这些定格的"点"就可以扩展为"面"，即瞬间动作中可以被发现的信息总量。[①] 只不过我们很难察觉到这种运动背后携带的时间感罢了。

从"观者"的角度看，视线的交互作用同样填补着叙事断裂的缺憾。所谓视线交互，是指"在观者对图像观看的过程中，图像经过光线的反射由外而内置入观者的眼睛，同时观者的目光还有向外的一个投射。图像与观者目光视线的交互，阐释的是图像理解的完成机制"[②]。观者视线的投射往往伴随着心中的某种欲念（如追思怀远、如躬身自省等），通过观看图像寻找与自我心理欲念契合的因素，从而求得自身的心理慰藉。脱胎于经史文本的历史故事类汉画，或许在工匠"模仿"文本的过程中由于完整的情节链被截断、破

[①] 龙迪勇. 图像叙事：空间的时间化[J]. 江西社会科学, 2007（9）：39-53.

[②] 王林生. 图像与观者：论约翰·伯格的艺术理论及意义[M]. 北京：中国文联出版社，2015：47.

坏而形成叙事断裂，存在"意到笔不到"的意义空白，但正是缘于这一空白，观者才能够将想象投射在图像上。面对图像中被割裂的时空，观者在自我欲念或既有心理图式的影响下，从不同角度将这些时空碎片进行连接，从而在头脑中对缺失的内容进行补足。可以说，视线的交互，是观者心理预期与图像意义的协调，在协调的过程中，意义的空白得以填补，断裂的叙事得以重接。

二、"顷刻"的营造

文本阅读"要求一个伴随时间的、连续的经验事件的过程"[①]，而图像阅读时视觉经验的活动无须依赖时间的连续过程，在一瞬间就可以完成，它能够"使读者在瞬间把握整个故事情节，无须重新沉浸在叙事的时间之中，使阅读主体与阅读客体保持着'超然态度'"[②]。然而，因叙事媒介所限，图像通常只能描绘出故事的一个场景，为了使信息尽可能从有限的画幅中释放出来，工匠往往会挑选人物系列动作中最耐人寻味的、最具想象空间的"片刻"进行"模仿"，这便涉及图像如何"出相"的问题。

自20世纪下半叶始，众多海内外汉画研究者纷纷将视野聚焦于文献之考证、图像之阐释，而较少在"图""文"对照的基础上对汉画的"出相"问题展开深入探讨。我国历史学家刘敦愿先生是较早关注图像定位的研究者之一。1990年，他发表了《中国古代绘画艺术中的时间与运动》[③]一文，文章中他列举了奔马、弋射场面、舟战"对撞"、神医扁鹊针脉并举、汉画车马出行图等10例绘画作品，阐释了中国古代民间绘画中的时间与运动问题，并简要探讨了绘画作品如何表现运动中的"一顷刻"。这篇文章，首次将汉画的定位问题，即关于汉画在文本情节的哪一处"出相"的思考提上日程。德国文艺批评家莱辛（Gotthold Ephraim Lessing）在论述诗画关系时提出的"顷刻"论，为我们提供了一个可供借鉴的理论依据。在《拉奥孔》一书中，他谈及了绘画创作中的一个重要课题："绘画在它同时并列的构图里，只能运用动作中的

[①] 麦茨.凝视的快感：电影文本的精神分析[M].北京：中国人民大学出版社，2005：5.
[②] 麦茨.凝视的快感：电影文本的精神分析[M].北京：中国人民大学出版社，2005：5.
[③] 刘敦愿.美术考古与古代文明[M].北京：人民美术出版社，2007：49.

某一顷刻，所以就要选择最富于孕育性的那一顷刻，使得前前后后都可以从这一顷刻中得到最清楚的理解。"[1]莱辛对造型艺术的创见，同样适用于汉画图像的视觉表达：不同于文本中连续发展的情节，汉画中，流动的时间仿佛被凝结成一个个瞬间的点，人物的运动总是以"不动"的状态呈现出来。若要在静止的画面中表现出时间和形象的流动，仅仅截取运动中的某一间歇是远远不够的，这一间歇，必须是全部动作中最耐人寻味、最能激发想象、产生最大审美效果的片刻。也就是说，工匠在创作汉画时，必须把他的"再模仿"集中于"最富于孕育性的顷刻"。

所谓"最富孕育性的顷刻"，莱辛进一步解释道：就是故事高潮来临之前的时刻，这一时刻"是可以让想象自由活动的那一顷刻。我们愈看下去，就一定在它里面愈能想出更多的东西来。我们在它里面愈能想出更多的东西来，也就一定愈相信自己看到了这些东西。在一种激情的整个过程中，最不能显出这种好处的莫过于它的顶点。到了顶点就到了止境，眼睛就不能朝更远的地方去看，想象就被捆住了翅膀。因为想象跳不出感官印象，就只能在这个印象下面设想一些较软弱的形象，对于这些形象，表情已达到了看得见的极限，这就给想象划了界限，使它不能向上超越一步"[2]。汉画中的叙述性图像，有很大一部分都符合莱辛的艺术主张，比如"荆轲刺秦"图、"完璧归赵"图、"二桃杀三士"图以及"曹子劫持齐桓公"图等，悉数将图像定格在"不到顶点"之处。以汉画"完璧归赵"图为例，虽然没有什么定规要求工匠必须据此来表现历史故事"瞬间精华"的时机，但15幅"完璧归赵"图无一例外截取了"蔺相如持璧击柱"这个时间断面，这绝非巧合，更不是工匠随意选择的结果，而是一个精心策划的过程，工匠必须预先决定好他将保留哪些最具艺术表现力的瞬间，摒弃什么瞬间，只有这样，才能设计出暗示故事发展脉络的最优方案，才能使观者在极具戏剧张力的画面结构中体验"戛然而止，却悠然而长"的视觉快感，从而实现图像叙事的功能。蔺相如持璧击柱这一画面，就是事件高潮来临之前的顷刻描绘，工匠把完整的情节过程压缩在这

---

[1] 莱辛．拉奥孔[M]．北京：人民文学出版社，1979：16.
[2] 莱辛．拉奥孔[M]．北京：人民文学出版社，1979：18-19.

第四章 单元图像的叙事形态

一富于生发性的时刻，通过人物的动作联结，显示出人物之间剑拔弩张的智力决斗，也预示着秦王"辞谢固请"的妥协，使人联想到事件的过去、当下和未来，图有尽而意无穷。对于"不到顶点"的"孕育性顷刻"所带来的审美体验，我国学者多有评述，钱钟书先生曾指出：画家不可以故事的"顶点"场景为描绘对象，因为"顶点"意味着事情的演展已到尽头，再没有"生发"的余地了，"画故事不要挑选顶点或最后景象的道理，中国古人也已了解。"①

王伯敏先生亦有同感，在论及画像石表现特点时，他以山东嘉祥武氏祠、四川乐山麻浩享堂"荆轲刺秦"图，沂南"百戏"图，山西"农耕"图，四川成都"弋射"图、"收获"图等为例，说明汉画像石善于借用艺术的夸张手法表现情节发展的高潮，并认为这种手法在于"作者对取势与布局的认识"②。对此，邓乔彬先生进一步分析到："高潮"是至于"顶点"之前的、具有"生发性"的瞬间动作，夸张的形体变化中蕴含的正是力求表现运动的艺术匠心。③

上述这些观点，道出了审美认知的一条重要规律：人的审美兴趣最浓厚的时刻，就在对事物知与未知之时。一无所知和真相大白都谈不上兴趣，冲突的欲决未决之时，认知的知与未知之间，兴趣最为浓烈，想象最为自由。期待之焦灼，兴会之酣畅，运思之活跃，确实莫过于此刻。④然而，用莱辛的"顷刻"论去概括所有的汉画图像，恐怕是不合适的。一方面：汉画是中国古代叙述性图像的雏形，既有"类语言"特征，又有道德鉴戒的礼制属性，因此在表达方式上它与莱辛所讨论的西方造型艺术明显不同。另一方面，莱辛将绘画作品中"最富孕育性的顷刻"单一地归结为事件高潮来临之前的顷刻，未免有些局限。

我们回顾两汉400年间的地下墓葬中的绘画，不难发现，数百幅以历史故事为题材的汉画在由"文"转"图"的过程中所选取的"顷间"，各有侧重和差异。有一部分图像，选择将"顷间"定格于事件发展的高潮之后。比如

---

① 钱钟书.读《拉奥孔》[M]//旧文四篇.上海：上海古籍出版社，1979：40，42.
② 王伯敏.中国绘画通史：上册[M].北京：生活·读书·新知三联书店，2008：110.
③ 邓乔彬.邓乔彬学术文集：第八卷[M].芜湖：安徽师范大学出版社，2013：113.
④ 陈文忠.文学美学与接受史研究[M].合肥：安徽人民出版社，2008：73.

"骊姬计杀申生"图、"季札挂剑"图等，图像描绘的都是故事"顶点"之后的结局。以嘉祥宋山1号墓2号画像石第三层"骊姬计杀申生"图为例：画面左侧三位男子站立，一男子跪坐，手持一条状物，似刀，当为晋国太子申生。对面一人躬身站立，应是晋献公，二人之间一只死犬置于地上。晋献公身后一女子一儿童侧立，女子当是骊姬。该图所绘故事可见《左传·僖公四年》：

> 初，晋献公欲以骊姬为夫人，卜之，不吉；筮之，吉。公曰："从筮。"卜人曰："筮短龟长，不如从长，且其繇曰：专之渝，攘公之羭，一薰一莸，十年尚犹有臭，必不可。"弗听，立之，生奚齐。其娣生卓子，及将立奚齐，既与中大夫成谋。姬谓太子曰："君梦齐姜，必速祭之。"太子祭于曲沃，归胙于公。公曰："姬寘诸宫。"六日，公至。毒而献之。公祭之地，地坟。与犬，犬毙。与小臣，小臣亦毙。姬泣曰："贼由太子。"太子奔新城。公杀其傅杜原款。或谓太子："子辞，君辩焉。"太子曰："君非姬氏，居不安，食不饱。我辞，姬必有罪，君老矣，吾又不乐。"曰："子其行乎？"太子曰："君实不察其罪，被此名也以出，人谁纳我？"十二月戊申，缢于新城。姬遂谮二公子，曰："皆知之。"重耳奔蒲，夷吾奔屈。①

上图所绘正是晋献公以胙喂犬，犬食毒而死的场面。晋献公身后的妇女儿童当为骊姬和奚齐，犬左侧执刀人似为太子申生拔剑自尽。对照文本，图像中食毒而死的犬、刎颈申生，都显示出故事已经发展到"顶点"之后，随着太子申生缢于新城，这一阴谋事件缓缓落下帷幕。直接将事件结果呈现出来，意味着谜底被揭开，就像莱辛所说的那样：这一时刻就是"止境"，"眼睛不能朝更远的地方去看"，这就给想象"捆住了翅膀""划了界限，使它不能向上超越一步"。这或许不是莱辛所定义的最具包孕性的决定性瞬间，但图像呈现的意义直截了当，内容最丰富，信息量最大，充分表现出汉画实用性大于艺术性的一面。

---

① 杜预.春秋左传正义［M］//阮刻十三经注疏本.北京：中华书局，1980：1793.

总而言之，对于历史故事类汉画而言，虽然工匠只有一个瞬间，但他既可以选择事件高潮来临之前的"最富孕育性的顷刻"，以激发观者兴趣；也可以选择故事顶点之后的瞬间，以还原真实。从审美功能来看，莱辛"孕育性顷刻"的真正内涵其实在于激发观者的想象，这一顷刻位于事件"顶点"之前或之后，都各有其妙处。工匠对"顷刻"灵活自如地选择，本质上是对流动的时间进行捕捉和思考，即如何把时间的厚度压缩、定格在一个有限的画框之中，好让观者既能沿图溯源，追想前因，又能咀嚼情节曲折的奇趣兴味，还能准确无误地解读图像传达的情感内涵。并且，当他们伫立在一块块平板的石板前，在流动的时间中做出选择时，他们就已经掌握了图像叙事的基本技巧了。

结　语

很少有画种能够像汉画这样与语言叙述系统保持如此密切的联系。正如朱青生先生所言，"部分汉画图像在当时是以语言的逻辑为依据和基础而显现为空间结构中的图像，或者可以说是语言的'图解'"，一部分图像"局部构成中形成了'图像与语词'间存在一种'类对应'或'模糊对应'关系"。以历史故事为题材的汉画像石，"绝大多数都已有文本语言的现成品"，即其所呈现的内容，基本上是对经史文本中的历史故事或神话传说进行"模仿"与再现。本章即以散落在山东、陕西、四川三地的15幅"完璧归赵"图为专题研究对象，按照其所属年代进行排列、比较，我们得以大体勾勒出这一图像粉本的演变过程。从公元96年的杨孟元墓，到东汉晚期的濮岩寺石室墓，百余年间，汉画"完璧归赵"的图像演变证实了美国汉学家霍尔德·劳费尔关于汉画存在"固定的图式"的猜想。而中国学者邢义田先生对汉画"格套"的解析，进一步说明汉画像石在图式结构上的"格式化"特征。格套有一定的规范作用，它为汉画在丧葬市场的生产与流通提供了方便。但格套也不是固定不变的形式框架，它"允许相当程度形式甚至内容的变化"。对比15幅"完璧归赵"图的差异之处不难看出，高明的匠人完全可以在不失画旨的前提下，将构成图像的基本元件进行拆分、重组，以求用有限的资源创造出变幻无穷的视觉感受，这便体现出汉代工匠图像叙事意识的萌芽。

以"完璧归赵"这一图像个案为研究对象固然能够在纵深层面上解读汉画所折射出的历史实景、艺术精神和文化内涵，但同样也存在着肢解，甚至破坏作为一个统一整体的墓葬图像系统的风险。汉画中的任何一个具有独立意义的图像，都可视为墓葬图像系统中的一个模件，这些模件可以独立成图，也可以通过复制、叠加、并置等手段，在变化与组合中创造出更复杂的图像。当更高层次的模件包含低层次的模件时，它将主导低层次的模件涵义发生相应变化。通过恢复"完璧归赵"图在墓葬图像系统中的组织关系，我们赫然发现这一主题常常和其他非现实性的神异形象组合并置在一起。就祠堂画像而言，"完璧归赵"图与四周其他象征着忠、孝、节、义的历史故事图遥相呼应，它们与其文学底本传达的意义一致，生动传神地塑造了一个个道德模范典型，用以彰显礼教、垂示后人。而在墓室中，它被纳入一个充满了神异色彩的图像系统中。为了满足这一新的视觉语境的功能性需求，它与经史故事的本义背离，而滋生出新的意义。信义之使蔺相如的道德品行被渐渐隐去，以璧击柱的躯体之猛得以突显，蔺相如具备了同秦琼、尉迟恭一样的勇士神力，而这种神力，正是辟邪镇墓的必要条件。事实上，"完璧归赵"图并非特例，汉画中"荆轲刺秦""二桃杀三士"等历史故事图像，都出现了类似的图像配置。这些历史题材被植入新的视觉语境后，便不再发挥道德教化作用，它们被组织进一个看似并无关联的图像程序之中，这背后实际上隐含了图像叙事意义的转变。

当我们将图像与文本这两种不同的叙述系统进行比较时，不仅能够站在一个新的角度再次审视"完璧归赵"的主题内涵，同时也能够以一种以点带面的方式揭示中国早期叙事文学与叙事图像之间的微妙互动。汉画"完璧归赵"是将经史文本中的线性叙述转译成直观可感的故事图景，再现了"蔺相如持璧击柱"的惊险场面，但细观其图，又与《史记》所载文本略有出入，具体表现在：工匠刻意淡化隐去了"相如奉璧奏秦王""相如视秦王无意偿城""相如示秦王璧有瑕""秦王辞谢固请"等情节，而着意于刻绘人物的外貌、动作以及场景。这些内容或与图像主题意义有关，使主题更为突显周延，或是为了丰富图像视觉效果而作的增饰,它们都在一定程度上体现出图像叙述的超拔之处。图文互证的结果表明,以视觉形式再现历史故事或神话传说,是两汉时期工匠们熟练掌握的艺术创作。随着墓葬艺术的繁盛发展,加之雕刻技艺的日趋成熟,工匠们一方面在形式上遵循着传统规范,另一方面又在构图中寻求着变化和创新。他们精心选取和主题寓意有关的事件场景、人物形象,通过合理编排图像元素的主次关系和时空位置,使画面富于情节性和戏剧性,这便是此类图像叙事的发生学问题。

毋庸讳言,图像是一种"在时间上和空间上浓缩"的艺术。"去语境化"是它的重要特征之一,这导致它在叙事方面存在天然缺陷。若要实现叙事功能,就必须突破有限空间的框架束缚,在静止的画面中表现出时间和形象的流动,也就是说将空间时间化。图像中时间的呈现方式主要有两种,其一,空间中的运动创造了时间,即画面中的运动要素决定了图像空间与时间的联系性。"如果绘画空间作为一个有结构、有方向性的空间呈现于我们,在这空间中某些特殊线条构成轨迹,同时这些轨迹不像是运动的惯性残余而是相反,像是孕育着一种它们在不动中完成的运动的话,那么,绘画空间就一定会实现时间化。"[①] 其二,"顷刻"的营造。中国传统故事画的画面构成往往是事件发展过程中某一顷刻的定格,但这一顷刻不是随意选择的结果,而是一个精心策划的过程。画家必须在流动的时间中选择一个"最耐人寻味、最能激发想象、产生最大审美效果"的时刻,即"最富于孕育性的顷刻",才能设计出暗示故事发展脉络的最优方案,才能使观者在极具戏剧张力的画面结构中体验"戛然而止,却悠然而长"的视觉快感,从而实现图像叙事的功能。

综上所述,叙事是动态的时间艺术,汉画是静态的空间艺术,在赋予了有限的空间以时间性之后,汉画所呈现的,就不仅仅是政治、宗教、伦理的价值观念了,而是一种颇具文学色彩的叙事行为。图与文之间有合有悖,图与图之间有格套有变体,都折射出汉人图像叙事意识的挺进。对这一问题展开研究,不仅有助于探索早期中国叙述性绘画的图像构成,也为后来兴盛于晚清时期的小说插图提供了理论依据。

---

① 米·杜夫海纳.审美经验现象学[M].北京:文化艺术出版社,1992:314.

159

第五章

复合图像的叙事形态
——以横额石"车马出行"图为例

在以文本为重点研究对象的传统叙事学中,"叙事被认为是一系列事件按照因果关系组合成的一条线,这条线包含了开端、发展和结尾三个必要因素。"[①]文本叙事的线性特征早已为学界所证实,而叙述性图像的出现打破了这种线性模式。虽然人们对叙事中心含义的解读未曾改变,但当情节发展从传世文献转移到墓葬石刻中时,非线性叙事结构便呈现出来。汉画中单元图像的叙事主要是通过"最具孕育性顷刻"的营造来完成,工匠在有限的画框中,预先决定好他将保留哪些最典型的、最富有表现力的瞬间,并对这些不同瞬间的动作进行定格、并置、重组,以规划出暗示故事发展过程的最优方案,使观者在极具戏剧张力的画面结构中了解某一故事情节,从而达到单维叙事的目的。而复合图像是更为繁复的视觉表达,它描述了许多同时发生的事,若各图像要素编排得当,主题统一,不仅能使图像具备一定的容量和气势,还能使观者在脑海中勾勒出一个连贯而完整的艺术图景,从而达到多维叙事的效果。

有关汉画单元图像的叙事模式,学界已多有论列,基本认同莱辛"顷刻说"的理论适用性,但复合图像的叙事机制则鲜有论说。本章即以汉画石墓中刻绘在横额上的113幅"车马出行"图为例,一方面还原图像所在的物态情境和原境信息,另一方面整理其构图类型、分析其图像结构,通过借鉴叙事学相关理论,简要分析汉画复合图像的表意模式与叙事机制,以助学者思辨。[②]

---

① J.希利斯·米勒.解读叙事[M].申丹,译.北京:北京大学出版社,2002:46.
② 张洁.汉画像石复合图像的表意模式与叙事机制[J].美术文献.2023(5):2-6.

第一节　横额石"车马出行"图概况梳理

作为汉墓中最常出现的图像内容,"车马出行"图一直以来都是汉画研究者重点关注的对象。近年来,随着研究的不断深入,各学科对"车马出行"图的研究逐渐从车马形制的史学考证转移到艺术功能层面的图像学分析。例如,有的学者认为墓室中"车马出行"图的主要功能在于反映墓主的人生经历,或是描绘了墓主前往祠堂接受祭祀的场面。[1] 也有部分学者认为,"车马出行"图并不具有特别的意义,它们不过是根据一些定型的格套制作且为造墓者所用,主要起着装饰作用的图像而已。[2] 其实,当我们将研究的视野拓展到整个墓葬图像系统,即恢复图像的视觉语境,很容易就能发现"车马出行"图绝不仅仅是以装饰为用的程式化雕琢,它们往往与毗邻的图像单元紧密相连,共同为墓葬空间整体意义的建构服务。

一、图像整理

据学者黄永飞统计,在目前已发现的264座墓室形制相对完整的画像石墓中,有75座刻有车马出行图。[3] 依作者整理所见,这些车马出行图不限某一地域而广泛分布于河南南阳、陕西米脂、山东沂南、山西离石等地,年代可从西汉末期延伸到东汉晚期,且以配置在横额处(包括墓室前室或中室门额、横梁以及墓门门额)最为常见。受建筑结构所限,墓室横额画像的版式比较固定,一般以横式矩形为主,也有少量梯形,例如山西离石石盘村汉画石墓6号石(前室南壁横额)外侧[4],还有江苏睢宁县九女墩汉墓中的一幅后

---

[1] 信立祥. 汉代画像中的车马出行图考 [J]. 东南文化, 1999(1): 47–63.
[2] 岳翔,李传兴,黄永飞. 安徽宿县褚兰汉画像石墓研究 [J]. 郑州航空工业管理学院学报(社会科学版), 2013(32): 160–163.
[3] 黄永飞. 汉代墓葬艺术中的车马出行图像研究 [D]. 北京: 中央美术学院, 2009.
[4] 王金元. 山西离石石盘汉代画像石墓 [J]. 文物, 2005(2): 42–51.

室门额画像，其画面呈半圆形①。目前，学界对横额画像内容的研究比较全面，广大学者从考古学、文献学、历史学、民俗学等不同角度出发，对画面中常见的珍禽异兽、神灵祥瑞等图像元素的文化内涵进行了充分挖掘。然而，这种基于图像学的个案专题分析在研究方法上存在着割裂墓葬图像系统整体性的缺陷。正如前文反复强调：汉画是不可分割的意义整体。在具体研究过程中，以单个横额石为研究对象，或是对题材相同的系列横额石进行比较研究，都忽视了横额画像与其所在墓葬建筑结构以及与其他画像之间的意义联结，可能存在"诠释过度"或"偏向诠释"的危险。只有还原横额石的图像原境，恢复画像在墓葬图像系统中的组织关系，才能避免以偏概全，从而准确地归纳以横额画像为典型的复合图像的叙事内涵。

在汇总、整理了全国各地出土的横额"车马出行"图之后，作者以出土地、年代、位置关系、图像内容以及图像复原情况②为字段，统计如下（表5-1）：

表5-1 汉画"车马出行"图统计表

出土地	文化年代	位置关系	图像内容	复原情况
河南南阳市王庄汉墓	东汉	主室横楣石正面	车马行进图	是
河南南阳市王庄汉墓	东汉	主室东壁北侧假门门楣石背面	上刻三角形纹，下刻车马行进图	是
河南南阳唐河县针织厂汉墓	东汉早期	墓南门门楣石背面	原称《记里鼓车》图，车马行列中有一鼓车，一人执桴击建鼓	是
河南南阳唐河县针织厂汉墓	东汉早期	墓北门门楣石背面	车马行进图	是
河南南阳唐河县电厂汉墓	东汉	墓门门楣石正面	车马行进图	是

---

① 中国画像石全集编辑委员会.中国画像石全集：第四卷［M］.济南：山东美术出版社，2000：图版109.

② 所谓复原情况，是指汉画图像在原有墓葬建筑中的位置关系是否得以恢复。

续表

出土地	文化年代	位置关系	图像内容	复原情况
河南南阳唐河县电厂汉墓	东汉	墓门门楣石正面	一列车骑行列最右，刻一人物吹箫	是
江苏徐州铜山县茅村汉墓	熹平四年（公元175年）	门楣石背面	车骑出行图	是
江苏徐州铜山县茅村汉墓	熹平四年（公元175年）	中室北壁门额石	两列出行车骑相遇	是
江苏徐州睢宁县九女墩汉墓	东汉晚期	后室门额石	石刻为半圆形。桥上刻一列车马出行，桥头有称作"趹"的蹲兽，桥下有船捕鱼。画面上方还布满云气、飞仙	是
江苏邳州燕子埠缪宇墓	元嘉元年（东汉151年）	东壁横额石	残存的半幅画像中，以一座屋宇为中心，屋顶栖有珍禽异兽，右侧屋檐下刻墓志一方。墓志旁刻车马行列，似为拜谒墓主的宾客	是
江苏徐州新沂县瓦窑汉墓	公元147—167年	后室门额下部	画面漫漶，可见车马出行图	是
江苏宿迁泗洪县曹庙汉墓	东汉	横额石	画面分上下两格，上格刻祥瑞图，下格刻车马行列	否
山东泰安大汶口汶河北东汉墓	东汉	墓东、西前室之间门楣石西面	车骑出行图	是
山东临沂沂南北寨汉墓	东汉和帝—东汉末年（公元79年—220年）	中室西壁上横额石	画面分三层，上层刻云气和垂幛纹；中层刻车马出行图；下层刻三角纹	是

续表

出土地	文化年代	位置关系	图像内容	复原情况
山东临沂沂南北寨汉墓	东汉和帝—东汉末年（公元79年—220年）	中室北壁横额石西段	画面分三层，上层刻云气和垂幛纹；中层刻车马出行图及送行者二人；下层刻三角纹	是
山东临沂沂南北寨汉墓	东汉和帝—东汉末年（公元79年—220年）	中室北壁横额石东段	画面分三层，上层刻云气和垂幛纹；中层刻车马出行图，阙前有人物躬迎；下层刻三角纹	是
山东邹城看庄镇八里河村汉墓	西汉平帝时期（公元1—5年）	墓内石过梁	车马出行图	是
山东泰安大汶口镇东门外汉墓	东汉晚期（公元147—220年）	前室隔梁石西面	画面上部刻卷云纹；下部刻车骑出行图	是
山东兰陵城前村汉墓	东汉桓帝元嘉元年（公元151年）	墓门门楣石正面	画面分上下两层，上层刻祥禽瑞兽戏耍，下层刻亭长躬迎车马行列	是
山东兰陵城前村汉墓	东汉桓帝元嘉元年（公元151年）	前室西壁门楣石正面	一列车骑过桥，桥左一胡骑转身放箭；桥下绘渔船捕鱼图	是
山东兰陵城前村汉墓	东汉桓帝元嘉元年（公元151年）	前室东壁门楣石正面	画面左端刻一门亭，门半启，门内一人扶杖，一人执便面；亭有一侧门亦半启，露一人，门脊上立一瑞鸟；亭前一人捧盾躬迎车马行列，车骑上方有云鸟	是
山东日照莒县沈刘庄汉墓	东汉	墓门西侧门楣石正面	画面左端刻二人侍立，左前方设一案，一列车骑奔驰而来，车后一人双手举物跪送	是
山东日照莒县沈刘庄汉墓	东汉	前室西面过梁石南段	画面左端刻一人阙前躬立迎宾，右侧刻一列车骑队伍，另有数只飞鸟盘旋上空	是

续表

出土地	文化年代	位置关系	图像内容	复原情况
山东日照莒县沈刘庄汉墓	东汉	前室北面过梁石西段	画面上刻垂幛纹，下刻车骑出行图，车骑末端有两人跪地恭送	是
山东济南平阴县孟庄汉墓	东汉	前室西侧室门楣石正面	画面上刻卷云纹，下刻连弧纹，中部刻一人亭下持桴击鼓，一亭长捧盾躬迎车骑队伍	是
山东济南平阴县孟庄汉墓	东汉	前室东侧室门楣石正面	画面上刻卷云纹，下刻连弧纹，中部刻车骑出行图，另有数只飞鸟盘旋上空	是
山东济南平阴县孟庄汉墓	东汉	中室南门楣石背面	画面上刻卷云纹，下刻连弧纹，中部刻一卒于门亭下持桴击鼓，其后二人躬迎车马行列	是
山东济南平阴县孟庄汉墓	东汉	中室东侧室门楣石正面	画面上刻卷云纹，下刻连弧纹，中部刻车马出行图	是
山东泰安旧县村汉墓	东汉	墓门门楣石内面	画面边栏饰垂幛纹，内刻一列车骑队伍，队伍中出行猴、鱼、兽面等形象	是
山东淄博张店区湖田镇张庄村汉墓	东汉晚期	墓门横额石	画面上部刻三层纹饰，纹饰中间绘一羊头；下部刻车骑出行图	是
山西吕梁离石马茂庄村 M2	东汉桓帝、灵帝之际（公元132—189年）	南壁横额石	车马出行图	是
山西吕梁离石马茂庄村 M2	东汉桓帝、灵帝之际（公元132—189年）	西壁横额石	车马出行图	是
山西吕梁离石马茂庄村 M2	东汉桓帝、灵帝之际（公元132—189年）	东壁横额石	车马出行图；后刻植柏一株	是

续表

出土地	文化年代	位置关系	图像内容	复原情况
山西吕梁离石马茂庄村 M3	东汉桓帝、灵帝之际（公元132—189年）	门楣石	画面上部刻斜格云气纹，下部刻车骑出行图	否
山西吕梁离石马茂庄村 M3	东汉桓帝、灵帝之际（公元132—189年）	前室西壁横额石	画面上部刻云气纹，下部左侧刻车马行列，上方间有飞鸿，中部刻庑殿式建筑，右侧刻车骑行列	是
山西吕梁离石马茂庄村 M4	东汉桓帝、灵帝之际（公元132—189年）	门楣石	画面上部刻云气纹，间有瑞兽奔跑；下部刻车马出行图、射鹿图	否
山西吕梁离石马茂庄村汉墓	东汉熹平四年（公元175年）	墓门门楣石	画面分两层，上层刻蔓草状云气纹；下层左侧刻一栋屋宇，右侧刻车马出行图	是
山西吕梁离石马茂庄村 M19	东汉桓帝、灵帝之际（公元132—189年）	门楣石	画面分两层，上层刻蔓草状云气纹；下层刻车骑出行图	否
山西吕梁离石马茂庄村 M19	东汉桓帝、灵帝之际（公元132—189年）	前、后室过道上部横额	画面上部刻云气纹，下部左侧刻一座楼屋，右侧为车骑出行图	是
山西吕梁离石马茂庄村 M44	东汉桓帝、灵帝之际（公元132—189年）	前、后室过道处西侧横额	画面分两层，上层刻云气纹；下层刻车马行列穿行在树丛中	是
1993年山西吕梁离石县马茂庄征集	东汉晚期（公元147—189年）	门楣石	画面分两层，上层刻云气纹；下层刻一列车马出行，其间有植树，最右侧刻一庑殿顶房	否

续表

出土地	文化年代	位置关系	图像内容	复原情况
1993年山西吕梁离石县马茂庄征集	东汉晚期（公元147—189年）	门楣石	画面分两层，上层刻云气纹；下层刻左行车马出行图	否
山西吕梁离石县石盘村汉墓	东汉桓帝、灵帝之际（公元132—189年）	门楣石	画面分两层，上层刻卷云纹；下层刻车骑出行图	否
山西吕梁离石县石盘村汉墓	东汉桓帝、灵帝之际（公元132—189年）	前室南壁横额内侧	画面分两层，上层刻卷云纹；下层刻车骑出行图	是
山西吕梁离石县石盘村汉墓	东汉桓帝、灵帝之际（公元132—189年）	前室南壁横额外侧	画像呈梯形，刻车骑出行图	是
山西吕梁离石县石盘村汉墓	东汉桓帝、灵帝之际（公元132—189年）	前室西壁横额	画面分两层，上层刻卷云纹；下层刻车骑出行图	是
山西吕梁离石县石盘村汉墓	东汉桓帝、灵帝之际（公元132—189年）	前室北壁横额内侧	画面分两层，上层刻卷云纹；下层左侧刻一栋屋宇，右侧刻车骑出行图	是
山西吕梁离石县石盘村汉墓	东汉桓帝、灵帝之际（公元132—189年）	前室东壁横额	画面分两层，上层刻卷云纹；下层刻车骑出行图	是
1987年山西吕梁离石县石盘村收集	东汉晚期（公元147—189年）	墓门门楣石	画面分两层，上层刻蔓草状云气纹，下层刻车马出行图，车骑后有一株植柏	是
山西吕梁离石县交口镇吴执仲墓	汉桓帝时期（公元132—167年）	门楣石	画面分两层，上层刻云气纹，下层刻车骑出行图	否

167

续表

出土地	文化年代	位置关系	图像内容	复原情况
山西吕梁离石县交口镇吴执仲	汉桓帝时期（公元132—167年）	小门楣	画面分两层，上层刻云气纹，下层刻车骑出行图	否
山西吕梁离石县下水村汉墓	延熹四年（公元161年）	门楣石	石刻断成三截，上刻云气纹，下刻拥彗官吏恭迎车骑出行图，车骑之间缀以山峦、飞鸟、树木等	否
山西吕梁中阳县道棠村征集	汉桓帝和平元年（公元150年）	门楣石	车骑出行图	否
山西吕梁中阳县道棠村征集	汉桓帝和平元年（公元150年）	墓室横额石	画面分两层，上层刻云气纹，下层刻庄园、骏马、疾驰车骑行列	是
山西吕梁中阳县道棠村征集	汉桓帝时期（公元132—167年）	门楣石	画面上刻云气纹，下刻车骑出行图，车骑之间点缀以树木和飞鸟	否
陕西榆林米脂县官庄1971年M4	东汉	门楣石	画面分两层，上层刻云气纹；下层刻日月、车马出行图	否
陕西榆林米脂县官庄1981年M1	东汉	墓门面门楣石	画面分两层，上层刻卷云纹，中间两只长颈鸟相向站立；下层中部刻阁楼，左右两边两队车骑行列相向而行	是
陕西榆林米脂县官庄1981年M1	东汉	墓室前室横楣石	画面分两层，上层刻卷云鸟兽纹，下层刻人物恭迎车骑行进图	是
陕西榆林米脂县官庄1981年M1	东汉	墓室前室东壁横楣石	画面分两层，上层刻卷云鸟兽纹，下层刻车马行列图	是

续表

出土地	文化年代	位置关系	图像内容	复原情况
陕西榆林米脂县官庄1981年M1	东汉	墓室前室西壁横楣石	画面分左、中、右三栏。左、右栏为鼓形柱础、柱、斗拱。中栏自上而下分为五层。第一、第二层：迎谒图；第三层刻躬迎车骑图、车马行进图、乐舞百戏图；第四层刻卷云纹；第五层刻射猎图	是
陕西榆林米脂县官庄汉墓	东汉	墓门门楣石	画面分两层，上层刻卷云纹，下层刻车马行进图	是
陕西榆林米脂县官庄1986年M1	东汉	墓室前室东壁横楣石	画面分两层，上层刻卷云纹；下层刻车马行进图	是
陕西榆林米脂县官庄1986年M1	东汉	墓室前室北壁横楣石	画面分两层，上层刻车骑行进图；下层刻灵禽瑞兽、完璧归赵	是
陕西榆林米脂县官庄汉墓	东汉	横楣石	画面分两层，上层刻卷云鸟兽纹，其间神兽穿行；下层左侧刻一院落，内有人物。院外是人物恭迎车马行列图	是
陕西榆林米脂县官庄2005年M1	东汉	墓室前室北壁横楣石	画面分两层，上层刻卷云纹；下层刻车骑行进图，并施以墨彩	是
陕西榆林米脂县官庄2005年M2	东汉	墓室前室南壁横楣石	画面分两层，上刻卷云纹；下栏刻"诸君太守待见图"，分别为黑彩庭院、院内彩绘人物、院外刻车马队列，相背而列	是
陕西榆林米脂县官庄2005年M2	东汉	墓室前室北壁横楣石	画面分两层，上层刻卷云纹；下层刻院落建筑、院外门吏恭迎车马行列	是
陕西榆林米脂县官庄2005年M3	东汉	门楣石	画面分为内、外两栏。外栏刻画卷云纹，内栏施彩刻绘人物恭迎车骑行列图	是

169

续表

出土地	文化年代	位置关系	图像内容	复原情况
陕西榆林米脂县官庄2005年M3	东汉	墓室前室北壁横楣石	画面分两层，上层刻日月、卷云纹、胡人；下层刻车骑出行狩猎图、仙兽	是
陕西榆林米脂县李站汉墓	东汉	门楣石	画面分内、外两栏。外栏为日月、云气禽兽纹；内栏为车骑出行图	否
陕西榆林米脂县李站汉墓	东汉	横楣石	画面分为内、外两栏。外栏为日月、云气枝柯纹；内栏刻车骑行列，其间穿插飞鸟和走兽	否
陕西榆林米脂县尚庄汉墓	东汉	横楣石	画面分两层，上层刻云气纹；下层刻车骑行列狩猎图	否
陕西榆林米脂县孙家沟汉墓	东汉	横楣石	画面分两层，上层刻云气鸟兽纹；下层刻车马行列图	否
陕西榆林米脂县境内汉墓	东汉	横楣石	画面分上、下两层，两端刻日月；上层刻卷云纹；下层刻车马行列图	否
陕西榆林米脂县境内汉墓	东汉	门楣石	画面分两层，上层刻车马行进图；下层刻瑞兽、"完璧归赵"、灵禽瑞兽图	否
陕西榆林米脂县境内汉墓	东汉	横楣石	画面分两层，上层两端刻灵禽瑞兽，中刻车马行进图；下层刻灵禽瑞兽、狩猎图	否
陕西榆林米脂县境内汉墓	东汉	横楣石	画面分两层，上层刻灵禽瑞兽、丫鬟恭迎车马行进图；下层刻灵禽瑞兽	否
陕西榆林绥德城关镇县城西门外西山寺王得元墓	东汉永元十二年（公元100年）	墓室前室西壁横楣石	画面中部刻一两层阁楼，阁楼两边分上下两栏：上栏刻卷云纹；下栏刻狩猎图、车骑行进图	是

续表

出土地	文化年代	位置关系	图像内容	复原情况
陕西榆林绥德崔家湾镇苏家圪坨杨孟元墓	东汉永元八年（公元96年）	墓门面门楣石	面分为内、外两栏。外栏刻卷云鸟兽纹，两端各有一熊托举；内栏刻灵禽瑞兽、车马、"完璧归赵"	是
陕西榆林绥德崔家湾镇苏家圪坨杨孟元墓	东汉永元八年（公元96年）	墓室前室南壁横楣石	画面分为内、外两栏。外栏刻卷云纹，灵禽瑞兽穿插其间；内栏刻日月、狩猎图、车马出行图、"完璧归赵"，以及一辆牛车	是
陕西榆林绥德满堂川乡赵家铺汉墓	东汉	横楣石	画面分为内、外两栏。外栏刻日月、草叶纹；内栏刻车骑行进图	是
陕西榆林绥德四十里铺镇寨山汉墓	东汉	墓门面门楣石	画面分内、外两栏。外栏刻日月、卷云纹；内栏刻车骑行进图	是
陕西榆林绥德四十里铺镇汉墓	东汉	横楣石	画面分为内、外两栏；外栏刻日月、卷云鸟兽纹；内栏刻车骑行进图	是
陕西榆林绥德辛店乡郝家沟汉墓	东汉	墓门面门楣石	画面分为上下两栏，上栏刻卷云纹；下刻建筑、车骑出行、迎宾图	是
陕西榆林绥德辛店乡郝家沟汉墓	东汉	墓室前室西壁横楣石	画面分上、下两栏，上栏刻卷云纹；下栏刻车骑出行图	是
陕西榆林绥德辛店乡延家岔M1	东汉	墓室西壁横楣石	画面分内、外两栏；外栏刻卷云鸟兽纹；内栏分别刻狩猎图、车马出行图、院落一座	是
陕西榆林绥德辛店乡延家岔M2	东汉	墓室西壁横楣石	画面分上、下两栏。上栏正中刻一阁楼，左右饰以鹿、羽人、建鼓等形象，另有一人捧牍恭迎车骑行列；下栏刻狩猎图	是

续表

出土地	文化年代	位置关系	图像内容	复原情况
陕西榆林绥德辛店乡延家岔M2	东汉	墓室前室北壁横楣石	画面分为上、下两栏。上栏左侧一人手捧简牍，恭迎刻车骑行列；下栏刻放牧图	是
陕西榆林绥德辛店乡延家岔M2	东汉	墓室前室东壁横楣石	画面分内、外两栏。外栏两端刻日月，中部刻击鼓图，建鼓左右两侧为车骑行列；内栏刻灵禽瑞兽图	是
陕西榆林绥德辛店乡延家岔M2	东汉	墓室前室南壁横楣石	画面分为上、下两栏。上栏刻伏羲女娲、车马行进图；下栏刻人物、"完璧归赵"图	是
陕西榆林绥德义合镇后思家沟快华岭M2	东汉	门楣石	画面分为内、外两栏。外栏刻卷云纹；内栏刻车骑行进图	是
陕西榆林绥德张家砭乡黄家塔M2	东汉	墓门门楣石	画面分为内、外两栏。外栏刻日月、忍冬纹；内栏刻灵禽瑞兽、车骑出行图	是
陕西榆林绥德张家砭乡黄家塔M6王圣序墓	东汉	前室南壁横额	画面分上、中、下三栏。上栏刻卷云鸟兽纹；中栏刻瑞兽图、狩猎图；下栏刻车骑行进图，车骑队伍左右两端各有一小吏恭立	是
陕西榆林绥德张家砭乡黄家塔M8	东汉	墓门面门楣石	画面分为内、外两栏。外栏刻日月、卷云纹；内栏刻车骑出行图，间有鱼车	是
陕西榆林绥德张家砭乡黄家塔M9	东汉	墓室前室北壁横楣石	画面分为上、下两栏。上栏刻卷云纹；下栏刻一厅堂，内有两人端坐。厅外左右两侧刻车骑	是
陕西榆林绥德张家砭乡黄家塔M9	东汉	墓室前室东壁横楣石	画面分为上、下两栏。上栏刻卷云纹；下栏左侧刻两人匍匐于地、一人戴冠拱手，恭迎车骑行列，右侧刻一人拱手恭送	是

172

第五章 复合图像的叙事形态

续表

出土地	文化年代	位置关系	图像内容	复原情况
陕西榆林绥德中角乡白家山M2	东汉永元十六年十月（公元104年）	墓室后壁横楣石	画面分为内、外两栏。外栏刻卷云纹，其间穿插灵禽瑞兽；内栏刻"完璧归赵"、车骑出行图	是
陕西榆林古城滩汉墓	东汉	横楣石	画面分为内、外两栏。外栏刻日月、卷云纹、车骑行进图；内栏刻狩猎图	否
陕西榆林红石桥乡古城界1994年M1	东汉	墓门门楣石	画面分为内、外两栏。外栏刻流云禽兽纹；内栏刻狩猎图、车骑出行图	是
陕西榆林金鸡滩南梁村汉墓	东汉	墓门门楣石	画面分为内、外两栏。外栏刻卷云纹；内栏刻车骑行进图	是
陕西榆林上盐湾乡陈兴庄汉墓	东汉	墓门门楣石	画面分为内、外两栏。外栏刻日月、卷云鸟兽纹、人物恭迎车骑行列图；内栏刻狩猎图	是
山西古交岔口乡蚕种场汉墓	东汉	横楣石	画面分为上、下两栏。上栏刻卷云鸟兽纹；下栏刻车骑行进图	否
陕西榆林子洲淮宁湾乡后村汉墓	东汉	墓门门楣石	画面分为内、外两栏。外栏刻卷云纹，其间瑞兽奔走；内栏刻人物恭迎车骑行列图	是
陕西榆林子洲苗家坪乡汉墓	东汉	门楣石	画面分为内、外两栏。外栏刻日月、车骑行进图；内栏刻灵禽瑞兽图	否
陕西榆林子洲苗家坪乡汉墓	东汉	门楣石	画面分为内、外两栏。外栏刻日月、车骑出行图；内栏刻狩猎图	否
陕西榆林吴堡李家塬乡汉墓	东汉	墓门门楣石	画面分为内、外两栏。外栏刻卷云鸟兽纹；内栏刻车骑出行图	是

173

续表

出土地	文化年代	位置关系	图像内容	复原情况
陕西神木大保当1996年M1	东汉	墓门门楣石	画面分为内、外两栏，外栏刻狩猎图；内栏刻车骑出行图	是
陕西神木大保当1996年M2	东汉	墓门门楣石	画面分上、下两栏。上栏刻波浪纹；下栏刻日月、车骑出行图	是
陕西神木大保当1996年M23	东汉	墓门门楣石	画面分为内、外两栏。外栏刻日月、狩猎图；内栏刻车骑出行图	是
浙江海宁长安镇汉墓	东汉晚期	南壁门楣石	画面刻一列车骑出行。其间绘有兔、猴、飞鸟等形象，另有一人饲马	是
浙江海宁长安镇汉墓	东汉晚期	东壁门楣石	画面左侧刻一座大门敞开的庭院，门前一人恭迎车骑行列	是
安徽宿州褚兰镇M1	东汉晚期（公元171年前后）	前室南壁额枋	画面分两层，上层刻车骑出行；下层刻一列灵禽瑞兽	是
安徽宿州褚兰镇M1	东汉晚期（公元171年前后）	前室北壁额枋	画面分两层，上层刻车骑出行图；下层刻一列灵禽瑞兽相随而行	是

就分布地域而言，陕西出土的横额"车马出行"图数量最多，高达54幅，其余依次为山西25幅、山东18幅、河南6幅、江苏6幅、浙江与安徽各2幅。其中，有88幅"车马出行"图的组织关系得以恢复，包括墓门门楣画像28幅（约占三分之一），墓室横额、过洞石画像60幅（约占三分之二）。就图像内容而言，有36幅横额画像以"车马出行"为唯一表现内容，另有77幅横额画像构图相对复杂，以"车马出行+组合元素"的复合构图形式出现。经统计如下（表5-2、表5-3）：

表5-2 "车马出行"图类型整理

图像类型	图像内容	构图模式 核心元件	构图模式 次要元件	数量（幅）
单一构图	车马行列（或有云气纹相伴）	车马行列	云气纹	36
复合构图	车马行列＋组合元素	车马行列	升仙祈福类	54
		车马行列	现实描绘类	31
		车马行列	场景添加类	45

表5-3 复合图像"车马出行"图题材类型整理

题材分类	图像内容	数量（幅）
升仙祈福	灵禽瑞兽	34
	日月	18
	伏羲女娲	1
	鱼车	1
现实描绘	狩猎图	15
	历史故事（"完璧归赵"）	6
	乐舞百戏	5
	牛车	1
	放牧	1
	饲马	1
	捕鱼船	2

续表

题材分类	图像内容	数量（幅）
场景添加	人物恭迎/恭送	27
	屋宇	19
	树木	6
	桥	2
	山峦	1

二、复合图像的构图类型

汉画中的图像，既有指向某种抽象意蕴的"象征性"图像，也有与口头或文本故事相关的"叙述性"图像。而叙述性图像就其所叙内容来看，又大体可分为两类：一类是表现某一独立事件或情节内容的"单元图像"，如"季札挂剑""完璧归赵""荆轲刺秦"等，此类图像构图相对简单、稳定；一类是由若干情节、场景并置而成的"复合图像"，如沂南北寨"胡汉桥头交战图"、徐州洪楼"神人出行图"等，画面构图更为丰富、灵活。所谓复合图像，是指在同一画面中，一系列相互关联的图像单元、场景融合并置而成的空间关系，这些并置通过主题的同一性得以相互映照。其中，出现于西汉后期，盛行于东汉中晚期的"车马出行"图是学界广为征引的经典范例，它们多数出现在横额之上，其旁隙或是并置屋宇楼阙、恭迎侍者等现实场景元素，用以象征墓主生前威仪；或是增饰灵禽瑞兽、天神羽人等仙界想象，用以表达对永生的渴求。

从目前所整理的图像资料来看，横额所刻"车马出行"图据其内容表现可分为单元图像和复合图像两大类型。以"车马出行"为唯一表现内容的单元图像，图像内涵比较单一，叙述内容简洁明了。而"车马出行+组合元素"是典型的复合图像构图形式，它在"车马出行"这一构图要素的基础上，通过添加新的图像元素而实现意义的扩充。因此，这是一个具有一定程度开放性和灵活性的艺术构成，不同内容的图像元素与"车马出行"组合、并置在一起，导致不同主题和象征结构的产生。如果再做更具体的划分，汉墓中以

"车马出行"为主要内容的横额石，在构图上可进一步细分成四种类型：①独立成幅的车马出行图（单元图像）；②"车骑行列＋现实题材"，即在车骑行列的间隙添置房屋、阙、桥等建筑布景，车骑前后或有人物恭迎、跪送；③"车骑行列＋狩猎图"，多见于两层式横额，一层刻绘车骑行列，一层刻绘田园射猎；④"车骑行列＋升仙题材"，包括日月、伏羲女娲、灵禽瑞兽等象征天界的图像内容。

其一，独立成幅的车马出行图。在墓室结构相对简约的单室墓或只带一耳室的画像石墓中，其横额石中所绘的"车马出行"图往往内容比较单一、集中，画面结构也以单层、通栏（不分栏）为主，具体表现为若干车马前行，或有随从一二，或载墓主。河南南阳唐河县针织厂汉墓墓室北门门楣石背面画像[①]即属此类。西汉中后期，墓室形制日趋复杂，墓室空间进一步扩大，再加上刻绘技法不断成熟，单层图像逐渐向双层、三层甚至更复杂的形态演变：在"车马出行"仍作为主要内容不变的基础上，其上层或下层或上下两层增饰以考究纹样。以1954年发掘的沂南北寨汉墓中室北壁横额东西两段及西壁横额画像石为例[②]，3幅横额画像内容相似，画面结构均为三层：上层刻云气和垂幛纹；中层刻车马出行图；下层刻三角纹。饶有兴趣的是，这些卷云纹、芝草纹、垂幛纹等纹样带，有些就是依据定型的格套而制的、单纯用来补白空间的装饰性图样，有的则具有一定的象征意义，"这种复合花纹带，与其说具有装饰意义，倒不如说具有宇宙世界分界线意义更为恰当。"[③]以安徽宿县东北褚兰镇M1前室南壁、北壁额枋为典型[④]，一道横线构成的醒目分界线，将画面分为上下两层。位于横线之上的车马出行图描绘的是现实场景，而位于横线之下同向而行的灵禽瑞兽，则描绘的是仙界的想象。到东汉中后期，又出现了整幅车马出行图被竖线分隔为几栏的情况，如1990年清理出的山西离石马茂庄村2号墓前室四壁承托的四块横额刻石[⑤]。以南壁横额为例，画面被分

---

① 周到，李京华. 唐河针织厂汉画像石墓的发掘[J]. 文物，1973（6）：26-40.
② 冯沂. 临沂汉画像石[M]. 济南：山东美术出版社，2002：图版189，190，191.
③ 信立祥. 汉代画像石综合研究[M]. 北京：文物出版社，2000：118.
④ 王步毅. 安徽宿县褚兰汉画像石墓[J]. 考古学报，1993（4）：515-549.
⑤ 山西省考古研究所. 山西离石马茂庄东汉画像石墓[J]. 文物，1992（4）：14-40.

成三格，左格刻轺车2乘，中格刻持棨戟骑吏4名，右格刻车前伍佰6名。

　　车与马早在春秋时期便被视为等级身份的象征，据礼书所载，周时上至君王，下至诸侯、卿大夫，根据其身份、品阶的不同，在车马用度上（包括车马结构、马匹数量、车舆装饰等方面）存在严格区别。至两汉时期，公侯大臣出行，卤簿车马亦有定制，据《后汉书·舆服志》详载："公卿以下至县三百石长导从，置门下五吏、贼曹、督盗贼功曹，皆带剑，三车导；主簿、主记，两车为从。县令以上，加导斧车。公乘安车，则前后并马立乘。长安、雒阳令及王国都县加前后兵车。亭长，设右騑，驾两。璅弩车前伍佰，公八人，中二千石、二千石、六百石皆四人，自四百石以下至二百石皆二人……"[①]汉代官员在遵从"诸车之文""诸马之文"的车服等级制度的前提下，车马皆竞修饰以彰显地位，甚至还有导从、鼓乐随从。不过，车马并非统治阶级专享的特权，随着新兴阶级势力的日益壮大，以前呼后拥之姿出行的，除了皇亲国戚、权贵重臣，庄园地主与地方豪强也能"乘坚策良，列骑成行"（《盐铁论新注·取下》）。王符在《潜夫论·浮侈篇》中就提及一般豪族嫁娶的宏大场面："其嫁娶者，车軿数里，缇帷竟道。骑奴侍童，夹毂并引……"。尤其是东汉中后期，即便汉制中明确规定了"贾人不得乘马车"[②]，但礼制王法显然已经无法约束权势富豪的僭越之心。

　　再对比汉墓中的车马出行图，华丽浩荡的仪仗队伍不免让人联想到墓主的官职身份。以山西离石马茂庄建宁四年墓墓门横额石[③]为例。该画像石是一幅独立的"墓主荣耀出行"图，可分上下两层：上层刻蔓草状卷云纹，下层为车马出行图，从左依次刻导骑2名、轺车2辆、辎车1辆、棚车1辆。这座1995年发掘的汉墓，据前室东壁门中央石柱铭文所示，乃官至"华阴令"的土军人孙氏。墓主（孙氏）所乘辎车前配置骑吏2人，轺车2辆，后部配置棚车一辆，这一车马配置在规格上与《舆服志》所记"公卿以下至县三百石长导从，置门下五吏、贼曹、督盗贼功曹，皆带剑，三车导；主簿、主记，两车为从"内容相符。

---

① 范晔.后汉书·舆服志[M].北京：中华书局，1965：3651.
② 范晔.后汉书·舆服志[M].北京：中华书局，1965：3651.
③ 王双斌.山西离石马茂庄建宁四年汉画像石墓[J].文物，2009（11）：84-88.

<<< 第五章　复合图像的叙事形态

然而，墓主身份与车马行列的对应关系并不明确，以林巳奈夫[①]为代表的众多研究者已经证实：汉画中的车马行列似乎都有"奢过王制"的倾向。安徽宿县褚兰胡元壬石祠所见"龙车华仪图"[②]，即是平民逾越等级限制的一例典型。图像中的车马行列，无论是车马器数量、种类或形制，都不成定制，无法与文献资料印证，更无从确考墓主身份，只能将其视为墓主显耀身份的工具。由此可见，在厚葬之风的长期浸淫下，富商大贾，甚至庶民百姓即便生前并不显贵，也会耗尽家财，将其墓室精心布置成一座豪华的庄园，生前渴望而不得的社会地位将通过墓葬画像得以弥补、慰藉。汉画里簇拥满道的宝马雕车，便演变成一个从封建等级秩序出发而超越制度体系的、象征着终极关怀的图像叙述系统。

其二，车骑行列+现实题材。"只表现行进场面的出行图，几乎占了汉代墓室画像中车马出行图的绝大多数，是一种最常见的表现形式。"[③]而在内容更加复杂的复合图像中，当车骑行列与现实家园中的"屋宇""门亭""阙""桥"等建筑物组合在一起，就不仅仅是表示"行进"那样简单了，它似乎还指向了墓主出行的目的地，即描述了墓主前往祠堂并接受祭祀的场景，信立祥先生将这类图像归类为"墓主到祠堂接受祭祀"图。[④]

1972年，山西离石下水村延熹四年墓中出土的门楣石上，刻绘了一幅车马出行图：画面上层以云气纹做装饰，下层一列车骑驱驰而往。画面左起一导骑在先，身后一座子母阙。阙中一持彗门吏面右躬身而立，迎接自右驶来的车马行列。车马行列由轺车二乘、骑吏一名、辎车一乘、牛驾棚车一乘组成，最后绘以山丘丛树。出行队列间点缀着祥鸟、树木等，画面动感而丰富。出行图中前端的恭迎者，以及末端的山丘丛树，说明这幅出行图是一幅独立画像。画面中出现的建筑阙，被认为是"墓主从现世进入地下世界的关口，

[①] 林巳奈夫.后汉时代の车马行列[J].东方学报，1964（37）：183-226.
[②] 王步毅.安徽宿县褚兰汉画像石墓[J].考古学报，1993（4）：515-549.
[③] 信立祥.汉代画像中的车马出行图考[J].东南文化，1999（1）：47-63.
[④] 信立祥.汉代画像石综合研究[M].北京：文物出版社，2000：102-118.

179

是设置在现世与地下世界之间的疆界"①。而立于阙间的执彗门吏，应该是负有守墓之责的亭父。所谓"升车下征，赴黄泉兮"，承载着墓主的车马行列在导骑的引导下、在地下亭长的奉迎中，首先通过双阙，这象征着墓主从现实世界向地下入居，进而进入墓主永生的场所——墓室。在山西离石地区的墓室画像中，我们经常可以看到此类车马临阙图。虽然阙的位置不尽相同，表现形式也各有差异，但其图像学意义是基本一致的，表现的都是墓主乘坐车马奔赴黄泉的一个动态过程。

"屋宇"和"阙"通常象征着车马行列的目的地，而建筑"桥"则是横跨在现实与仙界之间的重要通道。1973年发掘清理的山东省兰陵县城前村元嘉元年画像石墓中，其前室的东、西两壁横梁上，各刻有一幅车马出行图②。其西壁横梁正面刻一列自右向左行进的车骑正在过桥：三位导骑身后跟随着三辆四维辎车，车骑队伍前方一名胡骑一边向左奔逃一边转身放箭。桥下有一船，船夫二人用力撑船，船上乘坐二人。船周另有三名渔夫捕鱼。东壁横梁正面，则刻绘一列车马驶向庑殿：画面左侧一座单层庑殿，庑殿大门右门扉开启，门内一人扶杖，一人执便面；庑殿右侧设一单层小屋，屋顶门脊上立一祥鸟，右门扉开启，门内半露一人。建筑右侧，一人捧盾躬迎车骑行列。车骑行列自右向左行进，由一名导骑、两辆軿车组成，车骑上方有云鸟。

根据这座墓室前室西壁龛室立柱上的铭文所记："……上卫桥，尉车马，前者功曹后主薄，亭长骑佐胡使弩，下有流水多渔者，从者刺舟渡诸母……"可知西壁横梁所绘内容正是墓主（"尉"）及其妻妾（"诸母"）的出行队伍；男主人车骑队伍从桥上走过，而女眷一行从桥下穿过。结合铭文可知，画面中出现的"卫桥"并非普通的桥，它或许与生死、阴阳密切相关。"《三辅黄图》称汉代人以渭水象征隔开牛郎织女的天汉，卫桥有天河般的隔绝意义"，"所以过桥是从生到死的过程的象征。"③紧接着铭文又记："……使坐上，小

---

① 佐竹靖彦.汉代坟墓祭祀画像中的亭门、亭阙和车马行列[C]//朱青生.中国汉画研究：第一辑.桂林：广西师范大学出版社，2004：69.

② 中国画像石全集编辑委员会.中国画像石全集：第三卷[M].济南：山东美术出版社，2000：图版103，104.

③ 杨玉彬.阜阳出土东汉"升仙图"画像镜考释——兼论东汉神人车马画像镜神话学内涵等问题[M]//中国汉画学会第十三届年会论文集.郑州：中州古籍出版社，2011：258.

车軿，驱驰相随到都亭，游徼候见谢自便，后有羊车像其□，上既圣鸟乘浮云……"可知东壁图像与西壁图像前后相连，描绘了墓主车骑行列到达目的地的场景，图中的庑殿应该就是题记中所说的"都亭"。信立祥先生通过周详的考证将画像中"都亭"的建筑性质判定为"祠堂"，并进一步指出："无论车马行列的目的地是庭院式建筑还是单层或双层亭阁，其图像学意义即图像主题是一样的，表现的都是墓主人的灵魂从地下世界赴墓地祠堂去接受子孙祭祀的车马出行场面。"[1]

其三，车骑行列+狩猎图。这种结构的复合图像可以说是陕西画像石中特有的类型，作者所统计的15幅"车骑行列+狩猎图"，无一例外出自陕北。《汉书·地理志》载："安定、北地、上郡、西河，皆迫近戎狄，修习战备，高上气力，以射猎为先。"[2]或许可以解释狩猎题材画像石多见于陕北的原因。

在两汉时期一些著名的赋作中，不乏对皇帝及其随从在皇家园林中狩猎的壮观场面进行铺叙。又有东汉大臣崔骃与将军窦宪笺言："今旦汉阳太守棱，率吏卒数十人，皆臂鹰牵犬，陈于道侧，云欲上幕府。"[3]充分反映出汉代统治阶级以狩猎为乐的情况。西汉至东汉中期，狩猎图开始以独自成幅的形式出现在画像石墓中，描绘着"鹰飞雉遽，兔伏不起"的田猎娱乐景象。1981年出土于米脂县官庄M1的墓室前室西壁横楣石（图5-1）[4]，其第五层（由下至上）所刻狩猎图即为典型。东汉中后期，狩猎图又逐渐和"灵木""山丘""车马出行"等图像元素相互组合而构成复合图像，在这个过程中，狩猎图原本的图像学意义慢慢消失，它不再是现实世界中逸乐生活的映射，而更多体现着人们对仙界生活的想象。对此巫鸿先生解释道："人和动物之间的冲突已经消逝，表现人类以暴力征服动物的纹饰逐渐被一种新的人兽和谐的纹饰所取代。"[5]以1996年发现的陕西神木大保当M23画像石墓为例，其墓门门

---

[1] 信立祥.汉代画像中的车马出行图考[J].东南文化，1999（1）：47-63.
[2] 班固.汉书·地理志[M].北京：中华书局，1962：1644.
[3] 严可均，辑.全后汉文：卷四四[M].北京：商务印书馆，1999：442.
[4] 康兰英.汉画总录：卷一[M].桂林：广西师范大学出版社，2012：编号SSX-MZ-010-1.
[5] 巫鸿.礼仪中的美术[M]//巫鸿.中国古代美术史文编：上册.北京：生活·读书·新知三联书店，2005：158.

楣画像分别刻有狩猎图及车骑出行图（图5-2）①。画面分为上下两层。上层为狩猎图，左右两端各刻一圆形象征日、月：左端月轮内以墨彩绘玉兔捣药，右端日轮内以墨彩绘金乌。日月之间为狩猎场景，左侧两位猎手着戎装涂红彩，头戴墨彩帻巾，跃马朝前，张弓射一只黑斑鹿，其间穿插猎犬追兔、苍鹰踏兔，其后一位猎手着戎装涂红彩，头戴红彩帻巾，反身射虎。下层为车骑出行图，自左而右分别刻导骑、轺车、骈车、辇车各一。其中导骑和从卫头戴平巾帻着黑襦衣浅色裤，轺车驭手着黑襦衣，骈车、辇车驭手着浅色衣。马匹均为红褐色，车饰以墨彩勾勒，车厢、车辐涂墨彩，车窗挂帘为粉红色。

图5-1　米脂县官庄 M1 前室西壁横楣石

图5-2　陕西神木大保当 M23 门楣画像石

周时，以狩猎阅习武事的制度就被收入到"军礼"之中，统治阶级"春蒐、夏苗、秋狝、东狩，皆于农隙以讲（武）事也"（《左传·隐公五年》）。据《周礼·夏官·大司马》所记：春蒐之时举行貉祭，后以捕获禽兽祭祀土地神；夏苗之后要祭祀宗庙；秋狝之后要祭祀四方之神；冬狩之时举行阵前貉祭，狩猎归来路上以捕获禽兽祭祀四方之神，进城后又献兽祭祀宗庙。"古

---

① 康兰英.汉画总录：卷十［M］.桂林：广西师范大学出版社，2012；编号SSX-SM-014-01.

182

之诸侯畋猎者，为田除害也。上所以供承宗庙，下所以闲习武事。"① 可见，先秦的狩猎活动是一种与祭祀、戎事密切相关的礼制行为。每次狩猎归来，狩猎者都必须回到宗庙，以获取的禽兽为牺牲，举行隆重的祭祖仪式。正是因为狩猎活动与国之大事，即祀与戎的密切关联，这一题材的图像在祠堂、墓室这类祭祀重地中频繁出现也就不足为奇了。

当"闲习兵革，奋扬威武，以戒非常"②的狩猎图与代表着权势地位的车骑出行图组合在一起时，二者共有的礼制属性似乎就把图像的意涵导向了与戎祀有关的场景。但是回到上述神木大保当M23门楣石画像中，狩猎队伍与车骑行列均向着左侧"月轮"（西方的标志）的方向行进，构图的方位趋向进一步引导我们将图像主题锁定在"车骑升仙"上。再结合墓门门扉、左右立柱画像，整个墓门自上而下营造的"宇宙—狩猎出行—快乐家园"的叙述层次说明，"狩猎"与"车骑"图像呈现的意涵很可能与祭祀无关，而是墓主一行向西行进通往神仙世界的场景。除了大保当M23之外，东汉永元八年崔家湾镇苏家圪坨杨孟元墓前室南壁横楣石（图5-3）③、张家砭乡黄家塔M6王圣序墓门门楣（图5-4）④、上盐湾乡陈兴庄墓门门楣（图5-5）⑤等，这些形制相对完整的画像石与大保当M23门楣石画像构图相似或相同，都象征着车骑行列引领墓主灵魂通往仙界。因此上述结论并非个案，而具有普遍性意义。

图5-3　陕西崔家湾杨孟元墓前室南壁横楣石

---

① 李昉.太平御览：第三卷[M].石家庄：河北教育出版社，1994：690.
② 李昉.太平御览：第三卷[M].石家庄：河北教育出版社，1994：690.
③ 康兰英.汉画总录：卷四[M].桂林：广西师范大学出版社，2012：编号SSX-SD-022-07.
④ 康兰英.汉画总录：卷七[M].桂林：广西师范大学出版社，2012：编号SSX-SD-150-01.
⑤ 康兰英.汉画总录：卷九[M].桂林：广西师范大学出版社，2012：编号SSX-YY-013-01.

图5-4 绥德黄家塔M6王圣序墓门门楣石

图5-5 榆阳上盐湾乡陈兴庄墓门门楣石

其四，车骑行列+升仙题材。神木大保当M23门楣画像的构图设计，说明车马出行图有时承载着墓主登仙度世的情感和愿望。为了进一步验证车马出行图的神话学内涵，作者整理了与升仙主题有关的横额石画像共计54幅，这些图像在构图上多以"车骑出行+日月"（有时日月也会替换成伏羲女娲，如辛店乡延家岔M2墓室前室南壁横楣石[①]，见图5-6），或"车骑出行+灵禽瑞兽"的形式出现，并常常以云气纹等纹样做边框装饰。以1956年安徽省博物馆保护发掘的褚兰汉画像石1号墓为例，该墓发现的车马出行图共有两块，分别位于前室南壁额枋和北壁额枋[②]。两幅图像结构相同，内容相似，均以水平横线将图像分成上、下两个独立的图像单元：上层为主格，刻绘车骑出行图，左侧一戴武冠者持笏恭迎，人物面对一行包括辂车、轩车、兵器车在内的车骑队伍；下层为辅格，刻绘与车骑同向而行的虎、龙等灵禽瑞兽。从空间布局来看，两幅车马出行图都刻绘在位置相对较高的额枋上。整个空间中除了车马出行图之外，还有灵禽瑞兽同向而行，这种空间布局与图像构成与陕西苗家坪乡出土的两块门楣石（图5-7）[③]有相似之处。就艺术造型而言，这

[①] 康兰英.汉画总录：卷六[M].桂林：广西师范大学出版社，2012：编号SSX-SD-103-19.
[②] 王步毅.安徽宿县褚兰汉画像石墓[J].考古学报，1993（4）：515-549.
[③] 康兰英.汉画总录：卷九[M].桂林：广西师范大学出版社，2012：编号SSX-ZZ-003-01，SSX-ZZ-004.

两幅额枋中刻绘的辎车、轩车、兵器车,与褚兰2号墓东壁、南壁、西壁、北壁墙基画像石中的车马形象十分相似,明显使用同一模板制作。

图5-6 陕西绥德延家岔M2前室南壁横楣石

图5-7 陕西苗家坪乡汉墓门楣石

再如陕西绥德辛店乡延家岔2号墓前室东壁横额石(图5-8)[①],画面分两层,上层左、右两端分别阳刻一圆形以象征日月。日、月下方刻龙与卧鹿各一。日月中间一列车马行列:两辆辎车、两辆辒车在八名骑吏的引导下向左(月)行进,车骑中间穿插一座建鼓,两人呈跪姿击鼓。下层刻灵禽瑞兽图,有羽人献瑞草、龙、虎、朱雀、麒麟、独角有翼犀牛形怪兽。以"日轮""月轮"左右相对,或以一列灵禽瑞兽装饰横额而将墓葬顶部位置赋予"上天"意义的做法,在汉画石墓中极为常见。而当车马出行图与上述象征天界的单元图像组合在一起时,它所蕴含的神话意味就十分明确了。

---

① 康兰英.汉画总录:卷六[M].桂林:广西师范大学出版社,2012:编号SSX-SD-103-16.

图5-8 陕西绥德辛店乡延家岔 M2前室东壁横额石

综上所述,在汉代画像石墓中,以"车马出行"为主要内容的横额石,在构图上可细分成四种类型。但归结诸多图例我们可以看出,其图像主题不外乎如下三类:有放鹰逐犬、乐舞百戏、饲马放牧等景象描绘以幻想墓主彼岸生活之逸乐;有灵禽瑞兽环绕四周、日月或伏羲女娲置其左右以象征升仙祈福之愿;还有附随恭迎者、楼阙、桥、渔船等现实场景暗示墓主前往享奠之礼。作为复合图像的典型代表,"车马出行"图灵活而多变的构图模式体现出丰富的图像内涵。当它与不同的图像元素组合并置时,就会产生新的意义关系。一方面,车骑行列作为核心要素在图像叙述体中始终处于稳定的核心地位;另一方面,其他艺术形象作为叠加要素,与车马行列发生意义联结,最终形成了一系列主题多样的复合艺术结构。

第二节 横额石"车马出行"图叙事功能分析

如果我们将墓葬视为一个"完整的、具有内在逻辑"[1]的叙事场所,那么刻绘在墓室建筑结构各个部分的画像石则以视觉符号共同构筑了一个"上具天文,下具地理"的象征性空间。其中,横额石在墓葬结构中的特殊位置使得其画像内容往往与"天"密切关联,而横额上的"车马出行"图由其行进方向所显示出的图像意涵,又似乎与"彼岸世界"有关。

由于在墓葬图像叙述系统中,墓门门楣石与墓室横额石所承担的叙事功能十分不同,所以有必要加以分别考察。经作者整理,在组织关系得以恢复

---

[1] 巫鸿.美术史十议[M].北京:生活·读书·新知三联书店,2008:78.

的88幅横额"车马出行"图中，墓门门楣画像共计28幅，墓室横额、过洞石画像共计60幅。

一、墓门车马出行图：平面叙事中的点睛之笔

若要对墓门门楣石中所绘车马出行图展开研究，首先要做的，就是要恢复车马出行图在墓门图像系统中的组织关系。"'墓门'相当于建筑形式的'大门'，其作用与意义首先是联通墓葬内部，其次是拱卫墓葬，再次是展示墓葬特点或性质。"[①]作为墓葬叙述体系的开篇，墓门画像所表达的主题思想，一定程度上能够揭示出墓葬的性质和意义。

而门楣，亦称门额、横额。《说文》云："楣，秦名屋櫋也。齐谓之檐，楚谓之梠。"徐锴引《尔雅·释宫》曰："楣谓之梁，谓门上横梁也。"由于所处位置显要，传统宫殿建筑中门楣的设计至关重要。所谓"沉香帖阁柱，金缕画门楣"，古时匠人极其重视门楣之装饰，雕文刻画，摅骋技巧，以显屋宇之堂皇，久而久之，门楣便成为宣扬门望家声、彰显治家理念、期许安乐福祉等寓意深刻的文化旌表性建筑实体结构。汉墓中的门楣似乎淡化了阳宅建筑中"彰显宗族名望"的社会内涵，在艺术表现上以图代文，将"事死如生"的丧葬文化形象化，连同门扉、立柱一起承担起隔绝空间、守卫墓室之"关隘"的重要职能。

信立祥先生曾在《汉代画像石综合研究》一书中仔细考察了成熟期纯石结构汉墓和砖石混合结构汉墓中墓门画像的配置规律。[②]对于纯石结构的汉墓而言，其墓门主要有两种配置方式。一种是门楣处刻绘灵禽瑞兽图，门柱刻门吏等人物形象，门扉刻铺首衔环——这种墓门配置方式，在成熟期的画像石墓中最为常见。另一种则相对复杂，墓门各个部分的画像题材不一，且各图像要素之间关系复杂、互相缠绕，以沂南北寨汉墓最为典型[③]。其墓门门额处刻绘了一幅场面壮观的胡汉桥坡交战图（信立祥先生认为这是墓主车马出

---

① 李立.以"快乐家园"为"终点"的"生命回归"——门楣画像"车马出行"构图在墓葬"叙述结构"中的"点题"作用[M]//中国汉画学会第十三届年会论文集.郑州：中州古籍出版社，2011：32.

② 信立祥.汉代画像石综合研究[M].北京：文物出版社，2000：257-271.

③ 冯沂.临沂汉画像石[M].济南：山东美术出版社，2002：图版166.

行图的另一种表现方式），画面中央有一座桥，桥左侧群山中有胡骑、胡兵出没，桥右侧为汉军列阵，胡汉双方在桥的左坡处激烈交战。桥下有行舟，舟上坐五人，另有捕鱼和罩鱼者若干。门额下立着三块柱石，内容以神话、异兽为主。其中，中立柱由上至下分别刻绘了傩神图、有翼仙人托举猛虎、长鬃巨口怪兽；西门柱上部刻一只头生鬃毛、圆腹有尾的怪兽，中间刻一猛虎，其下刻西王母昆仑仙境图，另有一虎穿行于三山之中；东门柱上刻高禖神搂抱伏羲、女娲图，下部配置东王公仙境图，一条青龙穿行于三山之中，与西门柱相对。从内容来看，这三块柱石表达了墓主对升仙的强烈愿望，以及希望借助神兽的神威来庇佑安宁。

对于砖石混合结构的汉墓而言，受墓室构石位置所限，画像面积相对较小，多集中在墓门处和各室门处。不仅内容杂乱，而且配置规律也不甚明晰。笼统而言，一般是墓门门楣处刻绘灵禽瑞兽图（也有个别刻绘墓主车马出行图，如唐河电厂画像石墓墓门[①]），左、右门柱或刻绘门吏，或是神荼郁垒相对，或是伏羲女娲相对，门扉处刻绘铺首衔环和四灵图。以陕西绥德苏家岩画像石墓为例[②]，其门楣石自左而右有灵禽瑞兽、车马和历史故事"完璧归赵"图[③]；左、右门柱由上至下分别刻绘着东王公、西王母踞坐，拥篲门吏侧立，以及博山炉各一；门扉刻朱雀、铺首衔环和独角兽。虽然门楣石中没有直接刻绘出车骑行列的目的地，但正如上文所引信立祥先生之考证，这类型门楣石中车马出行的目的地即是墓祠，表现的是墓主前往墓地祠庙接受祭祀的活动场面。[④]通过归纳可知，绥德苏家岩墓门画像的题材主要涵括以下两种类型：一是表现墓主前往祠堂接受祭祀，二是以东王公、西王母象征仙界景象。

就门楣画像而言，无论是纯石结构汉墓中的胡汉交战图，还是砖石混合结构中的墓主接受祭祀图，都在墓门画像配置规律的制约下，贯穿着共同的思想内涵，即升仙度世。如果说程式化的配置方式将门楣石中"车马出行"

---

① 朱青生.汉画总录：卷十七［M］.桂林：广西师范大学出版社，2012：编号 HN-NY-041-01（1），HN-NY-041-02（1）.
② 绥德县博物馆.陕西绥德汉画像石墓［J］.文物，1983（5）：28-33.
③ 信立祥.汉代画像石综合研究［M］.北京：文物出版社，2000：262.
④ 信立祥.汉代画像石综合研究［M］.北京：文物出版社，2000：267.

图的内涵限定在"求仙"的范畴之内,那么车骑左向行进的方位趋向则是进一步把"求仙"思想落实到构成形态的艺术表现。在四大区域汉墓的门楣石画像中,"车马出行"图行驶的方向惊人一致。例如陕西四十里铺镇寨山汉墓墓门门楣石(图5-9)[①]、山西离石马茂庄村M3门楣石[②]、山东莒县沈刘庄墓门西门楣石[③]等等,绝大多数墓门门楣石中车马行列均表现出左向行驶的态势。这种情况,汉画研究专家李立教授在解析汉墓车马出行画像的神话意蕴时就已经察觉。他统计了《中国画像石全集》中73幅以"车马出行"为内容的门楣石画像,发现左向行驶的车马构图所占比例高达90.4%。[④]这说明门楣石中"车马出行"图"左向行进"的构图形式具有典型性和普遍性。

图5-9　陕西四十里铺镇寨山汉墓墓门面门楣石

确实如此,在作者整理的113幅图像中,只有极个别门楣石上所绘车马出行呈现向右行驶的态势,比如河南南阳唐河县电厂汉墓墓门门楣石(图5-10)[⑤],以及山西离石马茂庄吴执墓墓门横额石[⑥]。也有两列车马向画面中间的阁楼建筑相对而行的案例,以1981年米脂县官庄M1墓门面门楣石(图5-11)[⑦]为例。

[①] 康兰英.汉画总录:卷四[M].桂林:广西师范大学出版社,2012:编号SSX-SD-032-01.
[②] 山西省考古研究所.山西离石马茂庄东汉画像石墓[J].文物,1992(4):14-40.
[③] 中国画像石全集编辑委员会.中国画像石全集:第三卷[M].济南:山东美术出版社,2000:图版133.
[④] 李立.汉墓神画研究:神话与神话艺术精神的考察与分析[M].上海:上海古籍出版社,2004:255.其实不止门楣石,有相当数量的、位于墓室四壁的车马出行图,也呈现出左行的构图模式。
[⑤] 朱青生.汉画总录:卷十七[M].桂林:广西师范大学出版社,2012:编号HN-NY-041-01(1).
[⑥] 王娟.山西离石东汉吴执画像石墓"车马右行"图像解析[J].华夏考古,2014(1):92-99.
[⑦] 康兰英.汉画总录:卷一[M].桂林:广西师范大学出版社,2012:编号SSX-MZ-010-01.

图5-10　河南南阳唐河县电厂汉墓墓门门楣石正面

图5-11　1981年米脂县官庄M1墓门面门楣石

车马行列左向行驶的构图形式在门楣画像中的绝对比例，说明这一方位趋向有着非比寻常的文化意义。当然，仅仅是"左向行驶"这一因素，确实不足以揭示图像的奥秘，但东汉晚期频繁出现的"车马出行＋日月"的复合构图模式，得以让我们捕捉到更为完整和准确的信息。在陕西榆林上盐湾乡陈兴庄墓门门楣石上，分别绘制了日轮、月轮、车骑出行图和狩猎图（图5-5）。画面可分为两层：上层左、右两端各阳刻一圆形，象征日、月。日月之间，一人戴冠着袍，恭迎对面而来的车骑队伍。车骑行列由一前导骑吏、一辆载驭手和墓主人的辂车、随行辎车、相从骑吏以及紧跟其后的軿车组成。下层为狩猎图，从左至右依次刻一骑吏一手牵缰，一手扶鹰追赶猎物（"走马扶鹰"）。其后一猎狗咬兔，一雄鹰踏兔。再后者两猎手骑马张弓，追捕野兽。其间穿插悠然慢行的羊、鹿。整个画面动静结合，生机盎然。除了陈兴庄一例之外，相同或相近的构图形式在其他地区汉墓墓门的门楣上时常出现，这说明门楣中所绘车马行列向着月轮行进的构图模式是两汉时期，至少是东汉中后期十分普遍的艺术形式。

汉画中的月轮，具有浓厚的神话意味，它常常和蟾蜍、玉兔同时出现。其中，月中蟾蜍出现频率最高，其次为蟾、兔并列者。这与"日中有踆鸟，

第五章 复合图像的叙事形态

而月中有蟾蜍"(《淮南子·精神训》);"月者,阴精之宗,积而成兽,象兔蛤焉"(张衡《灵宪》);"日中有三足乌,月中有兔、蟾蜍"(《论衡·说日篇》)等文献记载相一致。作为月中神兽,玉兔和蟾蜍具有"不死"的神性,它们也是汉画西王母群像中最重要的附属物象,所谓"羿请无死之药于西王母,姮娥窃之以奔月……姮娥遂托身于月,是为蟾蜍。"(张衡《灵宪》)汉画中的月,又是与神秘西方紧密联系在一起的文化意象。早在三代时期,先民就有祭月的仪式,如《礼记·祭义》载:"祭日于坛,祭月于坎,以别幽明,以制上下。祭日于东,祭月于西,以别外内,以端其位。日出于东,月生于西,阴阳长短,终始相巡,以致天下之和。""秋分之日,祀夕月于西郊。"[①]可见,汉画中的月轮作为神秘西方的标志和象征,使门楣石车马出行图"向左行进"的构图形式具有了"向西行进"的方位意义。对于汉人来说,西方绝不是一个单纯的地理概念,而是奇异想象的渊薮。"西方"既是掌管不死之药的西王母所居昆仑之地,所谓"弱水之西,有西王母,生不知老,与天相保"(《易林》),又是姮娥盗取仙丹之后托身的"月宫"所在。因此可以说,朝着月轮行进的车马出行图,其目的地所指向的"西方",应该就是西王母所在的昆仑仙界。如此一来,墓主企盼灵魂永生的愿望和意图,便清晰地显现出来了。

就叙事功能而言,门楣石中车马行列西向行进的构图意义,在整个墓门所构成的图像叙述系统中,起到了画龙点睛的作用。以山西离石马茂庄2号墓墓门画像为例[②]:首先映入眼帘的,是面积最大、刻绘着朱雀与铺首衔环的左、右门扉。这构成了墓门画像的第一个叙述模块,象征着镇墓辟邪、祈福祝颂的精神需求。再者,是与门扉左右相连的两侧门框刻石,下层配置以持彗门吏与拥盾门吏,护卫着墓主安宁,上层分别配置以西王母、东王公踞坐于华盖装饰的天柱悬圃上,这构成了墓门画像的第二个叙述模块。最后,是与门框外侧云气纹相连的门楣石画像,一列车骑左向飞驰而去,这构成了墓门画像的第三个叙述模块。站在图像叙述的角度看,叙述模块一、叙述模块

---

① 李昉. 太平御览[M]. 台北:台湾商务印书馆,1997:150.
② 该墓左、右门扉和门楣石画像来自:汤池. 中国画像石全集:卷五[M]. 济南:山东美术出版社,2000:图版234,235,236. 左、右门柱画像来自:刘永生. 山西离石马茂庄东汉画像石墓[J]. 文物,1992(4):14-40.

191

二均属于"静态叙述",即门扉、门框呈现的画面内容是静止的,时间是凝固的。由于叙述主体并未出现,它们就像情节展开的铺垫,仅起到衬托主题的作用。而叙述模块三明显属于"动态叙述",行进中的车马行列表现着时间的流动,从而形成了一种静中有动的均衡感。加之车马行列实质承载着墓主灵魂西行升仙的内涵,不仅叙述主体得以强调,连同叙述主体的行为、行为之目的与意义等关键信息的注入,直接与门扉、门框画像构成的"静态叙述"发生意义联结,从而揭示出整个画面的叙述核心:在门吏、铺首及四灵的共同守护下,墓主灵魂搭乘着车马行列向仙界行进。虽然图像中没有刻绘出车马行列的起点和终点,但我们不难推想,起点是凡俗世界,墓主的灵魂游走于人间而尚未完成仙化,一路驱驰之后,车马行列最终会将墓主灵魂送往"神物之所生,圣人、仙人之所集"的昆仑仙境,充分反映着人们渴望借助神异之力将有限生命无限延长的企盼。因此,"动态叙述"的车马行列的存在,是有限生命"趋向"永恒的不懈追求,它不仅使墓门画像的图像意义更加丰富,同时也促使墓门画像"守卫墓主升仙"这一功能得以明确。从这个意义上说,门楣石中的车马行列在墓门所构成的图像叙述系统中,具有"画龙点睛"的重要意义。

二、墓室车马出行图:空间叙事中的金针暗度

"动态叙述"的车马行列不仅是墓门画像在有限空间延伸其叙事意义的关键,更是将墓主灵魂的升仙之旅从墓门进一步延展至墓葬内部的关键。作为画像石中最常出现的图像内容,依照宇宙观念画在墓室横额之上的"车马出行"图并非各不相属,它们往往与其他位置的图像单元紧密相连,共同为墓葬这个叙事空间整体意义的建构服务。墓门门楣石中的车马行列作为"动态叙述"表现着时间的流动,与门扉、门框画像构成的"静态叙述"发生意义联结,画龙点睛般揭示出墓葬的特点和性质;而那些墓室内部的车马行列,又草蛇灰线般隐匿在错综变换的场景中,将零散的图像内容勾连成一幅连贯的叙述图景。

>>> 第五章 复合图像的叙事形态

以画像配置相对严整的纯石结构汉墓——沂南北寨村"将军冢"[①]为例。墓室中所见横额"车马出行"图共计5幅,除1幅刻绘在墓门门楣石上之外,其他4幅画像集中刻绘在中室南壁上横额西段、中室西壁上横额、中室北壁上横额西段、中室北壁上横额东段。其中,南壁上横额西段为祭祀场景。画面左侧刻一座两进庭院,是为祠堂。门前建双阙,双阙间有一捧盾人物。阙前大道旁停放一辆轺车。车马前三排人物捧笏躬立,其中最前排三人跪伏于地,似为迎接祭祀来宾。西壁上横额为车马出行图,从左至右依次刻两人:一人拥彗,一人捧盾躬立,似为迎宾。人物右侧为车骑仪仗图,共计四人,前两者为吹管导吏,后两者为执辔导骑。人物身后跟随一辆斧车,五辆轺车。北壁上横额西段为车马出行图,分别刻轺车两辆、骑吏二人,其后并行二人,一人持箭、一人持弓弩。再后二人持便面、长梃。最后刻两辆轺车及送行二人。北壁上横额东段为车马出行图,从左至右分别刻双阙,阙前二人执笏躬立迎宾。人物右侧分别刻轺车、輧车、篷车各一辆,其间从骑六人,导吏二人,皆左手持刀,右手持便面。

经学者考证,上述4幅车马出行图主要表现了墓主赴祠堂接受祭祀的场景。由于西后室为男墓主棺室,因而北壁横梁西段(后室门额)经西壁横梁,一直延续到南壁横梁西段,这3幅图中车马队伍系男墓主所用,表明墓主从西后室出发,途经西壁上横额,最终以南壁上横额西段画像中的两进式建筑庭院——祠堂为目的地。东后室为女墓主棺室,且北壁上横额东段所刻輧车《释名》有记:"輧,屏也。四屏蔽,妇人乘牛车也。有邸曰辎,无邸曰輧。"可知该画像系女墓主车马出行图。画像左侧刻有象征墓地的双阙,因而女墓主所乘车马应当也是前往墓地接受祭祀的。中室的另外2幅横额石:东壁上横额所绘乐舞百戏图及南壁横梁所绘庖厨图,虽然就图像内容而言与车马出行无关,但依然紧紧围绕着祭祀主题而展开。东壁横额刻绘的杂耍、乐舞、鱼龙曼衍之戏,表现的是祭祀时以乐舞百戏取悦墓主灵魂的场面;南壁横梁刻绘的装粮与庖厨,则是为了祭祀墓主仆役们忙碌准备供品的场景。[②]

[①] 相关图例见:南京博物院,山东省文物管理处.沂南古画像石墓发掘报告[M].北京:文化部文物管理局,1956.

[②] 赵碧玉.试论祭祀题材的画像在汉墓中的配置问题[J].洛阳考古,2015(4):75-80.

在中室内部，六块横额画像石呈现的祭祀队伍与筹备活动，仅仅是这场盛大祭祀场面的一隅。与中室横额所绘图像内容存在接续关系的前室横梁，把我们带入一个更加隆重的祭祀现场。依照祭仪的先后顺序，重点描绘了在祠庙中祭祀墓主的3幅图像分别配置在前室南壁横梁、东壁横梁和西壁横梁上。前室南壁横梁主要表现了个人祭祀墓主的场面，似为《仪礼·既夕礼》中"凡将礼，必请而后拜送。兄弟，赗奠可也。所知，则赗而不奠。知死者赠，知生者赗"这一环节，即宾客赠物助祭。画面中央刻一座五脊重檐大庙，庙门两旁各立一人拱手执彗。大庙左右两旁，众多祭祀者或捧笏跪拜于地，或拱手鞠躬，周围散布着酒坛、谷袋、盒子，似为丧葬赗赠。前室东壁横梁左侧刻绘一座曲尺形走廊式房屋，似为宾客休息处。院内一老者拥彗而立迎接来宾。宾客六列，持笏鞠躬，有榜无题。前室西壁横梁描绘了宾客集体祭祀墓主的场面。画面右端刻一庙门，门旁一人双手持彗，前有二人着长衣恭立，再前一人双膝跪地捧读祝文，再前一人为领祭人。祭祀众人共有五列，前两列伏地、后三列躬立。最左侧刻一案桌，摆满酒杯和鱼等祭品。[①]

随着汉代墓葬空间不断扩大，画像石的种类和题材也日渐多元。其中"车马出行"图在构图形态上也发生了一些变动，图像内涵随之丰富。除了那些高居在墓门门楣处，象征着"升仙度世"的车马行列之外，在东汉中晚期发展比较成熟的画像石墓内部，车骑行列更多被用来象征墓主赴祠堂接受祭祀。这一类画像石是北寨汉墓中最为集中、最为突出的题材。其前室、中室共计9幅横额石，共同绘制了一幅车马行列运载着墓主灵魂前往祠庙接受宾客及后世子孙祭拜的画卷。这一系列在时间上存在接续关系的图像，如同卷轴画一般规定了观者视线流动的方向，正如我国现代画家蒋勋先生在《美的沉思：中国艺术思想刍论》中所言，这种类型的画卷，"在一定程度上，恰恰是中国时间与空间观念的反映，一种延续的、展开的、无限的、流动的时空观念，处处主宰着艺术形式最后形成的面貌。"[②]因此，静止的图像便呈现出动态的时间轨迹，时间与空间的有序组合将整个前室塑造成具有趋向意义的叙

[①] 冯沂.临沂汉画像石[M].济南：山东美术出版社，2002：图版170-172.
[②] 蒋勋.美的沉思：中国艺术思想刍论[M].上海：文汇出版社，2005：222.

事场所，展示出根植于"灵魂不灭"原始文化土壤的汉代生死观。在这组完整的图像叙述链中，车马行列以"动态叙述"的方式描绘了墓主死后灵魂的想象之旅：车骑的起点是北壁横额左阙，墓主魂魄离开肉身，乘坐豪华的车马行列一路向左奔驰，途经西、南、东三壁横梁所描绘的昆仑仙境，最终在北壁横额右阙前驻足，并以此为入口，进入前室横额所呈现的祠庙接受祭祀。图像意义上起点和终点，或称图像叙述的始终，亦是墓主灵魂从世俗凡尘向缥缈仙境的"转场"、过渡。车马出行图的出现，将这种"转场"视觉化为具有一定方位趋向的图像叙述，并借助趋向意义巧妙完成了不同界域的平滑过渡，最终将叙事主题引向了车马行列的终点——祠庙祭祀。就这一功能而言，四壁横额上的车马行列在前室整个空间叙述的铺展中，既作为实景暗示着生命转化的思想本质，又开启了以祭祀为题的叙事新篇，确有金针暗度之巧妙。

　　沂南北寨汉墓中对庙祭之礼如此精细的刻绘，在全国画像石墓中尚属少见，但通过动态叙述的车马出行图赋予墓室这个多场景并置的叙事场域以时间接续性与空间流动性，并非仅此一例。在陕西、河南、山西等地，在一些墓制结构比较复杂的多室墓中，其墓壁所绘车马出行图，同样能够说明这一问题。以内蒙古和林格尔土城子1号壁画墓为例。其绘于前室北、东、西三面墓壁的车马出行图最见特色，表现了墓主的升迁历程和官场生活。环绕高墙一周的车马出行图共计4幅，即"举孝廉时、郎、西河长史出行""行上郡属国都尉时出行""繁阳令出行""使持节护校尉乌桓出行"，分别将墓主从"孝廉"出身、封为"郎"官，历任"西河长史""行上郡都尉""繁阳县令"直至"乌桓校尉"的事关重大升迁的六个关键时间节点依次描绘。各个画面独立成幅又相互连续，首尾衔接，将墓主一路高升的风光仕途通过车骑队伍贯串成一个宏大的场面，既完成了不同空间的转换组接，又作为叙事筋脉将图像各意义单元和板块结合成有机整体。

　　综上所述，同一种题材，甚至相同图式的"车马出行"图，其主题意义以及在墓葬图像叙述系统中所承担的叙事功能，因其所在位置不同而大相径庭。墓门门楣中西行的车马行列作为"动态叙述"表现着时间的流动，它象征着墓主有限生命趋向永恒的不懈追求，并且与门扉、门框画像构成的"静态叙述"发生意义联结，从而揭示出墓主灵魂升仙度世的终极企盼，同时也促使墓门画像"守卫墓主升仙"这一功能得以明确。从这个意义上说，门楣中的车马行列在墓门画像整体叙述结构中具有"画龙点睛"的重要意义。而位于墓室横额上的车马出行图，在整个墓葬叙事空间中的功能更为复杂，它们除了在图像意义上搭建起世俗与仙界的通道，还引导我们沿着车骑行进的方向，将零散的图像内容拼合成连贯的叙述图景。此时，车马行列又于场景错综变换处，有金针暗度之巧妙。不过需要指出的是，本节对沂南汉墓中车马出行图叙事功能的分析，仍然停留在个案探讨的层面，所得出结论的普适性有待进一步验证，但或可为复合图像叙事功能的深入研究提供重要的基础性资料，不失为一条探索图像空间叙事的新路径。

第三节　复合图像的叙事特征

复合图像就结构特征而言，表现为空间中若干情节、场景的并置，就思想内涵而言，表现为主题的同一。汉墓中以"车马出行"为主要内容的横额石，无论是象征墓主升仙的墓门门楣石，还是表现祭祀场面的墓室横梁石，大多是以"车骑行列＋现实题材（建筑布景、人物）""车骑行列＋狩猎图""车骑行列＋升仙题材（神祇灵怪、日月）"等复合图像的形式出现。这种以"车马出行"为中心，并置不同图像要素的构图形态，在汉画中不胜枚举，它们为"并置结构"的复合图像艺术提供了典型范例。

一、复合图像的表意模式：主题—并置的结构性特征

作为一种"在时间上和空间上浓缩"的艺术形态，图像难以在有限的空间内布置一个文本叙事所谓"头—身—尾"的有机结构，但它可以将许多同时发生的事件以直观可感的形式呈现出来，甚至轻而易举地绘染出文字所难以塑造的恢宏气势。这种令人讶异的叙述容量与效果，正是通过艺术要素的并置与穿插来实现的。汉画中的复合图像就存在着大量"并置"的事实，例

如徐州洪楼汉墓祠堂顶部坡面石中所绘的"导引升仙"图①，画面将雷公"连鼓相叩击"、云神吐云、风神吹风、雨师布雨、水神驰鱼车、仙人载龙车等几个仙话场景并置，表现了墓主人长生极乐的美好企盼。

这是一种与文本叙述全然不同的表意体系。当我们沿着内隐的空间秩序去分析，便能发现这是一种典型的"非线性"叙述形态，它隐去了"因果律"和"时间化"的逻辑，而采用"关联性"和"空间化"的结构模式进行表意。也就是说，各图像要素均围绕着一个确定的主题或观念组织排布，这些要素之间或许没有因果链条的衔接，也没有时间序列的约束，它们因主题或观念的相同、相似而得以并置。并且，这种并置也绝非随意的"机械式"拼凑。有的学者在解析汉画构图时发现，在一些较为复杂的复合图像中，存在许多格套化的图像单元，譬如门扉上千篇一律睁目龇牙的铺首衔环，或隐嵌在不同图像系统之中，构图极其相似的历史故事类画像如"季札挂剑""荆轲刺秦"等，于是草率地将复合图像这种元素并置的结构特征看作是元素的机械式拼贴，认为这些图像不过是根据一些定型的格套制作且为造墓者所用，仅仅起着装饰作用而不具任何叙事性的图像而已。也有学者以安徽阜阳出土的画像镜"车马出行"图为例，尝试对这种"拼凑式"机械组图的社会诱因进行分析，认为制镜者此举是刻意迎合墓主生前显贵、身后升仙的心理需求，便选取几类具有代表性的物象集中烘托主题。②毋庸讳言，格套化是汉画在明器市场批量生产、流通的必然结果，但费慰梅、巫鸿、姜生等饱学之士对汉画物态情境和原境信息的恢复，对墓葬神圣空间中秩序排列的图像何以表达生命由下而上逐步递升转变的深刻阐释，都足以证明"机械化"一语有失偏颇。拼贴式并置不仅无碍于汉画表意的完整性，反而突显出复合图像的结构性特征，不同图像在匠人的精心谋划下为墓主构筑了一个自成体系的彼岸世界。

汉画中的并置艺术，印证了诺托普罗斯的"并置和表现并置的思维模式，

---

① 周保平.徐州洪楼两块汉画像石考释［J］.中原文物，1993（2）：42-48.
② 杨玉彬.阜阳出土东汉"升仙图"画像镜考释——兼论东汉神人车马画像镜神话学内涵等问题［M］//中国汉画学会第十三届年会论文集.郑州：中州古籍出版社，2011：253.

是古典时期之前规范的表达方式和思维方式"[1]的猜想。更具体地说，回到汉画的艺术本体上来，这是我们"中国思维"，即"类比思维"或称"关联思维"在艺术领域的完美实践。就像延家岔2号墓前室东壁横额石（图5-8）中所表现的，包括日月、击鼓、灵禽瑞兽、羽人等在内的各个图像要素之所以被选定、并置，是因为它们的某个特征与其他要素产生了意义关联，各要素之间彼此协助，不仅确立了对方作为个体的内涵和重要性，同时也共同构建了图像整体的意义范围。或许我们无法对某个要素进行单一定义，但它们是意义复合体不可分解的组成部分。

既然复合图像意义的生成仰赖于主题并置的结构性特征，那么隐去了线性因果律和时间化的各图像要素能否通过持续不断的意义相合达到整体感和统一性的表意效果？荷兰话语分析研究学者范·戴克（Van Dijk）的宏观结构理论或许可以给我们一些提示。戴克在其《语篇与语境》一书中认为，语篇的连贯表现为微观、宏观两个层面，即"线性或顺序性连贯"和"整体性的语义结构"，前者即"微观结构"（micro structure）上的连贯，后者又称"宏观结构"（macro structure）上的连贯。就"线性或顺序性连贯"而言，是指"由句子或一系列句子表达的命题之间形成的连贯关系"[2]，句子与句子之间必定存在某种"条件性的关系"（conditional relation）。不过，他随即意识到这种定义的局限性：即使一个段落中的每个句子前后都存在"条件性关系"，它们还可能组成一段主旨不明的话语。因此，戴克进一步提出"整体性的语义结构"，即一个段落若要在意义上保持连贯，这段话的每个句子都应围绕着同一个主旨或主题。从命题的角度来解释，段落中的每句话都可以视为一个命题单位，若干命题单位均是围绕着一个更大的意义单位（巨命题）来发展的。存在"条件性关系"的句子之所以无法完整地连接意义，正是因为缺乏共通的主题将之串联。因此，研究语篇的"整体性的语义结构"，有助于读者把握语篇的中

---

[1] 诺托普罗斯．论荷马史诗中的并置［M］//刘小枫．荷马笔下的伦理．北京：华夏出版社，2010：38．

[2] DIJK V, TEUN A. Text and Context: Explorations in the Semantics and Pragmatics of Discourse [M]. London: Longman, 1980: 95.

心思想及创作意图。

戴克此番从语义学角度对文本"连贯性"的论述，或可视为对有关质疑复合图像表意效果的一种跨学科回应。复合图像与组成它的各部分图像要素之间，恰如语篇中的"宏观结构"与"微观结构"。各图像要素（微观结构）是组成复合图像的基本单位，是图像整体意义形成的基础，属于图像低层次的意义结构。对微观结构的把握，即各图像要素意义连贯的构建，只是意味着对图像局部细节信息的理解，因此是停留在"图说"层面上较浅层次的图像解读。而当图像研究从"图说"转向"图释"，从图像志分析转向更深层次的图像内在涵义的探索时，即"发现艺术品的深层意义和人类心灵的基本倾向"[1]时，把握图像宏观结构的必要性便显现出来。宏观结构是图像各组成要素在不同层次上的意义相合，是建立在低层次图义结构基础上的图像深层次解读，它是对图像全局信息的把握和理解，亦是图像阐释的最终目标。以山东平阴县实验中学出土的一块东汉画像石[2]为例，画面由界栏分为上、下两层，上层上部刻绘车马出行图，前面一骑吏甩鞭，越过身后二人头顶，再其后是三人牵一辆轺车，车内乘者击鼓。后面跟随鹿车与骑鹿者；上层下部刻绘胡汉战争图：右端刻执刀、盾、戟的汉兵，左端刻持弓胡兵，中间一汉兵持戟刺向胡兵，胡兵跪地，旁有一无头尸体，另有一汉兵执盾，盾上已中三箭。下层中间阴线刻一座三层楼阁，其间人物端坐，屋顶立有羽人饲凤。楼阁左右各有一重檐双阙，左阙旁刻异兽，右阙旁刻伏羲女娲，再下部刻渔猎场面。

从图像内容上看，车骑出行、胡汉战争、乐舞、伏羲女娲、渔猎等图像元素彼此之间不存在"条件性的关系"。工匠之所以能够将上述几组场景如蒙太奇般超时空并置，是因为它们在意义层面维持了一定的相似性——都和羽化升仙这个巨命题密切相关：画面上部所刻车骑行列，因鹿车的出现而将其象征意义指向墓主灵魂的升仙之旅。胡汉战争这一场景的出现，是缘于西域

---

[1] 郁火星.现代西方艺术研究方法论［M］.南京：东南大学出版社，2014：50.
[2] 焦德森.中国画像石全集：第三卷［M］.济南：山东美术出版社，2000：图版203.

胡人独特的身份和地理因素所引发的异域想象（详见本书第四章）：此处胡人变身墓主西行升仙之旅的阻碍，只有消除阻碍，墓主才能顺利抵达昆仑仙境。画面中间以界栏一分为二，下部所刻三层楼阁、重檐双阙，以及环绕周边的伏羲女娲、羽人饲凤、游鱼戏水，似乎都象征着墓主灵魂抵达彼岸世界之后，悠闲与静谧的生活景象。这样，原本各自独立的图像要素就顺理成章地获得了秩序感，而观者的推断力也足以使他们透过表层纷杂的图像元素，将图像意义完整而连贯地破译出来。

纵观公元前2世纪到2世纪之间的墓葬图像艺术，这种超越了"因果律"和"时间化"的表意模式在汉画中不胜枚举，它们为"并置结构"的图像艺术提供了典型范例。而空间结构上的并置性呈现，进入到叙述层面，就形成了复合图像叙事表达上的累加式特征。

二、复合图像的叙事机制：多层次累加式叙事

在以文本为重点研究对象的传统叙事学中，"叙事被认为是一系列事件按照因果关系组合成的一条线，这条线包含了开端、发展和结尾三个必要因素。"[①] 文本叙事的线性特征（linear storytelling）早已为学界所证实，受这种线性结构的制约，叙述者只能将事件按照一定的时间顺序依次推进，而读者在文本的接受上也是单维接受，即在阅读的进程中每次只能了解某一个故事情节，而叙述性图像的出现打破了这种线性模式。虽然人们对叙事中心含义的解读未曾改变，但当情节发展从传世文献转移到墓葬石刻，当图像替换文字成为又一种独立的表意系统时，非线性叙事结构（non-linear storytelling）便呈现出来。

汉画中单元图像的叙事主要是通过"最具孕育性顷刻"的营造来完成，工匠在有限的画框中，预先决定好他将保留哪些最典型的、最富有表现力的瞬间，并对这些不同瞬间的动作进行定格、并置、重组，以规划出暗示故事发展过程的最优方案，使观者在极具戏剧张力的画面结构中了解某一故事情

---

① J.希利斯·米勒.解读叙事[M].申丹,译.北京：北京大学出版社,2002：46.

<<< 第五章 复合图像的叙事形态

节,从而达到单维叙事的目的。而复合图像是更为繁复的视觉表达,它描述了许多同时发生的事,若各图像要素编排得当,主题统一,不仅能使图像具备一定的容量和气势,还能使观者在脑海中勾勒出一个连贯而完整的艺术图景,从而达到多维叙事的效果。所谓图像的多维叙事,"主要指那种把几个故事情节合并到一幅图像中的插图所带来的叙事方式。"[①]

如上文所述,"车马出行+组合元素"的构图模式,是汉画中复合图像的典型代表。从类型学视角切入观察[②],在这个极具涵纳性的艺术结构中,存在一个由"本体"元素和"变体"元素共同构成的多维的、层次分明的图像叙述体:所谓"本体"元素即"车马行列",它在艺术构成中的中心地位,使它在图像叙述体中始终保持相对稳定的核心地位;而所谓"变体"元素,即与车马行列构成意义联结的不同艺术组合要素,它们也承担着一定的意义功能,通过与车马形象在艺术上联结而形成构图意义上的依附关系,导致不同主题的艺术象征结构的产生。如果将复合图像视为"最高叙述层",那么"本体"即车马行列是整个叙述体中的"主要层次",它不仅在有限的画幅中占据了绝对空间,并且将图义限定在"出行"的范畴之内。而依附于车马行列的每一个"变体"元素,都可视为低于"主要层次"的"次要层次"。各"次要层次"之间所建立的关系多数是平行关系,它们之间或许不存在因果逻辑,但却戏剧性地类比组合在一起,在"主要层次"的基础上添枝加叶,踵事增华。图像的最终表达是不同叙述层次的叠加,这便是复合图像的叙事机制——多层次的累加式叙事。

多叙述层次的累加式叙事,在修辞学中称之为"叠叙法"。严格来说,叠叙法本指一个词的多次重复使用,古希腊修辞学家朗吉努斯(Longinus)在他的文艺理论大著《论崇高》一书中将格、时、人称、数和性的变化所产生的修辞效果也算在内:"'叠叙法'的修辞格包括句的排比,词的变化和语式的递进高潮,能够强有力地推进高雅、崇高的感情效果的产生……在仔细审视

---

① 陆涛.中国古代小说插图及其语—图互文研究[M].南京:南京大学出版社,2014:157.
② 借鉴李立先生从类型学角度对汉画"大树组合艺术构图"的分析范式。李立.汉画像的叙述 汉画像的图像叙事学研究[M].北京:中国社会科学出版社,2016:43-76.

下，有些单数形式背后还有复数的意义，这些形式赋予了文章修饰效果。"①早在商周时期的青铜器铭文上，就出现了以多线累加方式直陈其事的"叠叙法"的运用。例如西周宣王时期的《不其簋铭》，其"伯氏曰"部分：

> 御方猃狁广伐西俞，王命我羞追于西，余来归献禽：余命汝御追于□，汝以我车宕伐猃狁于高陵，汝多折首执讯。戎大同，从追汝，汝及戎大敦搏，汝休，弗以我车陷于艰，汝多禽，折首执讯。②

这部分共有六个叙述层，即猃狁伐西俞；王命伯氏追猃狁；伯氏献擒；伯氏命不其追击猃狁；高陵之战以及突围之战。其中，伯氏、猃狁、不其三方关系交织："御方猃狁伐西俞是一级叙事，伯氏命令'不其'追击'猃狁'是第一个二级叙事；不其宕伐猃狁是第二个二级叙事；猃狁大同，纵追不其是第三个二级叙事；不其大敦搏是第四个二级叙事；这四个二级叙事叠加在一起，共同构成一个完整的大事件叙事。"③汉画中的复合图像在叙事机制上与"叠叙法"有异曲同工之妙，叙事叠加就发生在两个或两个以上的叙述层之间。

此处以河南唐河针织厂汉墓南门门楣石、陕西辛店乡延家岔2号墓前室东壁横楣石、陕西绥德黄家塔王圣序墓前室南壁横额石以及米脂县官庄3号墓前室北壁横楣石4幅车马出行图为例，就艺术要素的增饰说明图像叙事容量随之扩充。4块横额石中以唐河针织厂汉墓南门门楣石④（图5-12）构图最为简约，画面无分层也无边框纹饰，仅有一列左向驱驰的车马队伍，从左至右依次刻绘导骑二人，鼓车一辆，轺车一辆，轺车内乘一御者一尊者，后跟有一随从。所谓"鼓车"，即鼓乐车，乘者鼓舞或奏乐。《汉书·韩延寿传》中就记载了韩延寿出行仪仗中配有"鼓车、歌车，功曹引车"。结合整个墓门的图像构

---

① 朗吉努斯，亚里士多德，贺拉斯. 美学三论 论崇高 论诗学 论诗艺[M]. 马文婷，译. 北京：光明日报出版社，2009：44.
② 马承源. 商周青铜器铭文选[M]. 北京：文物出版社，1988：308-309.
③ 丁进. 商周青铜器铭文文学研究[M]. 西安：西北大学出版社，2013：194.
④ 朱青生. 汉画总录：卷十七[M]. 桂林：广西师范大学出版社，2013：编号HN-NY-040-01（2）.

成，该门楣对车马行列的刻画属于现实场景描绘，且叙事内容单一而明晰：这类"仪仗图"主要为彰显墓主之威严华贵。相比唐河针织厂门楣石，辛店乡延家岔2号墓前室东壁横楣石[①]（图5-13）的图像构成更为丰富。画面可分为两层，上层刻一列左向行驶的车马行列，而日、月并置其左右，且日、月下方刻龙与卧鹿各一。下层刻灵禽瑞兽图，其间夹杂羽人献瑞。该石显然以车马行列为构图核心，它是整个复合图像叙述体的"主要层次"，并且将图义限定在"出行"的范畴之内。并置在核心图像周遭的日月、灵禽瑞兽、羽人献瑞等形象要素，作为低于主要叙述层的"次要层次"嵌入其中，通过纳福升仙的共性特征与核心图像意义相合，从而把车马行列的现实意义——社会的象征排除在外，不仅扩展了原本单一的叙事情节，而且赋予了图像叙述体西去升仙的新内涵。绥德黄家塔王圣序墓前室南壁横额石[②]（图5-14）更在延家岔横楣石构图的基础上，增以"狩猎"场景。画面可分三层，上层绘卷云鸟兽纹，瑞兽、仙人穿插其间。中层刻左行瑞兽图，一幅"狩猎图"置于中偏右处。下层为车马行列图，前后各一着袍小吏袖手恭立。结合画像石所在前室南壁的整体构图，该横额石所表达的主旨内涵与延家岔基本一致，只不过因新的图像要素——"狩猎"场景的出现而在原有叙述层次的基础上，平添一层"墓主于仙境中狩猎，而满足于其置身祥瑞世界的美好愿望"的意味。画像内容最为繁复的当属米脂县官庄3号墓前室北壁横楣石[③]（图5-15）。画面分为两层，上层左右分别刻绘日轮、月轮，日月之间绘卷云鸟兽纹，灵禽瑞兽行走其间。日轮下方刻一深目高鼻、戴尖顶高帽的胡人，屈膝倒跪于马背上。其后刻狩猎图、车骑出行图、羽人献瑞及瑞兽若干。该横楣石叙事主题仍然以墓主灵魂乘坐车马向西方昆仑仙境行进为主。从其叙述层次来看，该图像共出现两大叙述层：车马行列作为占据着绝对空间的形象要素，依然是整个图像叙述的"主要层次"，其余图像要素分别构成三个相互平行的"次要

[①] 康兰英.汉画总录：卷六[M].桂林：广西师范大学出版社，2012：编号SSX-SD-103-16.

[②] 康兰英.汉画总录：卷七[M].桂林：广西师范大学出版社，2012：编号SSX-SD-150-01.《汉画总录》中认为这块石是墓门门楣石，《陕西绥德县黄家塔汉代画像石墓群》记载该石为前室南壁（后室门）横额图像，本书采后者之说。

[③] 康兰英.汉画总录：卷三[M].桂林：广西师范大学出版社，2012：编号SSX-MZ-022-07.

层次"，即日月、灵禽瑞兽象征西方仙境；狩猎象征祥瑞期待；胡人象征仙境向导。这三个"次要层次"与升仙主题呼应且平行展开，在"主要层次"的基础上添枝增叶，不仅丰富了叙事维度，也强化了图像主题。值得注意的是，与上述三例所强调"行进途中"有所不同，该画像石所绘内容似乎表明墓主车马已然置身于西域仙境之中，与灵禽瑞兽为伴，以游园猎奇为乐。这是由于新的叙述层——"胡人倒跪马背"嵌入所致。来自西北之地的胡人，自然勾连起汉人对缥缈乎昆仑仙境的无限遐想，他们是异域文明的使者，更是西王母神仙系统的一部分，导引墓主灵魂在奇幻幽深的仙界中逍遥神游。（图5-16）

图5-12　唐河县针织厂汉墓墓南门门楣石背面

图5-13　辛店延家岔2号墓前室东壁横楣石

图5-14　黄家塔M6前室南壁横额石

图5-15　米脂县官庄3号墓前室北壁横楣石

<<< 第五章 复合图像的叙事形态

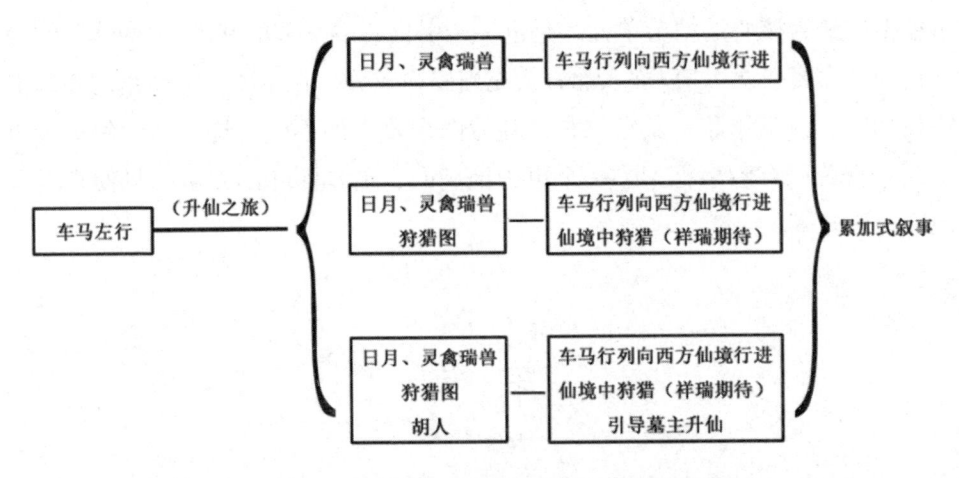

图5-16 复合图像"累加式叙事"逻辑关系图

汉画中复合图像这种多层次累加的叙事形态，与文本叙事中的嵌套结构，即"框架叙事"与"嵌入叙事"有相似之处，热奈特将其称之为"故事外层"与"元故事层"①。框架叙事与嵌入叙事之间通常存在三种关系：（一）嵌入叙事为框架叙事提供解释的因果关系；（二）不存在任何时空连续性的纯主题对应关系；（三）无明确关系。复合图像作为一个多维的、整体性的叙事结构，它为各嵌入叙事提供了叙事框架和主题。组成它的每一个图像要素，都是一个嵌入叙事，这些嵌入叙事多数是平行关系，处在同一个故事层。图像要素与整体意义之间，可能存在解释与被解释的因果关系，也可能不存在任何时空的连续性，仅仅是纯主题对应关系。最终，各嵌入叙事通过并置的方式，将墓葬中宇宙象征式的崇高感、人神沟通的神秘感、墓主灵魂所憩的归宿感等感情效果逐一呈现。

总的来说，在隐去了"因果律"和"时间化"逻辑的复合图像中，各艺术要素在同一主题的统摄下置陈布势，并通过持续不断的意义相合，最终构建起丰繁意义得以滋生蔓延、叠加融合的叙事空间。这是一个多层次累加的叙事空间，构图形态上的"本体"元素与"变体"元素从空间维度将复合图像解构为主次分明的叙述体系，"本体"作为叙述的"主要层次"，是整个叙

---

① 热奈特.叙事话语 [M].北京：中国社会科学出版社，1990：161-163.

205

事框架中最为核心的情节单元，是进一步引出叙事细节的基础。"变体"作为叙述的"次要层次"，以嵌入的方式充当修饰成分，在主要情节脉络的基础上添枝加叶，踵事增华。其结果是，随着图像要素的不断增饰，新的叙事情节不断丰富着原有叙事框架，一个更为饱满的、更具深味的叙事图景便在观者眼前铺展开来。

结　语

如果说对单元图像的叙事机制分析关涉图像叙事的基本学理，那么复合图像的叙事机制研究则更能体现出汉画区别于其他图像艺术的结构特征。以"车马出行"为典型代表的复合图像，是汉墓中分布地域最广、出现频率最高、组合形式最为多变的题材之一，因其组合构图的复杂性、图像内涵的丰富性而颇具研究价值。有鉴于此，本章即以横额石"车马出行"图为例，探证复合图像在墓葬图像叙述体中的意义和功能。

图像叙事机制的研究建立在对图像内涵进行正确释读的基础之上，目前学界对"车马出行"图的图像学阐释相对充分，但仍然存在一些误读和过度阐释的问题，究其缘由，一方面可能是研究者对两汉思想观念、宗教习俗等文化背景的"模糊""忘却"所致，另一方面也可能是陷入了割裂墓葬艺术整体性而过分强调独立图像之意义的窘境。因此，在对"车马出行"图进行图像分析时，首先有必要恢复其图像原境，即恢复画像在墓葬图像系统中的组织关系，以避免"偏向诠释"，从而为准确分析其叙事内涵打下坚实基础。其次，进一步对"车马出行"这一组合艺术构图进行"解构式"分析，以便明确各艺术要素间的逻辑关系和叙述层次，从而为阐发复合图像的叙事机制提供思路和方向。

通过对图像资料的类型学分析可知，汉墓中以"车马出行"为主要内容的横额石，在构图上大体呈现四种类型，即：①独立成幅的车马出行图；②"车骑行列＋现实题材"；③"车骑行列＋狩猎图"；④"车骑行列＋升仙题材"。不同艺术要素通过与车马形象在艺术上联结而形成构图意义上的依附关系，导致不同主题的艺术象征结构的产生，但归结诸多图例，我们能够发现横额石中"车马出行"图的叙述主题总是围绕着"丧葬关怀"与"升仙度世"而展开：既有现实的刻绘用以象征墓主生前威仪的"仪仗图"，以1954年发掘的沂南北寨汉墓中室3幅横额画像为例[①]；又有仙界的想象用以表达对永生的追求，以陕西绥德崔家湾镇苏家圪坨杨孟元墓前室南壁横楣石为典型[②]。同一种主题，甚至相同图式的"车马出行"图，由于在墓葬建筑结构中的位置不同，它所负载的精神内涵和叙事功能也大相径庭。一般来说，墓门门楣石中的车马行列作为"动态叙述"表现着时间的流动，与门扉、门框画像构成的"静态叙述"发生意义联结，画龙点睛般揭示出墓门图像叙述系统的特点和性质。而那些散布于墓室内部横额上的车马行列，在整个墓葬叙事空间中的功能更为复杂，它们一面在图像意义上搭建起世俗与仙界的通道，一面又草蛇灰线般隐匿在错综变换的场景中，将墓室四壁零散的图像内容勾连成一幅连贯的叙述图景。

就叙事功能而言，作为一种"在时间上和空间上浓缩"的艺术形态，图像难以在有限的空间内布置一个文本叙事所谓"头—身—尾"的有机结构，但它可以将许多同时发生的事件以直观可感的形式呈现出来，甚至轻而易举地绘染出文字所难以塑造的恢宏气势。这种令人讶异的叙述容量与效果，正是通过艺术要素的并置与穿插来实现的。汉画中的复合图像就存在着大量"并置"的事实，并且这一结构特点，决定了它在叙事表达上的累加式特征。从"车马出行"的构图形态上看，这个极具涵纳性的图像结构始终为不同艺术要素的联结保留着相当的空间，这使得意义能够在这个空间里任意滋生和蔓延。如果我们将复合图像视为"最高叙述层"，那么车马行列是整个叙述体中的"主要层次"，它不仅在有限的画幅中占据了绝对空间，并且将图义限定在"出行"的范畴之内。而依附于车马行列的每一个艺术要素，都可视为低于"主要层次"的"次要层次"。图像的最终表达是不同叙述层次的叠加，随

---

① 冯沂.临沂汉画像石[M].济南：山东美术出版社，2002：图版189, 190, 191.
② 康兰英.汉画总录：卷四[M].桂林：广西师范大学出版社，2012：编号SSX-SD-022-07.

着图像要素的不断增饰，新的叙事情节不断丰富着原有叙事框架，一个更为饱满的、更具深味的叙事图景便在观者眼前铺展开来。这便是复合图像的叙事机制——多层次的累加式叙事。

第六章

墓葬整体空间的叙事形态
——以沂南北寨汉墓为例

"深沉雄大"的汉画艺术延续了早期中国图像艺术中"体象天地，功侔造化"的宏大风貌，充分彰显着两汉时期民族大一统的时代气概。所谓"深沉"，据胡绍宗先生分析，"指叙事角度的历史厚度"，并且画像石以其粗犷质朴的视觉风格，每每给人以沉厚之感；所谓"雄大"，"是指叙事的内容时间上涵盖古今、空间上包举四方上下的宏大风格叙事。在一个既定的视觉平面上，宇宙苍穹、生界与幽都、家国与天下都囊括其中，给人以实在的精神震撼和视觉冲击。"[①]

作为具有复杂结构的图像叙事系统，汉画像石所披示的人文精神自然值得我们深思；而其空间存在与叙事活动之间隐秘的深层联系，则更是一个耐人寻味、意味复杂的课题，这也是汉画图像叙事研究向纵深发展的应有之义。本章即以沂南北寨汉墓为例，就这一问题展开讨论。

第一节 墓室空间中的"天地"经营

一、沂南北寨汉墓整体概况

沂南是山东省临沂市下辖县，地处鲁中南，东邻莒县，西连蒙阴，南邻

[①] 胡绍宗.中国早期制像艺术［M］.北京：人民美术出版社，2011：277.

费县，北接沂水。北寨村位于沂南县城西8千米处，北负县崮山，南面荆山，西临汶河，东倚团山。据此可知，当地石料资源丰富，这为汉画石刻提供了充足的物质材料。墓葬发现之初，当地人叫它作"将军冢"，1954年由山东省文物管理委员会协同华东文物工作队合组清理后，将其正式命名为"沂南北寨汉画像石墓"，是我国迄今为止发现规模最大、画像内容最为丰富的纯石结构画像石墓。墓葬地处北寨村打谷场内，除了墓门两侧的挡土墙之外，墓室全部使用石材垒成，这些石材均出自团山。墓室坐北朝南，东西宽7.55米、南北长8.70米，分为前、中、后三室，并附有东西侧室，东三室（包括东北角侧室内的厕所），西二室，总计八室，室与室之间有门直通。[①]

墓门高1.44米，三根立柱将其分成两个宽1.14米的墓门。由于墓葬早期被盗掘，墓门遭到严重破坏，门扉现已不存，门上有一横额和两重门楣，距离地砖约2.74米。墓门横额处、三根立柱上均刻有画像，共计4幅（拓片1—4）[②]，以高浮雕刻绘而成，显得墓门雄伟气魄。

前室平面呈长方形，面阔显两间，进深显两间。南北长1.85米，东西宽2.84米，顶高2.80米。室中立一八角形擎天柱，柱身高1.10米，柱下端径0.255米，上端径0.235米。柱础为两层，上层圆形呈覆盆状，下层方形。柱上有栌斗，栌斗上又有棋及二散斗，散斗间又有一蜀柱。前室过梁将室顶隔为东西两间，两间均为抹角结构藻井，该藻井为方形，共有三层叠涩。前室中共发现画像石29幅，包括横额画像4幅（拓片5—8），四壁画像10幅（拓片9—18）、擎天柱画像13幅（拓片19—31）以及室顶藻井处画像2幅（拓片32、33）。

中室面积较前室略大，面阔显两间，进深显两间，进门处中间位置立一支柱，形制同前室，但无门框。室东西宽3.81米，南北长2.36米，顶高3.12米。室中亦有一八角擎天柱，高1.07米，径0.27米。立柱的造型与前室略有

[①] 1954年由山东省文物管理委员会协同华东文物工作队合组对沂南北寨汉墓进行了清理发掘后，曾昭燏、蒋宝庚、黎忠义共同完成了《沂南古画像石墓发掘报告》的编写工作。本章所引沂南北寨汉墓相关图片资料，皆可见该文。

[②] 南京博物院，山东省文物管理处.沂南古画像石墓发掘报告［M］.北京：文化部文物管理局，1956.沂南画像石拓片1—73，下同。

不同，为一斗两升式，且散斗之间无蜀柱，棋旁雕刻两只倒衔半身龙，角、翼、鳞俱现，曲身而上，既有结构之用，又有装饰意味。室顶也因过梁而隔为东西两间，各有五层藻井叠涩而起，状如阶梯式方锥。其中东间藻井盖上刻有花纹，西间藻井残存二分之一，有花纹。中室共有画像石31幅，包括横额画像6幅（拓片34—39），四壁画像10幅（拓片40—49），擎天柱画像石13幅（拓片50—62）以及室顶藻井处画像2幅（拓片63、64）。

后室是放置墓主棺木的地方，面阔显两间，进深显一间，南北长3.14米，东间宽1.035米，西间宽1.025米，顶高相对较低，仅有1.87米。进门处中间也立有一支柱，形制同中室。后室被顶部斗棋隔为两间，斗棋样式与中室类似，但棋旁所雕半身双角龙相对简约且略显厚重。棋下仅有一反转栌斗，无柱无础。室顶有向上叠涩而成的三层藻井（包括枋石在内），藻井盖上绘有精美花纹，且施以彩漆。后室画像石较少，共有8幅，包括室顶藻井处画像2幅（拓片72、73），栌斗处画像2幅（拓片66、67）以及隔墙处画像4幅（拓片68—71）。

侧室中，除了中室室顶处有一幅画像之外，其余均无画像石发现。前室东侧室长1.43米，宽1.51米，顶高2.45米。前室西侧室长1.48米，宽1.84米，顶高2.46米。两侧室顶皆用抹角结构做法，盖上无雕刻花纹。中室东侧室长1.875米，宽1.55米，顶高2.38米，室顶系叠涩做法，包括枋石在内共有三级，盖上无雕刻花纹。中室西侧室长2.34米，宽1.50米，顶高2.56米，室顶亦叠涩做法，包括枋石在内共四级，盖上刻有菱形格纹（拓片65）。最末一侧室位于东北角，由中室东侧室背面进入。室长3.4米，宽0.94米，顶高在整个墓葬建筑中最低，仅有1.48米。室顶也是叠涩做法，仅一级，盖上无雕刻花纹。室北有隔墙，隔墙后为厕所。

据曾昭燏先生等人统计[①]（表6-1），沂南北寨汉墓全墓共用石材280块，可谓工程浩大，侧面证明墓主财力之雄厚。其中中室所用石材最多，共计61块，其余依次为前室47块，后室46块。就墓中画像石而言，共发现42块、73幅图像，多集中在横额、墓壁、立柱之上。有的石块只有一面刻有画像，有

---

① 南京博物院，山东省文物管理处. 沂南古画像石墓发掘报告［M］. 北京：文化部文物管理局，1956：11.

的则两面均刻有画像,还有的周身都刻有图案,如前室、中室所立擎天柱。中室出现画像石数量最多,有31幅;前室数量相对较少,有29幅;后室次之,有8幅;墓门处最少,仅有4幅。就制作方式而言,多数画像石采取阴线平面减地刻法,线条流畅繁密,亦有少部分以高浮雕刻绘,形成了深沉宏大、自由活泼的艺术风格。就图像内容而言,从神话传说到历史故事,从浪漫纹饰到现实场景描绘,画像题材广泛且情节丰富,反映出汉末绘画水平的艺术高度。

表6-1 各室所用石材明细表

石材别		室别	前室 一	中室 二	后室 三	前室东侧室 四	前室西侧室 五	中室东侧室 六	中室西侧室 七	东北角侧室 八	墓门	共计
平面	地面		1	3	6	0	0	0	0	0	0	9
	入口石		2	2	1	1	1	1	1	1	0	9
	台面		3	0	0	3	3	3	2	3	4	0	18
立面	东壁	平均高度1.20米	4	2	2	4	3	同一:5	2	同二:5	2	0	15
	西壁		5	2	2	4	同一:4	2	同二:4	5	0	17
	南壁		6	3	同一:7	2	3	2	同四:7	同五:7	0	0	10
	北壁		7	3	3	4	2	2	2	3	2	2	23
	东横额	平均高度0.48米	8	1	1	0	0	同一:9	0	同二:9	0	0	2
	西横额		9	1	1	0	同一:8	0	同二:8	0	0	0	2
	南横额		10	1	同一11	0	0	0	同四11	同五11	0	0	1
	北横额		11	2	2	0	1	1	1	1	0	6	13

续表

石材别	室别		前室 一	中室 二	后室 三	前室东侧室 四	前室西侧室 五	中室东侧室 六	中室西侧室 七	东北角侧室 八	墓门	共计
屋顶	枋（四角）	12	6	6	6	5	3	4	0	4	0	34
	转角石	13	0	0	0	0	直1横1	0	横1	0	0	3
	抹角石	14	16	0	0	8	8	0	0	0	0	32
	叠涩石	15	0	32四级	16二级	0	0	8二级	15四级	0	0	71
	盖石	16	2	2	2	1	1	1	1	1	0	11
其他部分	过梁栱	17	1	1	1	0	0	0	0	0	0	3
	栌斗八角柱	18	1	1	0	0	0	0	0	0	0	2
	磉	19	1	1	0	0	0	0	0	0	0	2
	覆斗	20	0	0	1	0	0	0	0	0	0	1
	地栿	21	0	0	2	0	0	0	0	0	0	2
	共计		47	61	46	27	25	21	29	16	8	280

注：单位以块计算。

二、成熟期石室墓的画像配置规律

山东地区的汉画石墓早在王莽时期就迎来了它发展的成熟期。"成熟期的画像石墓都有共同的特征，它们不仅在墓葬形制方面完全打破了木椁墓简单的平顶箱式结构，采取了与人间居室相近的房屋式建筑形式，而且随着墓室建筑规模的扩大，画面面积也在不断增加。当然，各类画像内容也实现了更有规律的配置。"[①] 信立祥先生曾在《汉代画像石综合研究》一书中仔细考察了成熟期纯石结构汉墓墓门画像的配置规律[②]（详见本书第五章第二节），并从内容上将成熟期画像石墓的主室画像归纳为六种类型。"第一类是表现墓主在地下世界日常起居生活场面的画像，一般配置在主室壁面上。第二类是具有辟除不祥、保护墓主灵魂安宁和尸体安全、象征吉祥大利的仙禽神兽图和穿壁图等，散布在主室各处；第三类是表现天上世界的诸神图和天象图，都配置在主室顶部；第四类、第五类和第六类分别是表现墓主升仙愿望的仙界图、与祭祀墓主活动有关的狩猎图和历史故事画像，都配置在主室侧壁。"[③] 比对沂南北寨汉墓，作为山东地区成熟期纯石结构汉墓的典型代表，其汉画在墓葬空间中的配置，就呈现出明显的程式性和规律性。墓中所出73幅汉画图像，据主题内容可分为四类。第一类是起到御凶驱邪、保护墓室作用的神怪图像；第二类是象征墓主升仙度世、遨游仙界的神话图像；第三类是表现墓主赴祠庙接受祭祀的现实描绘；第四类是具有道德伦理功用的历史故事图像。不同题材汉画的方位布局是由图像本身的内涵以及从墓葬结构整体性出发的功用所共同决定的。第一类画像主要配置在墓门立柱和放置墓主棺柩的后室隔墙上，用以保护墓主灵魂安宁，不受邪魔侵扰。第二类画像主要配置在建筑高处，比如墓门横额、前室北壁横额、前室和中室八角擎天柱以及后室隔梁处。无论从画像数量上，抑或面积上，这类画像在整个墓葬图像系统中都居于首位，表明"升仙度世"是该墓葬的核心主题。第三类画像配置在前室横额和中室横额之上，图像内容连贯而具有逻辑性，是北寨汉墓中叙事性最强的图像系列。第四类画像则集中配置在中室四壁上。

通过对墓葬总体空间中的图像配置情况进行简单整理，我们能够发现：北寨汉墓基本符合成熟期画像石墓的配置规律，即与日月星辰、神灵祥瑞有关的内容多数配置在墓葬结构上部，而具有道德鉴戒功能的历史故事画像以及反映墓主奢靡逸乐的家园生活的画像则配置在墓葬结构中、下部。但是，尽管汉画的生产存在着程式化、格套化的既定事实，但墓葬艺术毕竟不是批

---

① 信立祥.汉代画像石综合研究[M].北京：文物出版社，2000：235.
② 信立祥.汉代画像石综合研究[M].北京：文物出版社，2000：257-271.
③ 信立祥.汉代画像石综合研究[M].北京：文物出版社，2000：247.

量生产的廉价工艺品，尤其是那些造价高昂、规模雄伟的纯石结构墓葬，往往也有墓主的自由意志掺杂其中，因此，即便是同一题材、同一主题的画像，也会由于墓主的生平经历、社会地位、经济实力、宗教信仰等诸多差异而呈现出不同的表现方式。所以说北寨汉墓的画像配置，就整体情况而言，它符合成熟期画像石墓的一般配置规律，但就个性特征而言，它又呈现出一定的差异化倾向。为了进一步阐明北寨汉墓的个性化特征，下文将分别从后室、中室、前室、墓门四个区域进行详述。

首先，是放置男女墓主棺柩的后室画像的配置情况（表6-2）。汉代墓葬中在后室配置画像的案例并不多见，北寨汉墓算是特殊一例。从墓葬平面图中可见，一面斗拱式隔墙将后室分为东、西两间，画像分别配置在后室隔梁及承过梁隔墙的东、西两面，共计6幅。从内容上看，后室画像主要涵盖三种类型，自上而下依次为：（一）表现天上世界的仙禽神兽图，集中出现在主室上方过梁处；（二）辟除不祥、保护墓主灵魂安宁的镇墓神怪，散布在东、西主室过梁北隔墙上部；（三）描绘墓主在黄泉世界的日常起居（是后室画像中面积最大的部分），配置在东、西主室过梁南隔墙，以及东、西主室过梁北隔墙下部。综合后室画像整体配置情况可以看出，象征"天"和"仙界"的图像内容被配置在后室上部，表现墓主夫妇的日常起居——亦是后室画像的核心内容，被配置在后室侧壁的中、下部。并且东、西主室的画像配置结构基本相同，所不同的只是画像内容更符合男女墓主的性别身份而已。

表6-2　沂南汉墓后室画像配置情况

位置	画像内容[①]
东主室过梁	刻一列仙禽神兽。左起为：翼龙、长喙鸟、鸟首有翼兽、翼虎、人首有翼异兽、翼鹿、人首鸟身奇兽、翼鹿、鸟首有翼怪兽、翼虎、翼鹿、朱雀
东主室过梁南隔墙	画面分两层。上层刻闱房摆置，包括几案、箧子、奁、盘、镜盒、耳杯、碗钵等物，几下有犬有鼠。下层刻三名并立的婢女，侍奉主人梳洗用餐

---

① 图版说明参照：冯沂.临沂汉画像石［M］.济南：山东美术出版社，2002：图版204-209.

续表

位置	画像内容
东主室过梁北隔墙	画面分两层。上层四只瑞鸟,其下刻一头披发神怪,狰狞凶猛。下层洒扫图,五脊式亭阁外,一位婢女俯身弯腰扫地,旁置便器和水缸
西主室过梁	刻一列仙禽神兽。左起为:翼鹿、鸡、翼鹿、翼虎、翼龙、人首鸟身怪禽、人首有翼怪兽、翼龙、翼鹿、翼虎、翼龙、翼虎、翼鹿、翼龙、翼虎
西主室过梁北隔墙	画面分两层。上层刻两只瑞鸟,其下刻一只上身赤裸的狰狞神怪。下层刻室内陈设,一衣架挂有衣物,有鞋置于几案上
西主室过梁南隔墙	画面分两层。上层刻武器库,库中有三个兵器架,分别置剑、刀、短戟、矛等兵器。下层刻仆役图,一位男仆捧方盒,另一男仆持便面。二人脚下有灯台、壶、樽等酒器。左侧置兵器

其次,是象征地面阳宅之"堂"的中室、前室画像的配置情况。周代"前堂后室"的建筑格局对汉代室墓形制的影响是显而易见的。所谓"堂",据《中国古代建筑史》记载:"是主人生活起居和接待宾客,以及举行各种典礼仪式之处。"[①] 东汉明帝时墓庙合一,一部分祭祀活动由"庙"转移到"墓",来自统治者的系列举措将神圣的祭祀之"堂"一分为二。正如韩丛耀先生所言,"在汉代陵墓中,事实存在着'地上之堂'与'地下之堂'两个祭祀之用的重要场所,而它们的功用有相同与不同之处,如果就存在的位置而言,以'墓地祠堂'和'墓室祠堂'来区别较为合适;就祭祀的对象而言,一为祭祀先祖,一为祭奠亡魂;就祭祀的内容而言,墓地祠堂祭祀活动表示的是慎终追远、不忘祖德,墓室祠堂祭奠活动表示的是隆重的葬礼仪式。"[②]

有关墓室中的"堂",信立祥先生早有论及,他说:"汉代的大型画像石墓一般都有两个堂,一个堂是地下墓室中紧靠后室,位于后室之前的中室或前室;另一个堂是墓地祠堂。这两个堂对于地下世界的墓主来说,都是燕居以外各种活动不可缺少的场所。"[③] 可见,相比于单一空间的平顶箱式椁墓,汉

---

① 刘叙杰.中国古代建筑史:第一卷[M].北京:中国建筑工业出版社,2003:280.
② 韩丛耀,主编.中华图像文化史:秦汉卷[M].北京:中国摄影出版社,2016:441.
③ 信立祥.汉代画像石综合研究[M].北京:文物出版社,2000:323.

代室墓在结构上的一大特征就是专门用于祭祀的"前堂"在墓葬空间中不断扩大并独立出来。在椁墓向室墓转化的过程中,"本来以棺为中心的埋葬空间开始逐渐后移,祭祀空间与埋葬空间比例关系逐渐相对分明起来,既相互独立,又共同占据玄室内中央空间","当祭祀空间和埋葬空间在构造上达到完全分离状态,确立了祭祀前堂和后棺室的相对独立空间时,则标志着室墓的成熟","最终,这种以前堂后室为中心筑造的地下空间变为室墓的基本形制走向定型,并延续影响至以后各历史朝代。"[①]

北寨汉墓中,"前堂"即位于后室之前的中室和前室,它首先是具有享祭功能的礼制空间,如此重要的属性决定了它不仅占据了整个墓葬空间的至高点(其中前室顶高2.8米,中室顶高3.2米),所谓"堂犹堂堂,高显貌"(《释名·释宫室》),同时也是占用石料最多、画像最为丰富的区域;其次它还象征着阴间宅院的厅堂,作为墓主会客宴宾之处。刻绘在中室、前室横额及四壁的祭奠活动、宴飨宾客、乐舞百戏等图像内容,便是对这一礼制空间的最好注解。

以车马出行、历史故事等现实描绘为主要内容的中室,和以祭祀活动、镇墓灵兽等神异想象为主要内容的前室,是北寨汉墓中画像数量最多、内容最为丰富、可读性最强的艺术空间。其画像按照图像学意义大体可归为四类:

(一)墓主乘坐车马赴祠庙接受祭祀的画像以及众人祭拜墓主的宏大祭祀场景,集中出现在中室和前室横额上。其中,表现"墓主夫妇乘坐豪华车马行列奔赴祠庙"这一主题的画像石共计6幅,均出现在中室横额,包括4幅车马出行图,1幅乐舞百戏图,1幅庖厨图(图6-1)。车马出行图又可分为两列,一列描绘男墓主出行的浩大场面,从中室北壁西段开始,经西壁横梁,一直延续到南壁横梁西段;另一列描绘女墓主出行的场面,主要刻绘在北壁东段。至于出现在东壁横额的乐舞百戏图,以及南壁横额东段的庖厨图,信立祥先生认为它们"表现的也是祭祀时用文艺演出取悦墓主灵魂的场面",以及"为祭祀墓主准备贡品的忙碌场面"[②]。而表现众人祠庙中祭拜墓主场景的画像石

---

① 黄晓芬.汉墓的考古学研究[M].长沙:岳麓书社,2003:92.
② 信立祥.汉代画像石综合研究[M].北京:文物出版社,2000:253.

共有3幅，均出现在前室横额（图6-2）。依照祭祀活动的先后顺序，分别为：表现宾客赠物助祭的南壁横额图；表现众多来宾在祭拜墓主前，于曲尺形廊房旁短暂聚集、休息的东壁横额图；表现宾客集体祭祀墓主的西壁横额图。其中有关车马出行图的配置意义，本书第五章第二节已经进行了详细讨论，此处不再赘述。

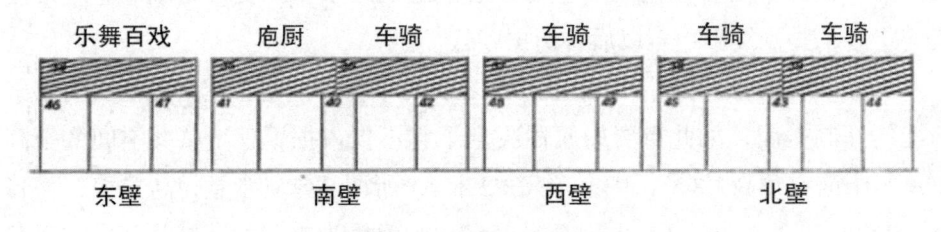

图6-1 中室横额：墓主赴祭

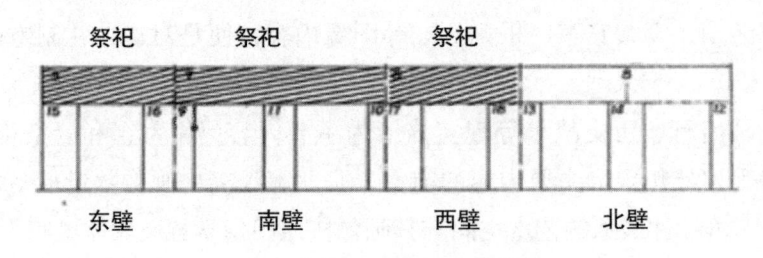

图6-2 前室横额：祭祀场面

（二）表现墓主精神信仰的历史故事群像图，主要配置在中室四壁（图6-3）。在墓室中大量出现符合儒家道德规范的历史人物和历史事件，是山东地区画像石最为显著的特色之一。这种通过筛选典型人物和事件来组成"故事集团"以凝练精神氛围的做法，在其他地域的画像石中同样可见。北寨汉墓中室四壁的十块门柱石上，出现了画面结构十分相似的20幅图像，它们都被由复合图案花纹带组成的画框分成上、下两层，每层各配置一幅历史故事画像，其中已经被识别的历史故事包括：晋灵公杀赵盾（东壁南段上层）、仓颉造字（南壁东段上层）、齐桓公与卫姬（南壁西段上层）、苏武故事（南壁西段下层）、孔子见老子（西壁南段上层）、聂政刺侠累（西壁北段上层）、荆轲刺秦王（西壁北段下层）、鸿门宴（北壁西段）、周公辅成王（北壁正中上层)、二桃杀三士①(北壁东段上层)。众多历史故事如此集中的出现,"似乎反映出一种特殊意图,涵盖从文明伊始到当朝汉代的广阔历史时段"②,充分展现出汉画图像叙事的宏阔视角与历史厚度。

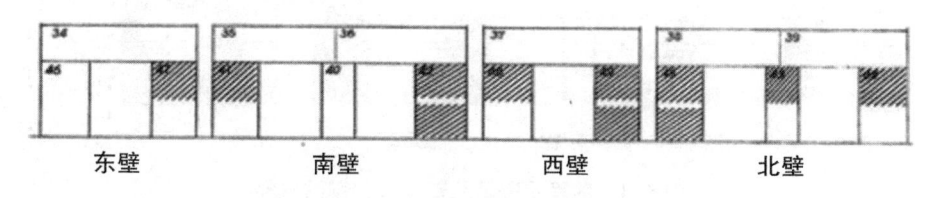

图6-3 中室四壁:历史故事

(三)御凶驱邪、守卫墓主的镇墓神怪及四灵图,分布在前室四壁及北壁横额上(图6-4)。从图像内容和功能属性来看,造墓者似乎有意将前室作为墓门的空间延伸。首先,前室南壁三柱石即墓门三柱石背面所刻图像,与"门"这一建筑结构密切相关——南壁东、西两柱石上层所刻建鼓,据《汉书·何并传》载:(何)并为长陵令时,侍中王林卿令骑奴至寺门,"拔刀剥其建鼓",颜注:"诸官曹之所通呼为寺。建鼓一名植鼓,建,立也,谓植木而旁悬鼓焉。县有此鼓者,所以召集号令,为开闭之时。"③可知东、西两侧并置建鼓,象征此处为官曹之门。而且三柱石下层又刻四员吏卒,据扬之水先生对比同时代河北望都壁画墓考证,其四人均为门卒。④再者,东、西、北三壁七柱石所刻绘的方相氏、兽首人身怪、仙人、四灵等具有驱鬼逐疫象征意义的图像,似乎是在表现神秘的傩祭仪式,这不免让人联想到张衡《东京赋》中的驱疫场面:"卒岁大傩,驱除群厉。方相秉钺,巫觋操茢。侲子万童,丹首玄制。桃弧棘矢,所发无臬。飞砾雨散,赐癉必毙。煌火驰而星流,逐赤疫于四裔。"这些用以驱鬼逐疫的形象,与墓门门扉中时常出现的铺首衔环可

---

① 其榜题刻"孟贲""相如",系误刻。
② 巫鸿.黄泉下的美术[M].北京:生活·读书·新知三联书店,2016:190.
③ 扬之水.古诗文名物新证合编[M].天津:天津教育出版社,2012:410.
④ 时代同属东汉末年的河北望都壁画墓,画中吏员的位置安排同这里很是相似,彼之前室当门处一左一右分立两员,佩剑捧盾者身后榜题曰"门亭长",拥篲肃立者榜题曰"寺门卒"。寺,官府也。那么这里四员吏卒的身份应该与它相同。详见:扬之水.古诗文名物新证合编[M].天津:天津教育出版社,2012:410.

谓殊途同归。因此，无论是从图像内涵的相似性来说，还是从其辟邪镇墓功能的一致性而言，前室兼具着祭祀之"堂"和辟邪镇墓之"门"的双重属性。

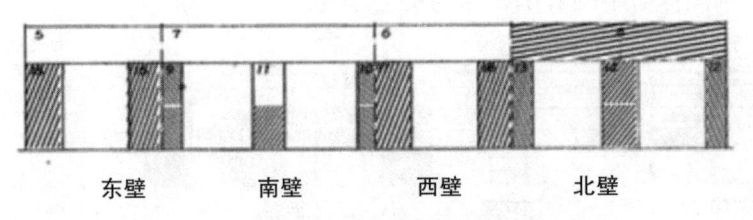

东壁　　　　南壁　　　　西壁　　　　北壁

图6-4　前室四壁及北壁横额：御凶驱邪

（四）象征墓主灵魂升天的仙禽瑞兽图，主要刻绘在中室和前室中央的八角立柱上。以中室八角擎天柱为例：中室过梁的东、西两面纹饰相似，均刻两道齿形纹边，中间夹杂怪兽相搏斗、怪禽相追逐。过梁下为两散斗，中间绘以青龙、白虎、朱雀图样，皆有翼，作奔腾状。散斗下是棋，棋上刻着盘折的夔龙纹，张口而露利齿。棋下是栌斗，东、西、南、北四面栌斗纹饰相同，上、左、右三边各有齿形纹，耳与平之间刻一虎首，两鬓生两角，两臂曲而向下，爪握卷草。栌斗下是八角柱柱身，其柱身东、西两面内容相对，刻有东王公、西王母端坐于华盖之下，座下三山象征着昆仑山。此二神下部均配置飞升的羽人、奇禽异兽等图样。柱身南、北两面内容亦相对，各刻有一头上有背光、双手合十的神人，神人之下绘有异兽。值得注意的是，除了上述二位头带佛光的人物之外，柱身南侧神人之下，还刻有一位肩生双翼，双手施无畏印（释迦五印之一）的仙人。据日本考古学家林巳奈夫先生考证，此三人应为古代传说中的祝融、颛顼和黄帝。[①]而俞伟超先生持不同意见，他认为三位仙人均是菩萨图像，但由于汉时佛教初兴，汉人尚不能正确认知，因而将佛陀、菩萨视为与西王母、东王公具有同样神力的不死之神，所以才会在北寨汉墓中室的立柱上出现了这样的画像配置方式。[②]柱身下接柱础，四面柱础纹饰相同，上部覆盆刻齿形纹，纹下为盘折的夔龙纹，础石则刻齿形纹和卷云纹。

---

① 林巳奈夫.汉代の诸神［M］.京都：临川书店，1989：141-142.
② 俞伟超.东汉佛教图像考［M］//先秦两汉考古学论集.北京：文物出版社，1985：157-169.

<<< 第六章　墓葬整体空间的叙事形态

　　从以上对中室和前室画像配置的综合考察能够看出，表现墓主接受祭祀的图像、凝聚墓主精神信仰的历史故事群像、具有驱邪镇墓作用的神怪图像以及象征墓主灵魂升天的仙界图像，这四大主题，基本上也是按照汉人的宇宙方位观念进行布局的。首先，描绘天界诸神的画像集中出现在两室过梁处以及立于空间中央的八角擎天柱上，且东王公、西王母作为重点内容出现在柱身上部。其次，以中室北壁横额为起点，经由中室西壁横额、南壁横额，最终在前室西壁横额完结的墓主祭祀图，是贯穿于整个中室画像的最为重要的部分，也是墓葬图像叙述系统中一个十分重要的层次，它被配置在墓葬结构的高处。最后，中室和前室的礼制功能进一步细分，中室作为"恶以诫世，善以示后"的精神场所，四壁布满了彰显伦理道德的历史故事；而前室作为联结墓门与后寝的交接空间，四壁刻以傩祭活动以祛除灾祸、守卫安宁。但无论是历史故事，还是傩祭仪式，都作为图像叙述系统的次要层次被安排在墓葬结构的中、下部。

　　最后，是象征升仙度世的墓门画像的配置情况。北寨汉墓墓门的画像配置，相对于以陕西绥德苏家岩画像石墓墓门为代表的，门楣处刻绘灵禽瑞兽，左右柱石各刻一门吏相对，门扉刻铺首衔环这种常规配置而言要复杂得多。虽然其墓门遭到严重破坏，门扉现已不存，但从横额及三柱石精美的浮雕可见，画像造型丰富且颇具特色。墓门横额刻绘了一幅胡汉战争图：画面中间刻一座两柱拱桥，以柱为界，右柱右端是二骑吏导引一辆有盖战车，车内坐一扬鞭驭手及一戴帽者，可能为督战官员，车后两骑兵相随。左柱左端是一群翻越重山而来的持刀胡骑和张弓胡兵，周边散落着一些尸首。两柱之间即桥上刻胡汉士兵奋力交战，汉军大有获胜之势。桥下刻渔人捕鱼图，又有一船载五人向左急速前进。东立柱刻上下两组图像，上为人首蛇身伏羲女娲像，两人之间夹着一位头戴尖帽着花领上衣的男子。三人上方还刻有两只勾喙展翼的鹰做装饰。其下为东王公端坐于昆仑山，二捣药羽人侍奉左右，山中有似兕神兽穿行其间。西立柱与东立柱相对，亦刻上下两组图像。上刻一只似虎怪兽，瞠目张口露舌，双肩有翼，腹圆有鳞纹，呈蹲踞状。怪兽左脚踏一兽，兽垂长鬃且有翼。其下为西王母端坐于昆仑山，两只捣药玉兔侍奉左右，山中有似虎神兽穿行其间。中立柱共刻四组图像。最上刻一人着短衣，双手

221

大力张弩，足踏弓弩、口中衔箭，似为方相氏。其下刻一昂尾怪兽，如虎而有翼。再下刻一羽人，右手持瑞草。最下刻一凶猛怪兽，状如虎而有翼，瞠目张口吐舌，两前肢盘曲。相比于那些以辟邪镇墓为主要内容的传统墓门画像配置，北寨汉墓墓门中象征仙界的图像内容占绝大部分，就连横额上的胡汉交战图亦被证实与升仙有关（详见本书第三章第二节），由此可见"升仙度世"是该墓门画像的核心主题。

三、宇宙空间图式的呈现

上文中对沂南汉墓"观象于天，俯察于地"空间配置规律的总结，是具有普遍指导意义的理论概括。大量考古发掘资料显示，两汉时期的墓葬石刻绘画在空间布局上基本遵循了相似的规则：墓室顶部一般是天上世界，那里由天帝、诸神统领；墓葬结构较高的地方，如横额、过梁以及墓室四壁的上方，往往刻绘着东王公、西王母所居的昆仑仙境，是墓主灵魂的最终归处；四壁的中、下部则通过对现实家园的摹拟和美化，象征着墓主灵魂如生时一般精神富足、衣食无缺。可见，造墓者试图通过图像艺术将墓葬空间营造成一个颇具"宇宙图式"的象征性结构。这是一场声势浩大的造像运动，"许许多多的图像在这个运动中被创造出来，将一座墓葬、祠堂或棺椁转化成一个生动的图画宇宙。在这类宇宙中，'天'不是一个抽象的圆圈，而是表现为一个实在的空间，充斥着出没云间的各种神祇与灵怪，其变幻的外形似乎表达了宇宙内部的无穷变化，这个宇宙中的其他空间还包括有仙境、地府和世俗世界，每一个空间具有不同的人物与事件。"[1]

确实如此，在神秘的墓葬空间中，那些配置在不同角落的画像背后，是汉人对宇宙、对社会和谐结构的理想化憧憬。巫鸿先生在阐释这一问题时，更是明确而清晰地将墓葬空间结构所呈现的"宇宙象征主义"的图式概括为"图绘天界""描绘仙境""幸福家园"三重界域。[2] 其中"图绘天界"是传统天文学在墓葬艺术中的独特实践，星图、四神、瑞应等表现苍穹的象征系统

---

[1] 巫鸿. 礼仪中的美术 [M]. 北京：生活·读书·新知三联书店，2016：645.
[2] 巫鸿. 黄泉下的美术——宏观中国古代墓葬 [M]. 北京：生活·读书·新知三联书店，2010：31-63.

将整个墓葬顶部转化为天空的镜像,从而将空间有限的墓室转化为无穷的宇宙;"描绘仙境"作为墓葬装饰的固定部分,其经典模式是以西王母为视觉中心的具有等级次序的仙境图,象征着墓主灵魂在黄泉世界的永生,背后贯穿着汉人对蓬莱和昆仑仙境的不懈追求;"幸福家园"则集中于刻绘生活和娱乐场景,往往强调着墓主的公共形象和社会地位。

若将整个汉代墓葬艺术的发展变迁纳入观察视野,我们就会发现,汉画对宇宙图式的模拟与构建,或是集中在天界、仙境、理想家园这三重界域中的某一方面,例如河南密县打虎亭2号墓中室墙壁上,长达7米宽的图像展示了墓主观看乐舞百戏的场面[1],这是对墓主娱乐生活的着重刻绘;又如河南南阳高庙汉墓,在组成整个墓室盖顶的五块画像石上,以圆点为星辰,分别绘制了双首朱雀星象图、雷神击鼓图和三块星云图,集中表现了神幻的天界(图6-5)[2];再如北寨汉墓中室与前室两根八角擎天柱上,通体以昆仑山、西王母东王公、佛陀及灵禽瑞兽为装饰,象征着沟通天地的世界之轴(axis mundi)[3]。又或是将天界、仙境、理想家园这三重界域糅合进一个综合的宇宙图景,例如山东嘉祥武氏祠中所刻画像石,就是对宇宙空间包括神界、仙界、人界乃至冥界的全面展现。此外,山东长清孝堂山石祠、嘉祥满硐乡宋山石祠、滕州桑村镇西户口村石祠等都展现出相似的宇宙空间图式。

图6-5 南阳市高庙汉墓墓室盖顶石(局部)

事实上,对宇宙图式的模拟与构建并不是汉画的独有特征,而是贯穿于

---

[1] 赵世纲.河南密县打虎亭发现大型汉代壁画墓和画象石墓[J].文物,1960(4):51-52.
[2] 朱青生.汉画总录:卷十六[M].桂林:广西师范大学出版社,2013:编号HN-NY-035-29,HN-NY-035-30,HN-NY-035-32,HN-NY-035-33,HN-NY-035-34.
[3] THOMPSON L D. The Yi'nan Tomb–Narrative and Ritual in Pictorial Art of the Eastern Han(25–220 C.E.)[D]. New York: New York University, 1998: 175.

整个汉代墓葬艺术（包括汉画、帛画、漆画、铜镜画等在内）的构图法则。出土于长沙马王堆1号汉墓的"T"形帛画，据孙作云先生考证，整幅画像在空间布局上可以划分为天界、人间、阴间、水府四个部分[①]。天界由整个帛画的横幅部分构成，自上而下绘有日轮、月轮、人首蛇身伏羲像[②]、神兽以及曲颈向上的双龙。双龙下方刻一座门阙，当为天门，是天界与人间的过渡地带，门前有二门吏守卫。天门之下，是墓主人间场景的再现。人间部分主要绘制了墓主灵魂身着华丽服饰，接受后人祭拜并缓步升天的情形：一位老年妇女侧身立于华盖之下，身前二人捧案跪迎，身后三侍女随行。其下方以双龙穿璧图为界，璧环上挂一垂羽，垂羽下置一案桌，桌上陈列若干馔器，桌下又置一矮桌，三人围坐。据陈煌先生判断，这部分内容表现的是供奉墓主尸体的场景[③]，因而描绘的是阴间事象。再下又绘有正向上爬往阴间的鸱龟、双鱼、赤蛇等水中神物，以及象征着地府的"小方相氏"或"土神方良"[④]。值得注意的是，上述所绘四个相对独立的图像所构成的四层空间，并非完全隔绝，而是通过个别图像意义的延伸得以交通。"葬礼仪式作为连接天上、人间、地下的基点——而这正是该幅帛画叙事逻辑的关键。"[⑤]

在同属西汉中期的另一幅远在山东临沂金雀山9号墓的帛画中，同样绘制了天界、人间、阴间与水府四个空间，其所构成的宇宙图式几乎与马王堆1号汉墓帛画一致，这说明至迟在西汉中期，作为"牺牲之物"的帛画已经在平面上基本完成了宇宙空间图式的构建，开启了从地下世界到人间，再到天界三界同构的浩大工程，同时也从侧面证实了陈煌先生的结论："汉代墓室装饰空间构图模式与以马王堆'非衣'为代表的西汉帛画一脉相承。"[⑥] 只不过，随着墓葬作为灵魂栖居之所的属性不断增强，墓室中对幸福人间和祥瑞天界的表现日益丰富，而对带有不祥色彩的"黄泉"，即地下世界的描绘则始终缺失。

---

① 孙作云.长沙马王堆一号汉墓出土画幡考释[J].考古，1973（1）：54-61，70-71.
② 钟敬文先生等人考定该人物是伏羲，详见：钟敬文.马王堆汉墓帛画的神话史意义[M]//中华文史论丛：第二辑.上海：上海古籍出版社，1979：92.
③ 陈煌.古代帛画[M].北京：文物出版社，2005：148-149.
④ 陈煌.古代帛画[M].北京：文物出版社，2005：151.
⑤ 胡绍宗.中国早期制像艺术[M].北京：人民美术出版社，2011：248.
⑥ 陈煌.古代帛画[M].北京：文物出版社，2005：193.

<<< 第六章　墓葬整体空间的叙事形态

　　那么，汉代墓葬艺术中缘何会出现如此统一的宇宙空间图式呢？这与汉人的人生观和宇宙观密切相连。汉代以"事死如生，事亡如存"为基本内核的丧葬观念引导时人无比热衷于为亡者建造一个理想的冥间世界，而"天人合一"思想观念的深刻影响进一步促使人们将宇宙时空纳入丧葬理念，最终造就了汉画"上具天文、下具地理"的空间格局。实际上，早在战国时期，诸子对宇宙的运行就产生了前所未有的兴趣，《尸子》载："天地四方曰宇，往古来今曰宙。"① 随着人们对天象、地理的观察不再单纯依赖"观象授时"和"定之方中"这种室外实测，而是走入了室内推演运算的阶段，这一时期人们对宇宙时空的追问便超越了客观具体的生存经验，通过玄想、猜度来认知宇宙，即对"天地""宇宙"的讨论超越其本身而成为思想领域的中心议题，如《鬼谷子·符言》问："一曰天之，二曰地之，三曰人之，四方、上下、左右、前后，荧惑之处安在？"② 这种思维特质一直延续到两汉，成为汉代思想家解构世界的思路起点。如果说战国时期诸子对宇宙时空的讨论为我们大体勾勒出宇宙的基本轮廓的话，那么汉代思想家则将这一模糊的空间轮廓整合成具有复杂性结构的系统化体系，甚至尝试假借神话传说来解释宇宙的神奇运作。正如《淮南子·天文训》通篇所载：宇宙万物皆由元气开辟凝聚而成，"清阳者薄靡而为天，重浊者凝滞而为地。……故天先成而地后定"，"天受日月星辰，地受水潦尘埃。……故日月星辰移焉，……故水潦尘埃归焉。"③ 可知宇宙的生成模式是由一到多、由简到繁的漫长过程，且各组成部分彼此之间相互作用、相互依存。

　　不止天文学，在文学、哲学、政治学、方术学等学术领域，思想家无一例外地以宇宙为人事活动之参照，以探求天、地、人三者之间的必然联系。史学家眼中的历史，是涵盖于宇宙时空秩序之下的学问。司马迁著《史记》之动因便是"仆窃不逊，近自托于无能之辞，网罗天下放失旧闻，考之行事，稽其成败兴坏之理，……凡百三十篇，亦欲以究天人之际，通古今之变，成

---

① 尸佼.尸子译注[M].上海：上海古籍出版社，2006：47.
② 房立中.鬼谷子全书[M].北京：书目文献出版社，1993：56.
③ 张双棣.淮南子校释·天文训：卷三[M].北京：北京大学出版社，1997：245.

一家之言"①。哲学家眼中的世界，是以天道为依据而构建的社会秩序，通过体察天道，可寻绎到人事规律。杨雄《太玄·玄擒》曰："仰以观乎象，俯以视乎情，察性知命，原始见终。三仪同科，厚薄相劘。圜则杌棿，方则啬吝。嘘则流体，唫则疑形。是故阖天谓之宇，辟宇谓之宙。……牝牡群贞，以擒吉凶，而君臣父子夫妇之道辨也。"②政治家眼中的皇权，更是置于严密宇宙发展图式中的符应。董仲舒用以维护中央集权统治的"天人感应"说，便是建立在汉代宇宙观基础上的封建神学。

这种通过把握宇宙规律来解释世间各种复杂现象的思维特质，最终对墓葬艺术产生了深刻的影响。造墓者试图在有限的墓葬结构中构建一个广袤无限的宇宙缩影，通过图像艺术将原本不可控的、神秘灰暗的黄泉世界参照宇宙图式进行组织布局、视觉美化，从而消解人类面对未知死亡的恐惧。这个过程，便是汉人对生命在宇宙中所处的位置及存在方式的思考与探索。正如朱存明先生所言：汉画在总体上表现为一种"宇宙象征主义"的图式，即"把当时人们对宇宙的看法通过一切必要的形式表现出来，以便在文化上确认人在宇宙中的地位，使社会和人生都有一个归宿处，以摆脱生命存在的虚无和无意义，以此来抗拒死亡的威胁，使生命获得解脱"③。

第二节 "叙事空间"与"空间叙事"

表现宇宙空间图式的汉画至少在西汉时已经完全成熟，除过那些单纯以装饰为用的纹样外，汉画石墓中的每一幅画像"都代表了一个特定的宇宙空间或社会范畴，具有高度的象征意义"④。从整个墓葬图像系统所呈现的空间逻辑来看，这是一个具有内部结构有序性和系统性的宇宙图景，并且，由于绝

---

① 班固.汉书·司马迁传[M].北京：中华书局，1962：2735.
② 杨雄.太玄·玄擒[M]//四部精华·子部.北京：北京古籍出版社，1996：235.
③ 朱存明.汉画像的象征世界[M].北京：人民文学出版社，2005：2.
④ 赵超.汉代画像石墓中的画像布局及其意义[J].中原文物，1991（3）：20-26.

大多数画像的背后往往是一套与之相对照的历史文献,所以图像便呈现出"对宇宙空间的模拟"和"对文本表述空间的视觉转述"的双重意义。如此一来,汉画叙事的空间性问题便浮出水面。

近年来,不少叙事学领域的研究者试图超越文本的局限,他们把目光从单一线性的时间维度转向空间维度,对趋向于非线性叙事的媒介,诸如电影、戏剧、绘画等空间艺术形态展开思索,尝试从不同角度和层面考察"叙事"这一概念的丰富内涵。作为空间维度的艺术表现,汉画自然被纳入其中,成为扩展叙事理论研究范围的阵地之一。然而,作为一个较新的研究领域,目前国内外对这一问题的相关研究并不充分。

正如学者所指出:"空间叙事是所有中国文学和西方文学叙事都存在的现象,但人们尚未给予它充分的重视和肯定,并对它进行深入切实的研究。迄今为止的叙事学理论大都重视对时间的研究,强调叙事结构在时间序列中建构,忽视叙事中的空间作用。"[①]

在这样一个理论相对匮乏的学术背景之下,作者尝试从"时空表达"角度将墓葬中的文本叙事和图像叙事放在一起进行研究,通过对勘和比较,来解析墓葬空间叙事的相关问题。在历经千年历史的汉代墓葬中,不止有包揽天地的精美画像,还有追思怀远的石刻铭文,它们是造墓者思想和灵感的激发物,亦是汉人对"事亡如存"丧葬文化的撰述成果。当我们将石刻铭文这种历史叙事中的空间书写(叙事空间)和汉画这种空间艺术中的叙事轨迹(空间叙事)相互比照时,视觉艺术与文本不同的时空塑造方式,以及图像空间叙事的独特内涵便凸显了出来。

一、历史叙事中的空间

杜维运先生曾指出,所谓历史叙事,是将以往曾经发生的事件,不惮烦琐地叙述出来。[②]历史叙事的纪实性特征决定了它的文本是基于过去真实存在的材料所建构的,这些材料可以是各种文字性作品,比如以追求复原历史面

[①] 崔海妍.国内空间叙事研究及其反思[J].江西社会科学,2009(1):42-47.
[②] 杜维运.史学方法论[M].北京:北京大学出版社.2006:160-176.

貌为己任的纪传体文书；也可以是古代遗存下来的某些被称之为"铭徽的历史证物"[1]，比如金字塔、宫殿、寺庙，甚至墓葬碑铭。而关于碑铭——《文心雕龙·诔碑》曰："夫属碑之体，资乎史才。其序则传，其文则铭，标序盛德，必见清风之华，昭纪鸿懿，必见峻伟之烈，此碑之制也。"[2]碑志文体既有与史传叙事契合的一面，又因饱含情感的谀美华辞而别具一格，总之，"碑定义了一种合法性的场域（legitimate site），在那里'共识的历史'（consensual history）被建构，并向公众呈现。当后世的历史学家研究过去的时候，碑自然便成为历史知识的一种主要源泉，上面的碑铭为重构过往时代中的晦涩事件提供了文字证据。"[3]

自20世纪中叶始，汉代墓葬中就陆续挖掘出一批较有文学价值的碑志铭文，其文兼具散文和辞赋之长，虽然作者不详，但对汉代应用文体的发展具有一定影响。这种带有"死后传记"性质的碑志体式相对稳定。多数情况下，开篇为序，以散体总括死者姓名及逝世时间；铭文继而回顾墓主生平，包括其家族概况、依照年代顺序追叙墓主仕履、以华丽骈体文称扬其才能品德等内容；接着叙述后人立祠（墓）以表追思，并对祠堂（墓葬）的修建情况做简单介绍；最后告诫后人无为贼祸作结。由此，墓葬碑志便显示出其作为历史叙事的三个基本特征：首先，序和铭中皆存在一个基本的年代学结构，依照时间顺序叙述墓主家族及个人履历，并将墓主放置于宗族组织中承先启后的关键过渡环节，通过文字将这一逻辑内化为具有时间线性的叙事结构。其次，墓葬碑志是后人假借文字对亡者的吊唁，因而必然存在叙述者、叙述角度的问题。最后，墓葬碑志的核心主旨，即叙事动机在于客观建构墓主的公共形象，这一点与古代中国官修史书的路径颇为相似。以永兴二年（公元154年）东阿芗他君石刻题记[4]为例，题额隶书三行："东郡厥县东阿／西乡常吉里／芗他君石祠堂。"其文曰：

---

[1] 哈斯克尔.历史及其图像[M]//上海师范大学美术学院.艺术史与艺术理论Ⅰ.杭州：中国美术学院出版社，2004：280-281.

[2] 刘勰.文心雕龙[M].长沙：岳麓书社，2004：107.

[3] 巫鸿.废墟的内化：传统中国文化中对"往昔"的视觉感受和审美[M]//时空中的美术——巫鸿中国美术史文编二集.北京：生活·读书·新知三联书店，2009：47.

[4] 陈直.汉芗他君石祠堂题字通考[J].西北大学学报（哲学社会科学版），1979（4）：65-67.

<<< 第六章 墓葬整体空间的叙事形态

　　永兴二年七月戊辰朔，廿七日甲午，孤子芗无患弟奉宗顿首。家父主吏，年九十，岁时加寅，五月中卒得病，饭食衰少，遂至掩忽不起。母八十六，岁移在卯，九月十九日被病，卜问奏解，不为有差，其月二十一日况忽不愈。旬年二亲，蚕去明世，弃离子孙，往而不返。帝王有终，不可追还。内外子孙，且至百人，抢持啼呼，无可奈何。唯主吏夙性忠孝，少失父母，丧服如礼。修身仕宦，县诸曹、市掾、主簿、廷掾、功曹、召府。更离元二，雍养孤寡，皆得相振。独教儿子书计，以次仕学。大字伯南，结僮在郡，五为功曹书佐，毂在门阁上计，守临邑尉，监案狱贼决史，迁县廷掾，功曹、主簿，为郡县所归。坐席未竟，年卅二，不幸早终，不卒子道，呜呼悲哉。主吏早失贤子，无患、奉宗，克念父母之恩，思念忉怛悲楚之情。兄弟暴露在家，不辟晨夜，负土成墓，列植松柏，起立石祠堂。冀二亲魂零，有所依止。岁腊拜贺，子孙欢喜。堂虽小，径日甚久，取石南山，更逾二年，迨今成已。使师操篆。山阳瑕丘荣保，画师高平代盛，邵强生等十余人，段钱二万五千，朝莫侍师，不敢失欢心，天恩不谢，父母恩不报。兄弟共处，甚于亲在，财立小堂，示有子道，差于路食。唯观者诸君，愿勿败伤，寿得万年，家富昌。此上人马，皆食太仓。

　　受石刻载体所限，这篇碑文以概括性叙述为主，内容简洁而不空洞。文章以墓主之子芗无患为叙述视角，开篇除了交代芗无患为其父芗他君立祠以外，还对墓主的生平做了精当叙述。在构建墓主形象方面，与嘉祥宋山石刻题记中对墓主"竭孝、行殊、义笃。君子熹之。内修家，事亲顺勅，兄弟和同相事"[1]的直接赞颂不同，文中通过芗他君"雍养孤寡"与"独教儿子书计"二事彰显其品性。最后，记叙芗无患因"克念父母之恩"而立石祠以"冀二亲魂零，有所依止"。

　　历史总是在一个巨大的"自然剧场"（theater of nature）中上演[2]，因而以

---

[1] 赵超.山东嘉祥出土东汉永寿三年画像石题记补考[J].文物，1990（9）：88-91.
[2] 唐纳德·R.凯利.多面的历史——从希罗多德到赫尔德的历史探寻[M].陈恒，宋立宏，译.北京：生活·读书·新知三联书店，2003：13.

229

历史为题材的叙事不会是凭空产生的，它必然与一定的空间维度相关联。通过对芗他君碑文中的空间问题进行考察，我们能够发现：其文本所书写的空间是一个多维度空间，它由物理空间、文化空间和叙事结构空间构成。其中，物理空间和文化空间是文本语义层面所呈现的空间。所谓物理空间，是文本所描绘的客观的、真实存在的空间；所谓文化空间，是指由叙述者、倾听者以及环绕着他们的共同文化氛围所构成的空间。而叙事结构空间是文本在符号形式层面所形成的空间，是文本结构所呈现出的外在形体。

（一）物理空间

通过叙述者（芗无患）的陈述，我们能够发现碑文中存在着一个客观现实空间，或称"物理空间"，即芗他君夫妇的灵魂接受祭祀的神圣场所——"石祠堂"。事实上，这篇碑文本身就是以这个特殊的空间为中心而组织起来的。首先，石祠（包括其中的画像）这一空间性存在物，是触发叙述者进行叙事的直接动因。叙述者讲述的所有内容，都是以之为基点而展开的历史与现实的对话。其次，石祠因其特殊的文化属性，不但给在场的人们营造出一种神圣庄严的氛围，也为碑文的组织与生成提供了一个具有叙事学意义的环境。所以说，石祠既是碑文叙事的起点，也是其中心环节。

祠堂是祭祀之地，关于其内部构造，芗他君碑文中鲜有描述，然而在嘉祥宋山石刻题记中，有"濛疠癃治，规柜施张，寒帷反月，各有文章。调文刻画，交龙委蛇，猛虎延视，玄猨登高，陬熊噘戏，众禽群聚，万狩云布。台阁参差，大兴舆驾，上有云气与仙人，下有孝及贤仁。遵者俨然，从者肃侍，煌煌濡濡，其色若僭。"[①]一段，分别对祠堂石刻的纹饰、瑞兽、仙人、贤人等形象进行了具体描绘。将两篇碑文进行对比，我们可以发现，相比于细致铺陈石祠的形貌，芗他君碑文在回顾墓主生平上着墨更多，显然叙述者的意图并不在于展示物理空间，而在于精神空间的缔造和共享。

（二）文化空间

芗他君碑文对空间的呈现，并不仅仅是对石祠这一客观现实空间进行简单再现，而是通过历史叙事，将一个蕴涵着宗族历史记忆、社会关系和权力

---

① 李发林.山东汉画像石研究[M].济南：齐鲁书社，1982：102.

等多维要素的文化空间构建起来，以便凝聚精神、强化秩序。

这是一个引发宗族成员思古幽情的记忆空间。当人们驻足在石祠这个神圣的场域之中时，他们一面聆听着叙述者（芗无患）的娓娓倾诉，一面将思绪带回往昔。那些有关墓主生平的文字，如同一片片历史的散叶，融入记忆的丛林，墓主乃至整个家族光辉与荣耀重现在他们眼前。此时，伴随着往昔的印记，人们的思古幽情油然而生，石祠的每一处景观，四壁雕刻的每一幅图像，都向人们提示着共同的文化记忆、宗族记忆，而这也是叙述者之所以展开历史叙事的心理动因。

这也是一个维系伦理秩序的权力空间，这个空间由宗族成员之间的社会关系构成。碑文中通过立祠一事，展现了芗氏家族的社会关系。碑文将墓主异化为一种权力符号，他是家族的精神领袖，拥有着至高无上的权威。虽然如今他已亡故，但他的灵魂似乎依然能够洞察一切，他无所不在，凝视着后人的一举一动，只有当后人"克念父母之恩"、立祠以使"二亲魂零，有所依止"，且"朝莫侍师，不敢失欢心，天恩不谢，父母恩不报"时，他才会庇护家族"寿得万年，家富昌"。由此可见，历史叙事所营造的这一隐性空间，向我们展示出宗族权力对成员精神世界的渗透，它规范着人们的态度和动机，甚至控制着人们的思想和行为。

（三）叙事结构空间

不同于历史叙事中客观存在的物理空间，也不同于蕴涵着历史记忆和社会关系的文化空间，叙事结构空间是叙事文本最终呈现在读者面前的外在结构形态。

芗他君碑文的结构空间相对扁平：开篇为序，总括墓主逝世一事；继而回顾墓主生平，追叙其仕履、赞颂其才德；接着叙述后人立祠以表追思，最后以汉墓中常见的吉祥文字作结。然而，由于汉代墓葬碑志的基本文体结构尚未规范化，以致叙事文本所呈现的结构空间也有繁有简。例如，大约在同一历史时期（元嘉元年即公元151年）、出土于山东兰陵县的一块墓葬题记[1]，其文本形成的叙事结构空间就相对复杂。题记开篇仅以二句总括墓室概况，

---

[1] 题记全文可见本书第二章第三节，详见：李发林.山东汉画像石研究[M].济南：齐鲁书社，1982：95.

随后大量篇幅以三字句与七字句交替使用的民谣韵文对墓中画像内容进行完整叙述，最后以亡灵长居墓圹、"闭圹之后不复发"的祈盼作结。

从文本内容可见，与芗他君碑文和嘉祥宋山碑文不同，苍山题记中没有追叙墓主生平，亦无讴歌颂词，而是重点对墓葬建筑中的石刻绘画进行了细致描述。从语言风格来看，题记中多见别字，且辞句粗浅，又有民间习语的运用，如"上有虎龙衔利来，百鸟共□至钱财"，"学者高迁宜印绶，治生日进钱万倍"等，可知出自文化水平不高的劳动人民之手，不及大家之上乘。但在墓葬画像的叙述方面，苍山题记是不可多得的宝贵资料。叙述者首先以存放亡者遗体的后室（西主室）为起点，由上至下，分别对天井、后壁图像进行描述；接着又将视角转换至前室，以北壁中柱为始，以南壁中柱为末，依照顺时针方位对刻有画像的西壁、东壁、南壁逐个介绍，叙述次序为：北壁中柱→西壁横梁→东壁横梁→东壁横梁下壁石→南壁横梁→南壁中柱。再到墓门画像，依照由上至下，从东到西的次序对门额、门额下的中柱石、东门柱石、西门柱石予以描绘。最后以墓顶盖石作为整个叙述的终点。这种带有方位趋向性的叙事结构，李立先生称之为"空间方位叙事"，正如他所言："这种带有叙事性质的空间联结形式并非简单意义上的平面或立体的方位联系，而是以叙事主体为中心或基点的前后、左右、上下、天地之间的联通，体现的是人与包括天地在内的周围世界的通融与联系"，"叙事主体必须具有平面与立体相结合的框架意识，才能在阔大的视觉、超视觉乃至幻视觉的空间视域中构造其叙事架构。"[①]

李立先生对空间方位叙事的探讨，是建立在汉画与汉赋这两种叙事艺术的比较研究之上的，他认为从空间视觉思维出发的空间方位叙事是汉画和汉赋最为重要的艺术共性之一，并且他通过对两汉赋文的总体考察，进一步将汉赋空间方位叙事形式归纳为平面直线型叙事、立体直线型叙事、平面四方型叙事、平面圆型叙事、立体圆型叙事5种类型。[②]事实上，苍山题记中所体

---

① 李立.汉画像的叙述 汉画像的图像叙事学研究[M].北京：中国社会科学出版社，2016：252-253.

② 李立.汉画像的叙述 汉画像的图像叙事学研究[M].北京：中国社会科学出版社，2016：253-254.

现的空间思维并不逊色于汉赋,甚至更为直接、清晰。碑文整体叙述从后室到前室再到墓门呈"前后"式,局部叙述如前室、墓门则呈"东西南北"式和"上下"式,属于典型的"立体圆型叙事"。可以说,苍山题记是空间方位叙事艺术在墓葬碑志中的成功实践,为两汉时期空间方位叙事的应用提供了较有价值的创作经验。

应当意识到,以芗他君石刻、嘉祥宋山石刻、苍山石刻等为代表的墓葬碑志,是具有"纪念碑性质"的历史文本,这种文本作为祠堂或墓葬的解释性文字,把真实存在的物理空间浓缩为墓主灵魂依止的象征性结构,最终目的是将亡者置于这个象征性宇宙的中心,因此"空间性"是这类碑志的必然属性。到了东汉中后期,这种空间思维甚至表现在文本结构上。尽管这类文体对空间的书写还没有进入自觉阶段,但至少说明其时已不乏拥有独特空间感悟的艺术家了。

二、艺术空间中的叙事

碑志作为墓葬建筑这一神圣空间的注脚,是以文字符号为媒介在时间维度上展开的历史叙事。叙事中对"空间"的呈现无论是符号能指层面的物理空间,还是符号所指层面的文化空间,都隐藏在抽象的文字背后,需要读者积极想象,才能从线性文本中将之"复原"。而同样作为墓葬建筑的又一注脚——汉画像石,本身就是一种在空间维度上展开的艺术创作,它具有很强的直观性,观者可以直接看到它的线条、色彩、形体和相貌,不必通过破译语言符号这一环节,直接就能够感受到图像整体形象的空间特征。正是因为这种时空属性的不同,导致二者在叙事中关注的侧重点也有所不同。叙事时,语言文字总是在思索如何在线性的叙事时间中构建立体空间,而图像艺术则致力于在立体空间中展现流动的时间。因此对汉画而言,揭示其空间存在与叙事活动之间的深层关联,便成为研究图像叙事乃至墓葬空间叙事的关键所在。

所谓墓葬空间叙事,可以简单理解为通过汉画来讲述空间中的故事,或曰传达一种场所精神。在墓葬建筑中,汉画所呈现的空间具有双重意义:一是图像中所绘事件涉及的自然的"场景空间",它并不等同真实的空间,而是汉画通过图绘技法,把文献中描述的场景或自然的生活场景重新加以结构化之后，向人们所呈现的、能够激发现场感和参与感的环境空间。比如汉画中对某一历史故事场景的展现，对墓主奢靡逸乐的家园生活的渲染，或是对宗族盛大祭祀场面的刻绘等。二是为了满足墓主的精神需求，工匠对不同的场景空间进行组织分配，最终在墓葬建筑中创建出一个具有内部结构有序性和系统性的"宇宙空间"。生者（主要是宗族成员）在这里凝聚精神，亡者（墓主）在这里得到永生。不过，不同于场景空间，宇宙空间并不是直观可见的，它需要观者从具体形象中审视、推度，是一个虚拟的象征性空间。

以沂南北寨汉墓为例，在这座汉代最负盛名的墓葬建筑中，雕刻着大大小小共计73幅汉画。这些汉画一方面把墓主灵魂游移的场域分成了幸福家园、祭祀庙宇、极乐仙境三大场景，另一方面又把这些场景组织为一个象征着宇宙的空间整体。而一个关于生命终极意义的哲学话题，就在这个神秘的宇宙空间中缓缓展开。首先我们需要了解墓葬空间叙事是如何构筑起来的，即墓葬的叙事框架问题。结构主义者认为，叙事包含两个部分，即"故事"和"话语"。所谓"故事"，是指叙事作品的内容层面，即叙事作品中所描述的存在物和事件，是被叙述的层面；所谓"话语"，是指叙事作品的表达层面，是表达的媒介及形式。[1] 比较相关概念我们发现，在墓葬空间中，一幅幅汉画所绘的图像内容就相当于叙事学中的"故事"，也就是叙事的基本材料；而汉画及其组织形态和空间布局，构成了墓葬叙事的"话语"，即把零散的"故事"整合起来的艺术组合和结构。墓葬中所叙的故事内容大部分是以分类主题的形式，而非时间顺序组织起来的。简而言之，它按照同类归并的原则，以某一主题为核心，将具有相似内涵的图像有机整合在一起，从而集中烘托某种情感。从这个角度来看，墓葬叙事中的"故事"是非线性的、碎片的，甚至是跳跃的。

那么，看似松散凌乱、缺乏理性逻辑的内容和情节是如何在墓葬空间中有序展开的？回到案例之中，根据《沂南古画像石墓发掘报告》可知，该墓分为前、中、后三室，并附有东西侧室，东三室，西二室，总计八室，其中画像石集中出现在后室、中室、前室及墓门处。后室设计的6幅画像以体现墓

---

[1] 谭君强. 叙事学导论：从经典叙事学到后经典叙事学[M]. 北京：高等教育出版社，2008：21.

主日常起居为主,并附以镇墓神怪守护安宁;中室是墓葬图像系统的第二部分,16幅画像形成两大主题,刻绘在横额之上的是墓主夫妇乘坐豪华车马行列奔赴祠庙受祭图,横额之下的四壁则是凝聚墓主精神信仰的历史故事群像;前室是墓葬图像系统的第三部分,14幅图像亦可分为两大主题:祭祀场面与镇墓灵兽。南壁横额、东壁横额、西壁横额3幅画像共同描绘着一场声势浩大的祭祀活动,且与中室的墓主受祭图在内容上存在接续关系,其下四壁则分列着象征傩祭仪式的若干镇墓神兽;此中,立于中室和前室中央的八角擎天柱尤为夺目,如同"生命之轴"一般,通体布满了神仙异兽,仿佛神灵的栖息之所。它沟通着"天"与"地",连接生命来路,同时亦指向灵魂归宿。墓门是墓葬图像系统的最后一部分,4块象征墓主灵魂走入仙境的巨石同时也点明了整座墓葬的主题即"升仙度世"。

  墓葬图像系统被建筑结构区隔成四个相对独立的空间,这是静态存在的汉画艺术被视觉认知的结果。然而,墓葬叙事显然不是各个场景或空间的简单罗列,或者是不同主题图像的简单集合,它们仅仅是墓葬叙事的基本材料,是参与大剧情的素材之一。最终完成的叙事作品,是"故事"和"话语"合力作用的成果。不同的图像按照一定的主题、序列在墓葬建筑空间中进行组织、布局,从而将网状编织物一般错综复杂的意义关系结构化、逻辑化、系统化。当然,对研究者来说,要从无数图像堆砌而成的庞杂情节中整理出头绪并非易事,苍山墓画像题记中所述后室→前室→墓门的设计顺序,为我们解析北寨汉墓空间结构、解读墓葬空间叙事提供了参考视角。

  墓葬叙事的起点从安放死者躯体的后室开始,刻绘在东、西主室过梁隔墙的家居摆置图案,再次强调了这两座毗连的石室是男女墓主休憩的寝殿。图像中劳作中的侍者,一应俱全的家什和摆设,是生活场景的白描,说明墓主经济条件优越,生活富足。刻于中室北壁东、西两侧横额(后室门额)之上的车马出行图,将我们的视野带入第二层空间——中室。不同于后室以静态为主的图像内容,一列向左奔驰的、极富动态的车骑队伍自中室北壁横额为始,经由西壁横额,最后在南壁横额处停止向前。车马行列在构图上的起点和终点,同时也是这一组图像叙事的起点和终点,它作为一条"一以贯之"的叙事线索,将后室、中室、前室乃至墓门缀连起来,从而在整个墓葬空间中铺设了一条若隐若现的叙事轨迹。中室这3幅车马出行图，其图像叙事的出发点是北壁横额，搭载着墓主灵魂的车马队伍从其寝殿中出发，自"右"向"左"一路驱驰，最后在南壁横额西段所绘的两进庭院前驻足，似乎预示着墓主灵魂自此进入祠庙。由此，一个完整的叙事情节便串联起来。

然而车马的驻足并不意味着墓葬叙事的终止，它不过是一处"叙述之停顿"，仅仅表示墓主赴祠受祭这一段情节的完结。待墓主灵魂步入祠庙之后，出现在前室横额的3幅祭祀图，把暂时中断的叙事链再次连接起来，我们的视野也随之转换到第三层空间——前室。在前室南壁、东壁、西壁横额上，依照祭仪的先后顺序分别刻绘着宾客赠物助祭、宾客集聚休息以及宾客集体祭祀墓主的场面。至此，庙中祭祀墓主这一段情节铺叙完毕，同时产生第二次叙事"停顿"。紧接着，刻绘在墓门横额之上的车马队列，将我们的视野带进最后一层空间——墓门。这是一幅恢宏巨制的胡汉交战图，暗示着墓主在祭仪结束后乘坐仙车西去，一路克服重重障碍，最终抵达西王母所在昆仑仙境的美好祈盼，整个墓葬叙事终于走向尾声。

北寨汉墓中，"前堂后室"的堂室格局为墓主打造了一座与生人居室无异的建筑空间，而雕刻在建筑各处的汉画无疑又将这个物理空间改造成一个内涵丰富的意义空间。通过把配置在不同空间中的图像内容整合成连贯的叙述图景，我们能够发现整座墓葬向我们讲述了一个生命突破边界局限而引向永恒的故事：在车骑行列的护送下，墓主灵魂经历了从幸福家园到祭祀现场，又从祭祀现场抵达西域仙境的三重空间。空间的转场也意味着叙事框架中一段相对完整的情节发展的阶段性转换。此时，观者心理便会产生出一种割裂感，一种视觉连续性的中断。为了防止这种割裂感影响观者对整个墓葬叙事的认知，就必须在空间转场时通过某种造型因素来做过渡。左向行驶的"车马出行"图正是起到了这种作用：一方面，它赋予叙述主体以具有行为趋向的意义，使叙事得以向前不断推进；另一方面，其运行轨迹又意味着不同空间转换时所具有的动态特征和时间性质——空间也可以作为时间的标志物，其中静态的场景如建筑、树之类象征着时间的停滞不前，而富于动态的车骑行列在不同空间穿梭，既象征着时间的流动，又预示着空间的转换。并且，每每于空间转换处，都必然伴随着叙事的停顿。我国叙事学家罗钢先生以文本叙事的角度这样解释叙事停顿："在停顿时，对事件、环境、背景的描写极力延长，描写时故事时间暂时停顿，叙事时间与故事时间的比值为无限大，当叙事描写集中于某一因素，而故事却是静止的，故事重新启动时，当中并无时间轶去，这一段描写便属于停顿。"[1]汉画中的叙事停顿与之颇为类似，只不过不是语言对文本的阻断，而是表现为图像对时间的阻断，原本连续的图像叙述就这样由于车马运动的中止而被迫中断，从而形成了叙事上的停顿。叙事的停顿是两个叙事段落之间流畅转换的必要条件，一个情节段落的完结同时意味着另一个情节段落的生发，且情节前后存在明显的因果联系，最终这些情节串联在一起，构成了一个完整的图像叙事链。

综上，这座墓葬的叙事轨迹可用下图予以形象表述（图6-6）：

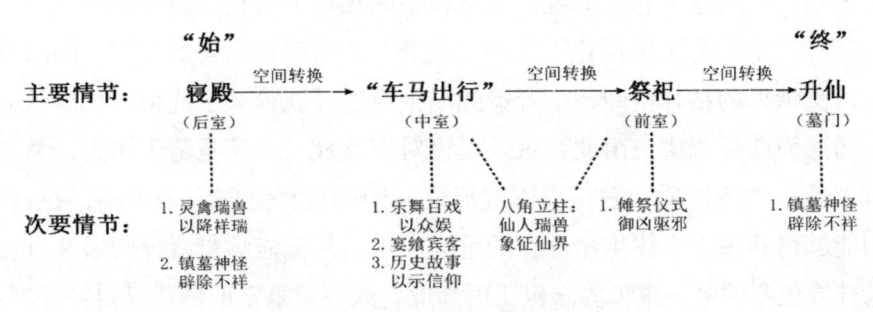

图6-6 沂南北寨汉墓叙事轨迹

相比于碑文以时间线索为明线勾勒的叙事框架，墓葬图像叙事以空间为结构线索。北寨汉墓叙事的起点，是墓主憩息的寝殿（后室）；而叙事的终点，是以西王母群像为象征的昆仑仙境（墓门）。其间以"车马出行"为叙事线索穿针引线，从而使四个相对独立的空间构成前后接续的叙事整体，同时也将墓葬叙事轨迹的"始""终"转化为叙述主体行为趋向的"始""终"。墓主作为整个叙述的主体和中心，从具有现实意义的寝殿出发，最后迈向神秘莫测的异质空间，体现着从"现实"到"未来"的趋向意义。值得注意的是，这样一种叙事轨迹，并非仅见于北寨汉墓，在卧虎山M2石椁墓、马王堆"T"

---

[1] 罗钢.叙事学导论［M］.昆明：云南人民出版社，1994：150.

237

形帛画等墓葬艺术中均有不同程度的呈现,[①] 这说明在汉人的思想意识中,死亡确如巫鸿先生所言:"它不再是一瞬间的事情,而是被表现为一个持续的过程,即将今生和来世连接成一个灵魂转化的完整叙事的'礼仪过程'"[②]。

第三节 空间的圣化

墓室是生人为亡者建造的专属空间,他们希望亡者能够在这个完全封闭的场所中"长就幽冥则决绝,闭圹之后不复发",即祈祷亡者长居墓圹并且与家人诀别——从这个意义上说,这是在空间领域上对亡者灵魂的"限制"与"约束"。然而结合上文所论,这座"藏匿"亡者躯体的建筑空间,同时也是一个寄寓情思的精神空间,生者借此以报亲恩并获得墓主庇佑,亡者借此与天地沟通而获得永生。由此可见,无论对宗族成员,还是墓主本人,墓室都具有"圣地"的性质:它与周围混沌成一团的世俗空间完全不同,在这里,人们能够得到关于个体生命存在的重大启示,甚至能够与诸神沟通并过渡到充满神异色彩的另一重世界。也正因如此,人们对墓室的修建显得格外慎重,不仅在择日、选址、布局、构造等方面始终秉持人道效法天道的"天人合一"理念,甚至在选材、装饰乃至施彩等细节上也思虑良多,处处彰显着古人对宇宙天地的无尽遐想以及对不朽生命的不懈追求。

一、神圣空间的表征

"神圣空间"一词,源自宗教学术语,是旅美罗马尼亚宗教史家米尔恰·伊利亚德(Mircea Eliade)在《神圣与世俗》一书中讨论宗教思想时提出的重要概念,他认为神圣空间是相对世俗空间而言的。普通人生活的世俗空间是均质的、中性的,它"没有结构性和一致性,只是混沌一团",但对于宗

---

① 李立.汉画像的叙述 汉画像的图像叙事学研究[M].北京:中国社会科学出版社,2016:77-94.

② 巫鸿,郑岩.超越"大限"——苍山石刻与墓葬叙事画像[J].美术与设计,2005(1):1-8.

教的人来说,"空间的某些部分与其他部分彼此间有着内在品质上的不同"[1],这里所谓特殊的"某些部分",就是"神圣空间"。神圣空间意味着空间均质性的一种中断,或曰神圣空间是非均质性的(nonhomogeneity),由于某种特殊性赋予这个空间以神圣特性,致使"它与其所属的这个广垠苍穹非实在性的对立"[2]。并且,伊利亚德进一步指出神圣空间的存在价值:"正是这种在空间中形成的中断才使世界的创造成为可能,因为它为未来的所有发展向度揭示了一个基本点,确立了一个中轴线",换句话说,"世界决不会在均质性的混沌和世俗空间的相对性中产生。"[3]其实,如果我们稍加观察就会发现:"神圣空间"并不专属于宗教世界,在世俗生活中,随处可见人们赋予那些具有纪念意义的空间以"圣"的特性。墓葬毫无疑问就是一个能够唤起在场者某种宗教体验的神圣空间。首先,它之所以建造在远离世俗生活区的城郊,就是从领域分离的角度与世俗空间隔绝,所谓"生属长安,死属太山,死生异处,不得相妨"(汉刘伯平镇墓券[4])。其次,从择址标准来看,汉代陵墓往往"皆据高敞地为之",这一方面自然是为了规避水侵之害,而更为重要的是,处势高敞似乎还象征着对世俗空间的超越("陵"本身就有超越、逾越之意)。这种地理形式的隔绝、精神层次的超越,便是墓葬空间"非均质性"的最佳表证。

就以北寨汉墓来说,墓室本身就是一个超越均质性一般空间的神圣场域。当厚重的墓门封闭之时,一个与世隔绝的安乐之所就落成了。坚实的墓门连同围墙既是墓室空间的围护实体,也可以视为"一种空间连续性的中断",它们把阴阳二界不同性质的空间隔离开来。鉴于这样的原因,墓门存在的意义就非比寻常。它被赋予了类似"通道"的功能,是世俗空间和神圣空间的过渡地带。所以,在北寨汉墓的墓门上,才会刻绘着傩神、猛虎、长髯巨口怪兽等具有驱邪镇墓作用的守护神,它们能够辟除不祥、保护墓主灵魂不受侵扰。与此同时,也正是在墓室这个神圣的空间内部,生者与亡灵、墓主与诸

---

[1] 米尔恰·伊利亚德.神圣与世俗[M].北京:华夏出版社,2002:1.
[2] 米尔恰·伊利亚德.神圣与世俗[M].北京:华夏出版社,2002:2.
[3] 米尔恰·伊利亚德.神圣与世俗[M].北京:华夏出版社,2002:2.
[4] 杨树达.积微居小学金石论丛[M].上海:上海古籍出版社,2014:306.

神的沟通就变成了可能。当生者在墓室完全封闭之前解履以入、观瞻礼拜时，他的思想意识随之从世俗的文化状态中暂时分离，融入墓室所象征的神圣性之中；而墓主也将在这里从世俗世界过渡到神圣世界。除此之外，装饰在四壁的汉画也能够说明墓葬建筑的神圣性，它通过各种象征符号的隐喻功能完成了对神圣的表达。例如，在北寨汉墓中，领域分离的阴阳两界通过汉画图像得以呈现、相连。中室横额上的4幅"车马出行"图，刻绘了搭载着墓主灵魂的车马队列自"右"向"左"一路驱驰，这显然是幽冥世界中的场景。而前室横额上的3幅祭祀图，又刻绘了生者、宾客在葬礼现场对墓主的祭拜，这显然是现实世界中的场景。阴阳两界何以沟通？分隔前室和中室的门道，就是将现实世界和想象世界联结起来的关键，它在分离与沟通这两个不同空间中起到了至关重要的作用，说明人们"在仪式实践和表演中跨越了边界"[①]。

通过上面的论述，我们可以十分清楚地认识到：墓葬空间为何与周围的世俗环境有着品质上的不同。事实上，墓葬空间的神圣性不止表现在对世俗空间的超越上，大到墓葬的布局和构造，小到内部的装饰与施彩，无一不是在遵照"天人合一"哲学理念、宗法制度以及堪舆传统等文化背景下营建而成的，角角落落都充盈着神圣的气息。

首先，在建造墓葬时，讲究卜地而葬。《太平御览》卷四十七就记载了汉太尉朱伟邀请"相墓"冢师为其亡母占卜墓地一事："永兴县东五十里有洛思山，汉太尉朱伟为光禄大夫时，遭母哀，欲卜墓此山，将洛下冢师归，登山相地。"[②]这是风水观念在汉代丧葬活动中的实践情况。其实，以风水术"相墓"的活动早在商周时就已萌芽，《周礼》卷十九载："王丧七月而葬，将葬先卜墓之茔兆。"《孝经·丧亲》亦有"卜其宅兆而安厝之"之语，只不过上述文献均未明确告知我们"相墓"的更多细节。成书于宋时，但其思想内容很可能是汉代天文学、宇宙学等相关原理系统化的风水理论奠基之作——《葬经》或可为我们提供一些线索。经云："气感而应，鬼福及人"，这应该就是古人择葬以求吉的理论基础。在如何求得吉地上，《葬经》又云："得水为上，

---

① THOMPSON L D. The Yi'nan Tomb–Narrative and Ritual in Pictorial Art of the Eastern Han(25–220 C.E.) [D]. New York：New York University，1998：320.

② 李昉. 太平御览：卷四七 [M]. 石家庄：河北教育出版社，1994：422.

第六章 墓葬整体空间的叙事形态

藏风次之",要"藏风得水",就必须因"形"顺"势",山势地形不同,则吉凶福祸之应也有所不同。总而言之,"不论阴宅还是阳宅,都要求找到生气流动的山,依循着起伏的山势,寻出界水之所,然后找到生气凝聚的基址。至此风水之法才算完整。"①正因如此,占尽天时地利、土厚水深,符合所谓"龙势"的咸阳便成为西汉帝王主陵区的首选之地。

地势之外,墓地的朝向也十分重要,《葬经》中提出了有名的"四灵方位说",即墓地方位的理想模式是"左为青龙,右为白虎,前为朱雀,后为玄武"。其中,四灵代表着东、西、南、北四个方位,当四灵各归其位,坐镇四方时,一个原本不稳定的、混沌的空间才得以秩序化,才获得了藏风聚气的能量。就北寨汉墓而言,据学者唐琪考证,其地形特征、方位布局皆与《葬经》所论相吻合。②例如,在墓葬前室北壁,也就是进入墓门后首先映入眼帘的区域,依照东、南、西、北四个基本方位醒目刻绘着四灵图像,从而强调了墓葬空间的仪式性结构。就像宇宙从一个中心伸展开来并向东、南、西、北延伸一样,北寨汉墓空间的构造,似乎重现了宇宙的生成过程:它的上部刻绘着象征天界的图案,下部描绘了人间场景,用来支撑墓室的立柱上,刻绘了代表了宇宙四个空间的四灵图。因此可以说,这座墓葬是微型宇宙的象征,而墓主就身处于宇宙的中心。

其次,在墓葬建成后,以"冥契"安抚地下神祇。一旦确定了墓冢的方位和日期,就可以开始营建墓地。然而贸然动工无疑是对地下神祇的冒犯,于是有"世间缮治宅舍,凿地掘土,功成作毕,解谢土神,名曰解土"(《论衡·解除》)。汉人认为挖地修墓时,应及时向地神禀告逝者殁亡一事,并向其购买土地,如此才能"解谢土神"。因而在一些汉代随葬明器中,考古专家发掘出一批象征着冥界产权过渡的"幽契",比如告地策、镇墓文、买地券等,意谓向鬼神买地,以便亡者执守其居室。虽然在表述方式上三者不同,但其主旨却十分近似:向地下鬼神禀告亡者信息,亡者自此之后归依地下与生者隔绝,归属地下神祇管理:"黄神生五岳,主死人录,召魂召魄,主死人

---

① 傅洪光.中国风水史 一个文化现象的历史研究[M].北京:九州出版社,2013:181.

② THOMPSON L D. The Yi'nan Tomb-Narrative and Ritual in Pictorial Art of the Eastern Han(25-220 C.E.)[D]. New York:New York University,1998:307.

籍";并承担冥界租赋:"黄豆瓜子,死人持给地下赋"①(《东汉熹平二年张叔敬朱书瓦缶》)。这种通过对地下神祇的"解谢"而免除丧葬动土之谪的契约在汉代并不如画像石那般普遍,"迄今发掘的汉代墓葬已有近万座,特别是在洛阳烧沟、金谷园、七里河,武威磨咀子以及长沙、江陵周围地区都进行了集中发掘,而今见汉代告地策共有八件、买地券十三件,镇墓文有六十余种。"②北寨汉墓或因盗掘也未曾发掘出相关文书,但就"解土"一事而言,墓葬空间的神圣性又体现在它是与地下神祇掌管土地置换所得。

最后,墓葬中色彩对神圣空间的明示。历经岁月的汉画像石多数已"光彩殆尽",但仍有不少保存完整的画像石墓依稀可见彩漆残留,为神圣的地下空间平添几分神秘。1996年,陕西神木大保当挖掘出一批汉画像石,不仅雕刻精美,而且画像表面施绘的赤、黑、绿等矿物质颜料色彩清晰可见。③除此之外,河南、山西、山东等地均有施彩的画像石墓留存,说明施彩着色应当也是汉画制作的基本工序之一。在北寨汉墓后室顶部的藻井处,就发现了赤色、绿色、黑色和黄色的颜料残留,且赤色亦被用以涂绘中室立柱起承托作用的倒衔半身龙首的口部。这种用色彩装饰墓葬的行为,可能有随类赋彩、以示华美的意味,但更可能是汉人"五行五色"色彩观的实践成果。实际上,以颜料涂抹陪葬品的做法源远流长,旧石器时代北京山顶洞遗址中就曾发现,墓葬中人类骨头四周有赤铁矿末的痕迹,殷墟甲骨文碎片上许多文字的刻纹里,也被朱砂涂成了红色。至春秋时,祭牲的颜色和祭方(四方之神)之间形成了较为固定的联系。孔颖达疏:"《大宗伯》云:'以玉作六器,以礼天地四方。以苍璧礼天,以黄琮礼地,以青圭礼东方,以赤璋礼南方,以白琥礼西方,以玄璜礼北方。'……然则彼称礼四方者,为四时迎气,牲如器之色,则五帝之牲,当用五色矣。"④《周礼·冬官·考工记》更是进一步明晰了色彩与天地四方的对应关系:"画缋之事,杂五色。东方谓之青,南方谓之赤,西

---

① 吕志峰.东汉熹平二年张叔敬朱书瓦缶考释[J].中文自学指导,2007(2):19-23.

② 鲁西奇.中国古代买地券研究[M].厦门:厦门大学出版社,2014:66.

③ 陕西省考古研究所,榆林地区文物管理委员会.陕西神木大保当第11号、第23号汉画像石墓发掘简报[J].文物,1997(9):26-35,97.

④ 李学勤,主编.十三经注疏[M].标点本.北京:北京大学出版社,1999:1300.

方谓之白，北方谓之黑。天谓之玄，地谓之黄。青与白相次也，赤与黑相次也，玄与黄相次也。青与赤谓之文，赤与白谓之章，白与黑谓之黼，黑与青谓之黻。五彩备谓之绣。土以黄，其象方。天时变。"[1]正如学者王文娟所言："当色彩同方位相应时，色彩就加入了由方位而来的'内部空间'的庇护感，于是方位的吉凶、安危就是色彩的吉凶与安危。"[2]可见，色彩除了其物理属性外，还被赋予了具有吉凶象征观念的文化属性。在墓葬中，它一方面和具有方位意义的图像（如四灵图、东王公西王母图等）一道，以其象征性激活墓葬空间中的仪式感，从而把混沌无序的均质空间转变成有序的神圣空间；另一方面，它也始终不脱本色，维系着神圣空间与自然力量的平衡统一。

二、空间的认同

均质的一般空间由于被人们注入了特殊的社会情感和意义而产生质变，神圣空间就此形成，这其中隐含着一个至关重要的问题，即"空间认同"。所谓"空间认同"，可以理解为个体或群体对某个特定空间及其所属物所持有的一种正向情感态度或行为倾向，并在此基础上形成较为稳定的归属感和集体感，从而强化作为空间共同体成员的身份认同。由此可见，"空间认同包含着人们对这一空间的肯定性情感，当一种认同被赋予某个空间之后，这个空间就会变成封闭的结构，一种空间认同越强烈，改变它就越困难。"[3]

对于汉代宗族的祭祀中心，也就是墓葬建筑而言，空间中衍生出的认同感尤为强烈。墓葬不仅是一种客观的实体存在，也是一种精神观念的存在，它生成于人们的宗族情感、心理慰藉、社会交往等精神需求，同时也规范、引导和塑造着个体的价值选择与行为取向。可以说，作为汉代别具一格的文化景观，这种具有"纪念碑性"意义的宏大建筑是强调族群身份归属、凝聚宗族认同、整合精神秩序的重要载体。并且，由于这种空间认同的形成不是一个契约式的建构过程，而是一种自觉的实践，是宗族在漫长的社会生产和

---

[1] 阮元，校刻.十三经注疏［M］.北京：中华书局，1980：918.

[2] 王文娟.五行与五色［J］.美术观察，2005（3）：81-87，100.

[3] ASHWORTH G J, GRAHAM B. Senses of Place：Senses of Time［M］. Surrey：Ashgate Publishing，2005：21.

生活实践中、在与各种社会势力交流和互动的过程中逐渐积淀而成的，因此，要解析围绕墓葬建筑而产生的空间认同问题，就必须把个人需求、族群意识、社会关系等方面联系起来进行思考。

首先，血缘族系是墓葬空间认同的生物纽带。当代思想史学家李泽厚先生曾言："中国文明有两大征候特别重要，一是以血缘宗法家族为纽带的氏族体制，一是理性化了的巫史传统。两者紧密相连，结成一体，并长久以各种形态延续至今。"[①] 两汉时期，在"灵魂不灭"的生命观、"天人合一"的哲学观、"不死升仙"的宗教观、"天谴祥瑞"的吉凶观等文化精神的浸染之下，人们将祠庙视为宗祖神灵的依托之所，而墓冢是亡故族人体魄的安息之处，这里是宗族力量的象征、是宗族观念和制度的物化，从这个意义上说，墓葬建筑在本质上就是一种宗族血缘关系在空间上的投射，它带有明显的宗族血缘内涵，是人们通过仪式化行为把对宗族认同的情感（lineage of identification）附着在可视可感的物理空间上，从而强化宗族意识与血缘亲情的重要场所。所以，以血缘为纽带的宗族组织是墓葬空间认同得以构建的重要基础。宗族关系越紧密，空间认同的整合度就越高；反之，宗族关系越松散，空间认同感就越淡薄。其中，来自宗族的集体记忆（collective memory）是墓葬空间认同的精神内核。为了召唤、延续并储存那些有关家族辉煌过往的集体记忆，人们把对宗族真挚的感情融进文字中、图像中。比如东阿芗他君石刻题记中就记载了墓主之子芗无患诉说其父"雍养孤寡"与"独教儿子书计"二事，彰显了墓主品性。再比如内蒙古和林格尔土城子1号壁画墓前室北、东、西三面墓壁所绘车马出行图，表现了家族中这位身份显赫的人物在生前一路高升的风光仕途。宗族中重要人物的事件和经历在墓葬空间中被永久记录下来，隐性的家族记忆转化成为显性的客观实在得以直接展示在族人面前，墓葬空间成为激发族群情感、巩固族群认同的有形工具。

其次，原生情感是墓葬空间认同的黏合剂。"原生论"（primordialist approach）普遍认为，族群问题本质上是一种原生情感的问题，即把个体与宗族捆绑在一起的原因，很大程度上"是由那种起因于原生纽带本身，但难

[①] 李泽厚. 说巫史传统 [M]. 上海：上海译文出版社，2012：5.

以解释清楚的绝对意义决定的"①。所谓"原生情感",美国人类学家克利福德·格尔茨(Clifford Geertz)在他的著作《文化的解释》一书中解释道:"是一种来自所'给定的'——或者更精确地说,就像文化不可避免地卷入这类事物一样,它被假定是'给定的'——社会存在:主要是密切的近邻和亲属关系。此外,给定性还源自于出生于特殊的宗教团体,说特殊的语言,甚至是一种方言,还有遵循特殊的社会习俗等。这些血缘、语言、习俗及诸如此类的一致性,被视为对于他们之中及他们自身的内聚性有一种说不出来的,有时是压倒性的力量。"②从格尔茨的阐释中不难发现,"原生情感"是以集体历史记忆和文化特质为基础的,它"源出于某一共同文化而产生的归属感和亲近感"③。作为族群认同的标示物,墓葬建筑显然是牢固的宗族血缘关系和浓郁的原生情感相互作用的产物。在血缘纽带之外,源于共同文化背景和价值观念诸如"厚葬为德,薄终为鄙"的丧葬习俗、"灵魂不灭,天人合一"的生命观与宗教观、"勉修孝义,无辱生生"的传统文化精神,无一不蕴涵着一种自在自束,甚至不容抗拒的强制力,迫使汉人对传递着"原生情感"的墓葬空间产生认同,与此同时,人们也从中获得了安全感、依附感以及文化归属感。并且,"原生情感"更多源自某种"精神上"的同源关系而非社会互动,因而它是根深蒂固的、难以化解的,与此相应的,基于这种情感根基的墓葬空间认同,也是稳定的、牢固的。

最后,世俗功利是墓葬空间认同的触媒。既定的血缘关系和非理性的原生情感解释了墓葬空间认同如何被唤起,而从"工具论"的视角出发,墓葬空间是人们为了实现某种意图或目的而建造的,正如法国社会学家列斐伏尔所说:"空间就是产品","空间里弥漫着社会关系",空间既"生产社会关系"也被"社会关系所生产"④,这一点揭开了墓葬空间认同如何维系和强化这一谜团。族群个体不仅是文化象征的人,也是社会的人、政治的人,因而族群认

---

① 庄孔韶,主编.人类学通论[M].修订版.太原:山西教育出版社,2005:346-347.
② 克利福德·格尔茨.文化的解释[M].韩莉,译.南京:译林出版社,2008:268.
③ 李清华.格尔茨的艺术人类学思想研究[M].上海:上海三联书店,2017:108.
④ HENRI L. Space: Social Product and Use Value [M]//FREIBERG J W. Critical Sociology: European Perspective.New York: Irvington, 1979:285.

同、族群意识的兴衰与变迁，与具体政治、经济场景的变换不无关联。[①] 当宗族组织与政治场景产生交集时，宗族便多了一重身份：在经济利益和政治要求上具有一致性的政治集团。此时，宗族组织中的精英力量为了巩固族群稳定性、实现集体利益与意志，他们总是会从传统文化中筛选出符合统治阶级价值取向的某些方面进行大力弘扬。在公开标榜"以孝治天下"的大汉王朝，墓葬作为祭祖敬宗、彰显孝行的重要场所，自然是宗族组织宣传其政治主张、提高社会影响力、获取政治资源的首选之地。因此从这个层面上讲，墓葬空间认同是带有浓厚功利色彩的心理倾向，它充当了优化族群利益的工具，并成为宗族精英获得社会尊重、占有优质社会资源的有效手段之一。

在分析了触发汉人墓葬空间认同的动因之后，我们还需要进一步把焦点聚集在空间中的行为主体，也就是"观者"身上，以便将神圣空间与观者意识形态之间的微妙关系钩沉出来，从而形成一个完整的"看与被看""表意与视点"的研究框架。在汉画的置陈布势下，墓葬空间幻化成一个历史、现实与想象交织相融的叙事空间，它讲述了一个个生命突破边界局限而引向永恒的转变升华的故事，将我们带入一个关乎生命且具有深刻意味的宏大场景之中。如果说造墓者是这一叙事场景的创作者的话，那么受众——既包括在墓室完全封闭之前解履以入、观瞻礼拜的生者，又包括在墓室封闭之后那些游荡在幽冥之域的超自然的观众，便是所谓"观者"。在这个由图形符号所构建的"由死而仙"的叙事空间中，汉画像石作为叙事的主要载体，在创作者和观者之间架构起了一座思考与想象的桥梁。观者凭借着他独特的视点去探索图像内部各要素之间的相关性，去发现和揭示图像背后所蕴含的象征意义和文化内涵，进而感受神圣、强化认同。由此可见，创作者和观者之间意义的转换是否顺畅、完整，观者的空间认同是否能够顺利地构建起来并符合创作者的主观期待，这些都与观者对汉画图像的准确解读密切相关。而这种解读，主要通过观者的"看"来实现。当然，这种"看""并不是一种置身事外的保持距离的关照，而是通过看的方式，使身体置于对象目标之中，在感受对象的知觉动作中，观察所见之物。在一种不断被施加的意向性中，人们和事物

---

① 庄孔韶，主编. 人类学通论 [M]. 修订版. 太原：山西教育出版社，2005：350.

发生着千丝万缕的联系"①。心理学家将这种带有阐释性的观看,称之为"凝视"。关于"凝视",法国心理分析学家雅克·拉康(Jaques Lacan)指出:"凝视是自我与他者之间的一种镜像关系。"②拉康的"凝视"充满了"意象性的联系"的现象学思维,他认为人们观看图像的过程实际上也是凝视和反思自我内心冲动和欲望的镜像:"凝视是一种欲望的投射,是一种于想象中获得欲望满足的过程。"③从拉康的论述可知,凝视其实就是一个特殊的观察角度。观者在凝视图像时,往往怀抱着自我难以察觉的态度,投射着自己的期待,希望可以借此逃离现实社会的象征秩序而进入更为自由的想象关系中。并且,拉康的凝视观还淡化了权力关系的色彩而富含认同意图,即"对镜像的凝视带有自我的发现及主体认同的含义"④。可见,凝视理论涉及主体和客体之间的微妙关系以及观看过程中主体性的建立。这一观点,一定程度上揭示了观者与墓葬空间之间更深层的心理互动机制。那些原本停留在观念层面的思想与文化,诸如事死如生、忠孝仁义等,仅仅是抽象的存在,因此无法与观者形成凝视关系。而汉画的出现使这些抽象概念得以形象化,它们被转化成易于识别的图像和符号直接出现在观者面前,于是,墓葬空间与观者之间就形成了凝视关系。并且,墓葬空间通过视觉隐喻和象征手法,将情感融入图像之中,强调了一种契合于社会主流意识形态的价值观的认同,从而激发观者共鸣。就以北寨汉墓来说,作为一个具有整体意义的图像叙述系统,它将墓主的今生和来世连接成一个灵魂跨越死亡并获得永生的完整情节。在"看与被看"之间,观者是凝视的主体,汉画图像是客体,观者在奇异的图像之旅中一面重温着历史与道德,一面又努力寻找着逃避生老病死自然秩序的良药,他们试图借由图像的联系,在墓葬空间中搭建起一个既合乎现实世界原貌,又拥有独立时空的、自存的理想世界。这是一个能够超越死亡、克服时空障碍乃至实现永恒的神圣空间,人们在这里一次又一次确认着人在宇宙中心的主体地位,借此释缓死亡带来的畏惧感,而这就是墓葬神圣空间的意义所在。

---

① 莫里斯·梅洛·庞蒂.知觉现象学[M].姜志辉,译.北京:商务印书馆,2001:269.
② 廖炳惠.关键词200[M].南京:江苏教育出版社,2006:114.
③ 戴锦华.电影理论与批评[M].北京:北京大学出版社,2007:185-186.
④ 朱晓兰.文化研究关键词:凝视[M].南京:南京大学出版社,2013:229.

结　语

早期中国人的时空观正如《淮南子·齐俗训》中所载："朴至大者无形状，道至眇者无度量。故天之圆也不得规，地之方也不得矩。往古来今谓之宙，四方上下谓之宇。道在其间，而莫知其所。"不同于康德的"先验逻辑"，古老的中国人擅长从感性经验出发，把"天道"和"人道"联系起来，形成了"天人之际，合而为一"的宇宙观念。空间能"洞达到我们内在的感受中去"①，而时间则"以一种内在的确定，来对抗充斥于感觉生命的混乱印象中的那种'陌生疏离'的事物"②。由此可见，"时间成为疏离陌生的领悟，空间成为人在世界中位置的表达，这是时空观的本质所在。"③与"仰观于天，俯察于地，中观万物"这种模拟宇宙结构之法相应的，是两汉墓葬美术的具体实践。大量考古发掘的汉代墓葬艺术，包括汉画像、帛画等都反映出大体相同的空间布局，即"图绘天界"→"描绘仙境"→"幸福家园"，呈现出对宇宙图式的象征，可见，造墓者试图在有限的墓葬结构中构建一个广袤无限的宇宙缩影，通过图像艺术将原本不可控的、神秘灰暗的黄泉世界参照宇宙图式进行组织布局、视觉美化，从而消解人类面对未知死亡的恐惧。这个过程，便是汉人对生命在宇宙中所处的位置及存在方式的思考与探索。

作为纯粹直观形式的空间存在，汉画图像叙事本质上是一种空间叙事。本文所言"空间叙事"，空间在前，叙事在后，是指长于表现空间并列关系的视觉艺术在创作过程中通过设计、经营布局，将分属于不同时空的元素重构、整合，最终实现叙事目的的叙述方式，是与"叙事空间"密切关联又有所不同的两个概念。作为表意符号的两大系统，一个是长于表现时间先后承续关

---

① 斯宾格勒.西方的没落[M].陈晓林，译.哈尔滨：黑龙江教育出版社，1988：122.
② 斯宾格勒.西方的没落[M].陈晓林，译.哈尔滨：黑龙江教育出版社，1988：10.
③ 王文娟.庄子美学时空观及其现代意义[J].陕西师范大学学报，1995（2）.

系的文本叙事，一个是长于呈现空间并列关系的图像叙事，通过对比二者在叙事中对"空间"的不同呈现，能够发现空间思维不仅以其多维性、并置性打破了传统的叙事学研究框架，还以其整体性、开放性为图像研究提供新的视角和方向。将精神信仰和价值追求从人类源远流长的历史长河中攫取出来，进行具象化、视觉化甚至空间化，无疑是人类智慧的显现。站在整体性的高度审视墓葬这一宏大叙事体系，几乎所有的汉代墓葬都讲述着同一个关于灵魂转化的主题，这源于先民面对未知的黄泉世界，那无所适从的"空间恐惧"。为克服恐惧，他们将一切所能想到的关于永恒的信仰杂糅到墓葬中，赋予其宇宙秩序，最终从混沌蛮荒的世俗世界中，分离出这样一个神圣的空间。这个空间是逝去亲人灵魂的归依之所，他们在这里安享荣华、欢歌起舞，也在这里超越大限、转化升仙；这个空间亦是生者的祭祀之地，他们在这里虔诚祷告、缅怀先人，也在这里瞻仰圣贤、躬身自省以求庇佑。

余 论

从1881年斯蒂芬·布歇尔首次将一套武梁祠汉画拓片带回欧洲并在柏林东方协会展出算起，海内外学者对汉画像石的关注已逾百年，其核心领域的研究大体经历了金石学著录、考古类型学分析、图像学阐释、跨学科综合研究四个阶段。近年来，在相关学科的耦合作用下，汉画研究更是呈现出从"是什么"的具体形象阐释，到"如何是"的形相逻辑研究推进的轨迹。与此同时，文艺理论界的另一场浪潮：后经典叙事学冲破结构主义的藩篱，超越文本的封闭性和自足性而将空间形态的图像纳入研究视野，如此，图像的叙事性研究便成为"叙述转向"背景下汉画研究的一条崭新路径。

作为一门"新学"，汉画图像叙事研究尚未形成完善的理论体系，许多重要问题迄今仍停留在经验性的现象描述与概括阶段而尚未深入肌理。譬如图像与文本在互仿中的通约与协调，譬如图像对文学经典的收编与扶植，等等。若能在历史与逻辑的交汇点上析出多种图像类型的叙述共相，便能将汉画研究进一步推向纵深。

第一，图像叙事研究是对传统文化格局中语图关系的重思。

"当今之时代，文学和图像的关系复杂多变前所未有，二者的剑拔弩张前所未有，它们的痛苦纠结前所未有……图像对于文学的饕餮将愈演愈烈（赵宪章）。"而图像叙事无疑是这饕餮盛宴中不可或缺的一道佳肴。图像作为强势符号的强力侵入，大肆改变着传统文化格局中文优图劣的基本布局。其实早在2200年前，长就幽冥的地下陵寝就已显现出汉人对图像的狂热，他们对图像的奢靡消费，自然引发了学者们对礼制建筑中这种特殊图像史料的探奥索隐。在潘诺夫斯基图像学复兴之后，相关跨学科研究成果层出叠见，众多学者秉持图文互证的方法论，把一个个鲜活的、新颖的课题研究推向学术前沿，为叙述转向时代汉画的诠释提供了多元理论参照。

然而回顾近30年的研究历程，无论是结合文献考释追溯汉画的历史语境和原境信息，还是借鉴语言符号学理论洞悉汉画背后的精神世界，抑或从文字的具体结构中类比汉画图像语言的规则，其本质都是对语词优位的臣服。图像叙事研究更重要的议题关乎图像自身的符号特征，包括构图要素的置陈布势、视觉意义的传达、礼制应用之特性等，通过对汉画各种造型元素的确认和对艺术本体的诠释，为其符号表达式的独立自足性提供学理依据。在这个过程中，以语言为主轴的思维模式不再起作用，因为图像叙事的思想本质即是对那些将语言和文字视为一切思想起点的批判。

再者，语言自身的权威性与精英性足以使缙绅士族迷误，更不遑论蒙昧的庶民百姓。汉画是礼制文化的视觉符码，是主流文化的物化表达，它以直观、感性的表意形式，极大程度消解了文字的深度和逻辑障碍，降低了文化准入门槛，使那些束之高阁的经典文本、精英思想走进普罗大众的视界。饶有兴味的是，汉画的伦理道德属性决定了这是一种重理性、重信仰沉思、重深层静观的美学现实，因此在这场全民参与的图像颠覆文字的仪式盛典中，人们的审美体验并没有完全让位于感官的快意享受，而是指向理性主义沉思。

第二，图像叙事研究是对汉画释读的进一步深化。

图像学的任务就在于解开历史中那些隐晦如谜语一般的图像秘密。当"图像叙事"成为探寻汉画历史奥秘的关键词时，一种创造性思维模式的介入将汉画释读从"狭义图像志"阶段对其内容和寓意的认定，推向纵深的层面，即更加关注图像自身"可见的思想"，由此，汉画释读便从形而下的图像志分析提升到形而上的理论思辨。

所谓汉画图像叙事研究，是指从叙事学视角研讨汉画图像与文学经典或世俗观念的平行联系，以及思索图像意义如何表达的问题，旨在探索空间意义上视觉语汇的构成法则。这个视觉语汇，是一个受多种因素相互作用、相互制约的复杂系统，该系统是由格套、榜题、图像程序、构图形态、色彩、空间关系等多种要素构成的综合体，其中每一个因子都是影响汉画叙事效果的重要变量，且每一个因子对汉画表意功能的影响也各有差异。

比如汉画格套的溯源，不仅是研究图像叙事生发的重要线索，同时也是图像学研究需要回应的图像本体论意义上的形式与构成问题。那些精美的粉本并非一蹴而就的杰作，而是经过数代工匠反复琢磨，一步步调整、适配才得以成型。以汉画"完璧归赵"为例，出土于绥德苏家圪坨的西河太守杨孟元墓（永元八年），是最早出现"完璧归赵"图的纪年墓，彼时图像核心元件的排布十分混乱，甚至关键要素"柱子"的缺失，表现出较强的随意性。直到永元十五年（绥德贺家湾残石），画面结构才渐趋程式化：中间一柱分隔画面，柱两旁各一人，一边是秦王跽坐双手前伸，一边是蔺相如举璧跨步。至此，工匠对核心元件的合理置设，最终把文学情节中这一最具孕育性的顷刻清晰表达了出来，该历史画像的格套基本确立。格套的形成过程，不仅是图像叙事从零到一的发轫，亦为解开汉画的生产之谜提供了重要线索，它映射出早期中国学术经典、主流哲学与丧葬文化体系的持续互动。可以说，正是那些脱胎于文学观念的墓葬石刻绘画，以长期以来相对稳定的结构，构成了两汉神秘丰富而独具特色的丧葬文化展示。

再比如，复原汉画原境信息，是图像叙事研究的又一层思考。那些散落于各处、主题不一的汉画图像并非自我完足的单一存在，而是依赖与前后、上下整体画面的交汇对话产生意义。当"完璧归赵"从文学片段转译为视觉形象，并与象征着辟邪镇墓的元素如朱雀、翼虎并置一格时，蔺相如不再是儒学经典中的信义之使，而是化身为镇墓勇士守卫墓主安宁；当钩象胡人穿梭于缭绕仙气之间时，他也不再是肩负文化交流重任的远方贡臣，而是昆仑天界的向导，这是汉人对西方异域想象的延伸。汉画的叙事性研究要求我们必须首先还原或者追溯与图像相关的物态情境和原境信息，方能得出合乎历史逻辑的结论。当图像回归其原境时，一部分图像与传世文献本义背离而产生了意义分化，这也是图像学所追究的发现作品"深层意义"的进一步思考。

第三，汉画图像叙事研究是叙事学理论自身的扩容。

在经典叙事学框架中，叙事是一种以文本为预设体裁的理论研究。这种将叙事学限定于文本窠臼的研究方式，在某种程度上具有"排斥性"和"封闭性"的局限。自20世纪90年代开始，随着整个人文社科领域的"叙述转向"，叙事学发展历经了又一次研究范式变革，表征之一即研究对象溢出文学范畴而向多领域、多学科扩展，影视、雕塑、音乐、图像等新兴学科纷纷进入叙事学领地，如此，叙事学研究便突破了传统概念的阈限，而发展成一个更具活力的范畴体系。图像叙事就是"叙述转向"背景下跨学科研究的重要成果。

汉画作为一种非线性语言的叙述形态，使原本停留在抽象知觉层面的语言文本转译为可感可触的艺术形象，这一视觉化过程的背后，是叙事模态的重大转型，它让我们得以重新审视，以文学作品为关注中心的经典叙事学理论是否依然有效，以及图像符号将对叙事边界造成何种激荡。

传统观点认为，语言是时间的艺术，图像是空间的艺术，与时间性思维相适应的语言自然是叙事传统中的绝对主流，而图像在叙事方面则存有天然缺陷。然而，大量的图像研究已经证明这种思想的片面性。图像叙述原本就处在人类表意符号系统中最基础的行为之列，汉画中的叙述性图像，无论是单幅图像的静态呈现，比如"完璧归赵""二桃杀三士""荆轲刺秦"等历史故事题材画像，还是多幅画面的流动组接，比如沂南汉墓中环绕中室四壁的4幅横额石所绘"墓主赴祠堂受祭图"，都包含着完整事件的叙述性符号链，它们都具备叙事所要求的意义向度，本身就具有叙事能力。因此，一种更加尊重视觉符号的广义叙事学理论便呼之欲出。我们应当在图像转向的语境中重新审视叙述底线，从理论建构的角度来论述图像的叙事密码，这是对涵括图像在内的广义叙事学理论的最有力支撑。

参考文献

一、中文类

（一）专著类

[1] 班固.汉书[M].北京.中华书局，1962.

[2] 卜友常.汉代墓葬艺术考述[M].上海：上海三联书店，2015.

[3] 卜友常.灵石不语斋藏石记[M].杭州：浙江大学出版社，2014.

[4] 曹胜高.汉赋与汉代制度：以都城、校猎、礼仪为例[M].北京：北京大学出版社，2006.

[5] 曹意强，麦克尔·波德罗.艺术史的视野：图像研究的理论、方法与意义[M].北京：中国美术学院出版社，2007.

[6] 曾毅公.石刻考工录[M].北京：书目文献出版社，1987.

[7] 陈履生.神画主神研究[M].北京：紫禁城出版社，1987.

[8] 陈平原.左图右史与西学东渐 晚清画报研究[M].北京：生活·读书·新知三联书店，2018.

[9] 成都文物考古研究所.成都考古发现[M].北京：科学出版社，2011.

[10] 程万里.汉画四神图像[M].南京：东南大学出版社，2012.

[11] 丁山.中国古代宗教与神话考[M].上海：龙门联合书局，1961.

[12] 董乃斌.中国文学叙事传统研究[M].北京：中华书局，2012.

[13] 范景中，曹意强.美术史与观念史[M].南京：南京师范大学出版社，2006.

[14] 范景中.考古与艺术史的交汇：中国美术学院国际学术研讨会论文集[M].北京：中国美术学院出版社，2009.

[15] 范小平.四川画像石棺艺术[M].成都：巴蜀书社，2011.

[16] 范晔.后汉书[M].北京：中华书局，1965.

[17] 冯沂.临沂汉画像石[M].济南：山东美术出版社，2002.

[18] 傅惜华，陈志农.山东汉画像石汇编[M].济南：山东画报出版社，2012.

[19] 高文，左志丹.中国巴蜀新发现汉代画像砖[M].成都：四川美术出版社，2016.

[20] 高文.四川汉代画像石[M].成都：巴蜀书社，1987.

[21] 高文.四川汉代石棺画像集[M].北京：人民美术出版社，1997.

[22] 高文.中国汉阙[M].北京：文物出版社，1994.

[23] 高文.中国画像石棺全集[M].太原：三晋出版社，2011.

[24] 耿涛.图像与本质 胡塞尔图像意识现象学辩证[M].长沙：湖南教育出版社，2010.

[25] 龚延万，等.巴蜀汉代画像集[M].北京：文物出版社，1998.

[26] 顾森.秦汉绘画史[M].北京：人民美术出版社，2000.

[27] 关百益.南阳汉画像集[M].北京：中华书局，1930.

[28] 韩玉祥，李陈广.南阳汉代画像石墓[M].郑州：河南美术出版社，1998.

[29] 杭春晓.方法论与美术史个案叙事[M].天津：天津人民美术出版社，2014.

[30] 河南省古代建筑保护研究所.古建筑石刻文集[M].北京：中国大百科全书出版社，1999.

[31] 贺西林.古墓丹青：汉代墓室壁画的发现与研究[M].西安：陕西人民美术出版社，2001.

[32] 胡新立.邹城汉画像石[M].北京：文物出版社，2008.

[33] 胡亚敏.叙事学[M].武汉：华中师范大学出版社，1994.

[34] 黄明兰.洛阳西汉画象空心砖[M].北京：人民美术出版社，1982.

[35] 黄佩贤.汉代墓室壁画研究[M].北京：文物出版社，2008.

[36] 黄宛峰.汉画像石与汉代民间丧葬观念[M].北京：中国社会科学

出版社，2015.

［37］黄晓芬.汉墓的考古学研究［M］.长沙：岳麓书社，2003.

［38］黄雅峰，陈长山.南阳麒麟岗汉画像石墓［M］.西安：三秦出版社，2008.

［39］黄雅峰，张晓茹.汉画文献目录索引［M］.杭州：浙江大学出版社，2011.

［40］黄雅峰.海宁汉画像石墓研究［M］.杭州：浙江大学出版社，2009.

［41］黄雅峰.汉画图像与艺术史学研究［M］.北京：中国社会科学出版社，2012.

［42］黄雅峰.汉画像石画像砖艺术研究［M］.北京：中国社会科学出版社，2011.

［43］黄雅峰.汉画像砖发掘报告［M］.杭州：浙江大学出版社，2012.

［44］黄雅峰.浙江汉画艺术［M］.北京：中国社会科学出版社，2009.

［45］翦伯赞.秦汉史［M］.2版.北京：北京大学出版社，1983.

［46］江苏美术出版社.徐州汉画象石［M］.南京：江苏美术出版社，1985.

［47］江苏省文物管理委员会.江苏徐州汉画像石［M］.北京：科学出版社，1959.

［48］姜生.汉帝国的遗产 汉鬼考［M］.北京：科学出版社，2016.

［49］蒋英炬，吴文祺.汉代武氏墓群石刻研究［M］.北京：人民美术出版社，2014.

［50］蒋英炬，杨爱国.汉代画像石与画像砖［M］.北京：文物出版社，2001.

［51］康兰英，朱青生，等.汉画总录［M］.桂林：广西师范大学出版社，2012.

［52］礼记［M］//十三经注疏·礼记正义.北京：中华书局，1980.

［53］李发林.山东汉画像石研究［M］.济南：齐鲁书社，1982.

［54］李昉等.太平御览［M］.北京.中华书局，2000.

［55］李贵龙.石头上的历史：陕北汉画像石考察［M］.西安：陕西师范

大学出版总社有限公司，2014.

［56］李锦山.鲁南汉画像石研究［M］.北京：知识产权出版社，2008.

［57］李立.汉画像的叙述：汉画像的叙事学研究［M］.北京：中国社会科学出版社，2016.

［58］李立.汉墓神画研究：神话与神话艺术精神的考察与分析［M］.上海：上海古籍出版社，2004.

［59］李零.中国方术考［M］.北京：东方出版社，2001.

［60］李凇.神圣图像：李凇中国美术史文集［M］.北京：人民出版社，2016.

［61］李凇.论汉代艺术中的西王母图像［M］.长沙：湖南教育出版社，2000.

［62］李泽厚.美的历程［M］.北京：生活·读书·新知三联书店，2009.

［63］练春海.汉代车马形像研究：以御礼为中心［M］.桂林：广西师范大学出版社，2012.

［64］梁思成.中国建筑史［M］.北京：生活·读书·新知三联书店，2011.

［65］凌皆兵，等.中国南阳汉画像石大全［M］.郑州：大象出版社，2015.

［66］刘敦愿.美术考古与古代文明［M］.北京：人民美术出版社，2007.

［67］刘克.南阳汉画像与生态民俗［M］.北京：学苑出版社，2008.

［68］刘兰芝.洛阳汉代墓室壁画研究［M］.郑州：中州古籍出版社，2010.

［69］刘宁.《史记》叙事学研究［M］.北京：中国社会科学出版社，2008.

［70］刘茜.汉画像石图像艺术与汉代生死观［M］.北京：中国社会科学出版社，2015.

［71］刘向.战国策［M］.上海：上海古籍出版社，1985.

［72］刘勰.文心雕龙译［M］.上海：上海古籍出版社，1998.

［73］刘振东.冥界的秩序：中国古代墓葬制度概论［M］.北京：文物出

版社,2015.

[74] 刘遵志.徐州汉墓与汉代社会研究[M].北京:科学出版社,2011.

[75] 龙迪勇.空间叙事学[M].北京:生活·读书·新知三联书店,2015.

[76] 罗二虎.汉代画像石棺[M].成都:巴蜀书社,2002.

[77] 罗二虎.中国美术考古研究现状[M].上海:上海大学出版社,2008.

[78] 罗一平.历史与叙事 中国美术史中的人物图像[M].广州:岭南美术出版社,2006.

[79] 马王堆汉墓帛书整理小组.马王堆汉墓帛书战国纵横家书[M].北京:文物出版社,1976.

[80] 牛天伟,金爱秀.汉画神灵图像考述[M].开封:河南大学出版社,2009.

[81] 蒲慕州.墓葬与生死:中国古代宗教之省思[M].北京:中华书局,2008.

[82] 容庚.汉武梁祠画像录[M].北京:燕京大学考古社,1936.

[83] 山东博物馆,山东省文物考古研究所.山东汉画像石选集[M].济南:齐鲁书社,1982.

[84] 山东省文物管理处.沂南古画像石墓发掘报告[M].北京:文化部文物管理局,1956.

[85] 陕西省考古研究院.壁上丹青——陕西出土壁画集[M].北京:科学出版社,2009.

[86] 社会科学院考古研究所,徐州博物馆.汉代陵墓考古与汉文化[M].北京:科学出版社,2016.

[87] 时胜勋.中国艺术话语[M].北京:中央编译出版社,2015.

[88] 司马迁.史记[M].北京:中华书局,1959.

[89] 孙机.从历史中醒来:孙机谈中国古文物[M].北京:生活·读书·新知三联书店,2016.

[90] 孙机.汉代物质文化资料图说[M].上海:上海古籍出版社,2008.

[91] 孙进己,孙海.中国考古集成[M].郑州:中州古籍出版社,1999.

[92] 孙文青.南阳汉画像汇存[M].南京:金陵大学文化研究所,1937.

[93] 孙作云.孙作云文集[M].开封:河南大学出版社,2003.

[94] 孙作云.天问研究[M].北京:中华书局,1989.

[95] 谭君强.审美文化叙事学研究 理论与实践[M].北京:中国社会科学出版社,2011.

[96] 汪小洋.汉画像石宗教思想研究[M].天津:天津人民美术出版社,2005.

[97] 汪小洋.汉墓壁画宗教思想研究[M].上海:上海古籍出版社,2011.

[98] 王充.论衡校释[M].北京:中华书局,1990.

[99] 王国维.古史新证[M].北京:清华大学出版社,1994.

[100] 王建中.汉代画像石通论[M].北京:紫禁城出版社,2001.

[101] 王娟.汉代画像石审美研究:以陕北、晋西北地区为中心[M].北京:文物出版社,2013.

[102] 王青.汉朝的本土宗教与神话[M].台北:台北洪叶文化出版公司,1998.

[103] 王子今.秦汉社会意识[M].北京:商务印书馆,2012.

[104] 闻宥.四川汉代画像选集[M].上海:群联出版社,1955.

[105] 吴曾德.汉代画像石[M].北京:文物出版社,1984.

[106] 武利华.徐州汉画像石通论[M].北京:文化艺术出版社,2017.

[107] 西安市文物保护考古所.西安东汉墓[M].北京:文物出版社,2009.

[108] 新疆天山天池管理委员会.西王母文化研究集成[M].桂林:广西师范大学出版社,2009.

[109] 信立祥.汉代画像石综合研究[M].北京:文物出版社,2000.

[110] 邢义田.画为心声:画像石、画像砖与壁画[M].北京:中华书局,2011.

[111] 熊红梅.先秦两汉叙事思想[M].长沙:湖南师范大学出版社,

[112] 徐复观.两汉思想史[M].上海：华东师范大学出版社，2001.

[113] 徐光冀.中国出土壁画全集[M].北京：科学出版社，2012.

[114] 徐习文.宋代叙事画研究[M].南京：东南大学出版社，2014.

[115] 严耕望.中国地方行政制度史[M].上海：上海古籍出版社，2007.

[116] 阎根齐，等.商丘汉画像石[M].郑州：河南美术出版社，1992.

[117] 扬之水.古诗文名物新证合编[M].天津：天津教育出版社，2012.

[118] 杨爱国.幽明两界：纪年汉代画像石研究[M].西安：陕西人民美术出版社，2006.

[119] 杨宽.中国古代陵寝制度研究[M].上海：上海古籍出版社，1985.

[120] 杨树达.汉代婚丧礼俗考[M].上海：上海古籍出版社，2009.

[121] 杨絮飞，等.中国汉画造型艺术图典[M].郑州：大象出版社，2014.

[122] 杨义.中国叙事学[M].北京：人民出版社，2009.

[123] 姚玳玫.文化演绎中国的图像：中国近现代文学/美术个案解读[M].广州：广东人民出版社，2010.

[124] 姚圣良.先秦两汉神仙思想与文学[M].济南：齐鲁书社，2009.

[125] 俞美霞.东汉画像石与道教发展：兼论敦煌壁画中的道教图像[M].台北：台北南天书局，2000.

[126] 榆林市文物保护研究所，榆林市文物考古勘探工作队.米脂官庄画像石墓[M].北京：文物出版社，2009.

[127] 袁珂.中国神话史[M].上海：上海文艺出版社，1988.

[128] 张潮.神话·考古·历史[M].北京：文物出版社，2015.

[129] 张寅德.叙述学研究[M].北京：中国社会科学出版社，1989.

[130] 张卓远.汉代画像砖石墓葬的建筑学研究[M].郑州：中州古籍出版社，2011.

[131]赵承楷,江继甚.走进汉画[M].上海:上海书店出版社,2006.

[132]赵宪章,包兆会.文学变体与形式[M].南京:南京大学出版社,2010.

[133]赵宪章.文学图像论[M].北京:商务印书馆,2022.

[134]赵宪章.中国文学图像关系史[M].南京:江苏凤凰教育出版社,2020.

[135]郑立君.剔图刻像:汉代画像石的雕刻工艺与成像方式[M].成都:重庆大学出版社,2010.

[136]郑先兴.汉画像的社会学研究[M].开封:河南大学出版社,2009.

[137]郑岩,巫鸿.古代墓葬美术研究[M].北京:文物出版社,2011.

[138]郑岩.逝者的面具:汉唐墓葬艺术研究[M].北京:北京大学出版社,2013.

[139]中国汉画学会河南博物院.中国汉画学会第十三届年会论文集[M].郑州:中州古籍出版社,2011.

[140]中国画像石全集编辑委员会编.中国画像石全集[M].郑州:河南美术出版社,2000.

[141]中国画像砖全集编辑委员会.中国画像砖全集[M].成都:四川美术出版社,2006.

[142]中国墓室壁画全集编辑委员会.中国墓室壁画全集[M].石家庄:河北教育出版社,2011.

[143]重庆市博物馆.重庆市博物馆藏四川汉画像砖选集[M].北京:文物出版社,1957.

[144]周到,王晓.河南汉代画像研究[M].郑州:中州古籍出版社,1996.

[145]朱存明.汉画像之美:汉画像与中国传统审美观念研究[M].北京:商务印书馆,2011.

[146]朱青生,巫鸿.古代墓葬美术研究[M].长沙:湖南美术出版社,2013.

［147］朱青生．中国汉画研究［M］．桂林：广西师范大学出版社，2004．

［148］朱锡禄．嘉祥汉画像石［M］．济南：山东美术出版社，1992．

［149］朱锡禄．武氏祠汉画像石中的故事［M］．济南：山东美术出版社，1996．

［150］朱熹．四书章句集注［M］．北京：中华书局，1983．

（二）译著类

［1］彼得·伯克．图像证史［M］．北京：北京大学出版社，2008．

［2］布尔迪厄．区分：判断力的社会批判［M］．刘晖，译．北京：商务印书馆，2015．

［3］贡布里希．象征的图像：贡布里希图像学文集［M］．上海：上海书画出版社，1990．

［4］贡布里希．艺术发展史［M］．范景中，林夕，译．天津：天津人民美术出版社，2001．

［5］华莱士·马丁．当代叙事学［M］．伍晓明，译．北京：北京大学出版社，2005．

［6］怀履光．中国洛阳古墓砖图考［M］．徐婵菲，译．郑州：中州古籍出版社，2014．

［7］加布里埃尔·塔尔德．模仿律［M］．何道宽，译．北京：中国人民大学出版社，2008．

［8］卡西尔．人论［M］．甘阳，译．上海：上海译文出版社，2004．

［9］莱辛．拉奥孔［M］．朱光潜，译．北京：人民文学出版社，1979．

［10］雷德侯．万物：中国艺术中的模件化和规模化生产［M］．北京：生活·读书·新知三联书店，2005．

［11］林巴奈夫．刻在石头上的世界［M］．唐利国，译．北京：商务印书馆，2010．

［12］刘若愚．中国文学理论［M］．田守真，饶曙光，译．成都：四川人民出版社，1987．

［13］鲁惟一．汉代的信仰 神话和理性［M］．王浩，译．北京：北京大学出版社，2009．

[14] 马克·D.富勒顿.希腊艺术[M].李娜,谢瑞贞,译.北京:中国建筑工业出版社,2004.

[15] 马林诺夫斯基.文化论[M].费孝通,译.北京:中国民间文艺出版社,1987.

[16] 马林诺夫斯基.巫术、科学、宗教与神话[M].李安宅,译.上海:上海文艺出版社,1987.

[17] 孟久丽.道德镜鉴:中国叙述性图画与儒家意识形态[M].何前,译.北京:生活·读书·新知三联书店,2013.

[18] 米歇尔.图像理论[M].陈永国,胡文征,译.北京:北京大学出版社,2006.

[19] 米歇尔.图像学[M].陈永国,译.北京:北京大学出版社,2012.

[20] 诺伯格·舒尔兹.存在·空间·建筑[M].尹培桐,译.北京:中国建筑工业出版社,1990.

[21] 潘诺夫斯基.图像学研究[M].戚印平,范景中,译.上海:上海三联书店,2011.

[22] 浦安迪.中国叙事学[M].北京:北京大学出版社,1996.

[23] 普林斯.叙事学:叙事的形式与功能[M].徐强,译.北京:中国人民大学出版社,2013.

[24] 斯蒂·汤普森.世界民间故事分类学[M].上海:上海文艺出版社,1991.

[25] 苏利文.中国艺术史[M].徐坚,译.长沙:湖南教育出版社,2006.

[26] 藤田胜久.史记战国史料研究[M].曹峰,译.上海:上海古籍出版社,2008.

[27] 巫鸿.黄泉下的美术:宏观中国古代墓葬[M].北京:生活·读书·新知三联书店,2010.

[28] 巫鸿.礼仪中的美术:巫鸿中国古代美术史文编[M].北京:生活·读书·新知三联书店,2005.

[29] 巫鸿.时空中的美术:巫鸿中国古代美术史文编[M].北京:生

活·读书·新知三联书店,2009.

[30]巫鸿.武梁祠:中国古代画像艺术的思想性[M].北京:生活·读书·新知三联书店,2006.

[31]巫鸿.中国古代画像艺术的思想性[M].柳扬,岑河,译.北京:生活·读书·新知三联书店,2015.

[32]余英时.东汉生死观[M].侯旭东,译.上海:上海古籍出版社,2005.

[33]约翰·伯格,让·摩尔.另一种讲述的方式[M].沈语冰,译.桂林:广西师范大学出版社,2007.

[34]长广敏雄.汉代画像の研究[M].京都:中央公论美术出版社,1965.

[35]中野美代子.中国的妖怪[M].何彬,译.郑州:黄河文艺出版社,1989.

(三)期刊类

[1]曹建国,张洁.石头上的叙事解码:从汉画"完璧归赵"看图像叙事[J].中南民族大学学报(人文社会科学版),2019(1).

[2]曹建国.汉画像"玄猿登高"升仙含义释读[J].文史哲,2018(1).

[3]曹新洲,梁玉波,张新强,等.桐柏县安棚画像石墓[J].中原文物,1996(3).

[4]曾蓝莹.作坊、格套与地域子传统:从山东安丘董家庄汉墓的制作痕迹谈起[J].台湾大学美术史研究集刊,2000(8).

[5]陈凡.富顺县发现汉代石棺[J].四川文物,1985(3).

[6]陈丽琼.四川江北发现汉墓石刻[J].考古,1958(8).

[7]程少奎.山东肥城发现"永平"纪年画像石[J].文物,1990(2).

[8]迟延璋,王天政.山东潍坊市发现汉画像石墓[J].考古,1995(1).

[9]崔海妍.国内空间叙事研究及其反思[J].江西社会科学,2009(1).

[10]邓启耀.视觉表达与图像叙事[J].广西民族学院学报(哲学社会科学版),2004(1).

[11]董楼平,杨绍舜.山西吕梁地区征集的汉画像石[J].文物,2008(7).

［12］范向前.安徽淮北市汉画像石遗存考［J］.淮北煤师院学报（哲学社会科学版），1999（2）.

［13］傅永魁.巩县出土的汉画像石和汉画象砖［J］.中原文物，1983（3）.

［14］高文.绚丽多彩的画像石：四川解放后出土的五个汉代石棺椁［J］.四川文物，1985（1）.

［15］葛兆光.思想史视野中的图像［J］.中国社会科学，2002（4）.

［16］耿建军，刘尊志，王学利.江苏徐州佛山画像石墓［J］.文物，2006（1）.

［17］龚举善.图像叙事的发生逻辑及语图互文诗学的运行机制［J］.文学评论，2017（1）.

［18］侯璐，王伟宁，梁艳东.满城县新发现一批东汉画像石［J］.文物春秋，2006（2）.

［19］胡学元，杨翼.四川乐山市沱沟嘴东汉崖墓清理简报［J］.文物，1993（1）.

［20］贾庆超.武氏祠汉画石刻中的精神文化内涵［J］.东岳论丛，1992（4）.

［21］姜建成，庄明军.山东青州市冢子庄汉画像石墓［J］.考古，1993（8）.

［22］姜建成.山东青州市发现汉画像石［J］.考古，1989（2）.

［23］姜生.汉代列仙图考［J］.文史哲，2015（2）.

［24］蒋英炬，吴文祺.试论山东汉画像石的分布、刻法与分期［J］.考古与文物，1980（4）.

［25］蒋英炬，吴文祺.武氏祠画像石建筑配置考［J］.考古学报，1981（2）.

［26］蒋英炬.关于汉画像石产生背景与艺术功能的思考［J］.考古，1998（11）.

［27］兰峰.四川宜宾县崖墓画像石棺［J］.文物，1982（7）.

［28］雷建金，付成金.内江市发现东汉岩墓画像［J］.四川文物，1987（4）.

［29］雷建金.简阳县鬼头山发现榜题画像石棺［J］.四川文物，1988（6）.

［30］李发林.汉画像中的九头人面兽［J］.文物，1974（2）.

［31］李发林.记山东大学旧藏的一些汉画像石拓片［J］.考古，1985（11）.

［32］李发林.略谈汉画像石的雕刻技法及其分期［J］.考古，1965（4）.

[33] 李立.汉画的叙述：结构、轨迹与层次——叙事学视阈下的汉画解读[J].江西社会科学，2007（2）.

[34] 李立.论汉赋与汉画空间方位叙事艺术[J].文艺研究，2008（2）.

[35] 李晓鸣.四川荥经东汉石棺画像[J].文物，1987（1）.

[36] 李子春，赵立国.河北滦县出土东汉画像石棺[J].文物，2002（7）.

[37] 梁文骏.四川郫县东汉墓门石刻[J].文物，1983（5）.

[38] 梁宗和.山西离石县的汉代画象石[J].文物参考资料，1958（4）.

[39] 凌滢.互文与创造：从文字叙事到图像叙事[J].江西社会科学，2007（4）.

[40] 刘善沂，孙亮.山东济南青龙山汉画像石壁画墓[J].考古，1989（1）.

[41] 刘永生，等.山西离石马茂庄东汉画像石墓[J].文物，1992（4）.

[42] 龙迪勇.事件：叙述与阐释——叙事学研究之三[J].江西社会科学，2001（10）.

[43] 龙迪勇.图像叙事与文字叙事：故事画中的图像与文本[J].江西社会科学，2008（3）.

[44] 龙迪勇.图像与文字的符号特性及其在叙事活动中的相互模仿[J].江西社会科学，2010（11）.

[45] 龙迪勇.寻找失去的时间：试论叙事的本质[J].江西社会科学，2000（9）.

[46] 卢德佩.湖北当阳市郑家大坡东汉画像石墓[J].考古，1999（1）.

[47] 陆涛.图像与叙事：关于古代小说插图的叙事学考察[J].内蒙古社会科学（汉文版），2011（6）.

[48] 罗二虎.四川南溪长顺坡汉墓石棺画像考释[J].四川文物，2003（6）.

[49] 罗二虎.长宁七个洞崖墓群汉画像研究[J].考古学报，2005（3）.

[50] 梅养天.四川彭山县崖墓简介[J].文物参考资料，1956（5）.

[51] 孟强，李祥.江苏徐州大庙晋汉画像石墓[J].文物，2003（4）.

[52] 潘六坤.浙江海宁东汉画像石墓发掘简报[J].文物，1983（5）.

[53] 邱永生.徐州近年征集的汉画像石集粹[J].中原文物，1993（1）.

[54] 山下志保.画像石墓与东汉时代的社会[J].夏麦凌，译.中原文物，

1993（4）.

［55］商彤流，刘永生.山西离石再次发现东汉画像石墓［J］.文物，1996（4）.

［56］邵宏.图像叙事顺序与文字书写方向［J］.荣宝斋，2010（2）.

［57］沈冠东.图像叙事的叙事者与叙事视角探析［J］.文化艺术研究，2017（4）.

［58］盛储彬，吴公勤，田芝梅.江苏铜山县伊庄洪山汉画像石墓［J］.华夏考古，2007（1）.

［59］苏天钧.北京西郊发现汉代石阙清理简报［J］.文物，1964（11）.

［60］孙机.仙凡幽明之间：汉画像石与大象其生［J］.中国国家博物馆馆刊，2013（9）.

［61］孙作云.长沙马王堆一号汉墓出土画幡考释［J］.考古，1973（1）.

［62］唐长寿.四川乐山麻浩一号崖墓［J］.考古，1990（2）.

［63］陶鸣宽，曹恒钧.芦山县的东汉石刻［J］.文物，1957（10）.

［64］汪蕻.叙事学研究与图像叙事新探［J］.新美术，2016（1）.

［65］汪小洋.汉赋与汉画的本体关系及比较意义［J］.文艺理论研究，2016（2）.

［66］王步毅.安徽宿县褚兰汉画像石墓［J］.考古学报，1993（4）.

［67］王金元.山西离石石盘汉代画像石墓［J］.文物，2005（2）.

［68］王开建.合江县出土东汉石棺［J］.四川文物，1985（3）.

［69］王青.从图像证史到图像即史：谈中国神话的图像学研究［J］.江海学刊，2013（1）.

［70］王庭福，李一洪.合江张家沟二号崖墓画像石棺发掘简报［J］.四川文物，1995（5）.

［71］王元平，石晶，孙柱才.山东滕州高庄发现汉画像石墓［J］.考古，2006（10）.

［72］巫鸿.国外百年汉画像研究之回顾［J］.中原文物，1994（1）.

［73］武利华.汉赋与汉画［J］.励耘学刊，2009（2）.

［74］肖燕，徐加军，石敬东.山东枣庄市清理两座汉画像石墓［J］.中

原文物，1994（4）.

［75］烟台市博物馆，栖霞县文物管理所.山东栖霞汉画像石墓［J］.文物，2002（7）.

［76］燕林，国光.徐州发现东汉元和三年画像石［J］.文物，1990（9）.

［77］燕生东，徐加军.山东枣庄小山西汉画像石墓［J］.文物，1997（12）.

［78］杨爱国.汉代画像石榜题论略［J］.考古，2005（5）.

［79］杨绍舜.山西离石马茂庄汉画像石又有新发现［J］.文物，1984（10）.

［80］尹增淮.江苏泗阳打鼓墩樊氏画像石墓［J］.考古，1992（9）.

［81］岳凤霞，刘兴珍.浙江海宁长安镇画像石［J］.文物，1984（3）.

［82］张光明.山东淄博张庄东汉画像石墓［J］.考古，1986（8）.

［83］张合荣.贵州金沙县汉画像石墓清理［J］.文物，1998（10）.

［84］张洁.汉画视域中的胡人意象［J］.青海社会科学，2018（2）.

［85］张玖青.蛮夷、神仙与祥瑞：古代帝王的西王母梦［J］.文史哲，2014（5）.

［86］赵雷.从汉赋和汉画像的比较看两汉审美心理［J］.广西社会科学，2007（5）.

［87］赵宪章.语图叙事的在场与不在场［J］.中国社会科学，2013（8）.

［88］赵宗秀.山东泗水南陈东汉画像石墓［J］.考古，1995（5）.

［89］郑同修，胡常春，牛瑞红，等.山东枣庄市桥上东汉画像石墓［J］.考古，2004（6）.

［90］邹西丹，晏满玲.四川泸州市大冲头村出土东汉画像石棺考［J］.四川文物，2015（3）.

（四）论文类

［1］顾颖.汉画像祥瑞图式研究［D］.苏州：苏州大学，2015.

［2］过文英.论汉墓绘画中的伏羲女娲神话［D］.杭州：浙江大学，2007.

［3］黎旭.自由观看：汉代画像艺术的空间观［D］.北京：中央美术学院，2012.

［4］李亚利.汉代画像中的建筑图像研究［D］.长春：吉林大学，2015.

［5］李征宇.汉代文学与图像关系考论［D］.南京：南京大学，2012.

［6］刘晋晋.图像与符号［D］.北京：中央美术学院，2014.

［7］刘雨茂.汉画像石棺及其神仙信仰研究［D］.济南：山东大学，2012.

［8］刘宗超.汉代造型艺术及其精神［D］.南京：东南大学，2005.

［9］柳卓娅.出土文物与汉代乐府诗歌表演研究［D］.济南：山东大学，2017.

［10］龙迪勇.空间叙事学［D］.上海：上海师范大学，2008.

［11］卢昉.两汉"人虎母题"图像研究［D］.西安：西安美术学院，2012.

［12］毛娜.汉画西王母图像研究［D］.郑州：郑州大学，2016.

［13］缪哲.汉代艺术中的外来母题举例［D］.南京：南京师范大学，2007.

［14］史培争.汉画像与历史故事研究：以孔子问学、荆轲刺秦王为中心［D］.长春：东北师范大学，2015.

［15］唐建.汉画文化意蕴及艺术表现研究［D］.济南：山东大学，2015.

［16］吴佩英.陕北东汉画像石研究［D］.上海：上海大学，2013.

［17］信立祥.汉画像石的分区和分期［D］.北京：北京大学，1982.

［18］袁野.汉画像石造型研究：从汉代"气"论探讨汉画像石造型［D］.北京：中央美术学院，2011.

［19］张莉莉.文学视野中的汉代画像研究［D］.武汉：武汉大学，2017.

［20］赵晨.汉代画像艺术的"叙事性"研究［D］.北京：中央美术学院，2007.

［21］朱浒.汉画像胡人图像研究［D］.上海：上海大学，2012.

二、英文类

［1］CHEN P C. Time and Space in Chinese Narrative Paintings of Han and the Six Dynasties［M］// HUANG C C, ZRCHER E. Time and Space in Chinese Culture. Leiden：E. J. Brill，1995.

［2］POWERS M. Art and Political Expression in Early China［M］.New Haven: Yale University Press, 1991.

［3］BULLING A.Three Popular Motifs in the Art of the Eastern Han Period: The Lifting of the Tripod, the Crossing of a Bridge, Divinties［J］. Archives of Asian Art, 1966-1967.

［4］CROSSANT D.Funktion und Wanddekor der Opferschreine von Wu-liang-Tz'u: Typologische und ikonographische Untersuchungen［J］. Monumenta Serica, 1964.

［5］JAMES J. An Iconographic Study of Two Late Han Funerary Monuments: The Offering Shines of the Wu Family and the Multichamber Tomb at Holingor［D］. Iowa: Iowa University, 1983.

［6］THOMPSON L D. The Yi'nan Tomb-Narrative and Ritual in Pictorial Art of the Eastern Han (25-220 C.E.)［D］. New York: New York University, 1998.

附　录

附录汉画胡人图像统计（部分）

文化年代	出土地	内容类型	象征意义	出处
昭宣时期至新莽之前	河南南阳	胡人侍奉墓主	侍者	《汉画总录》卷十八 HN-NY-043-04
西汉晚期	山东济宁	二胡人骑龙	升仙	《微山汉画像石选集》图37
西汉晚期	安徽淮北	三胡人手执兵器站立	胡兵	《淮北汉画像石》第80页
西汉晚期	安徽淮北	胡汉交战	战争	《淮北汉画像石》第113页
新莽时期	河南南阳	胡人力士持矛	镇墓	《汉画总录》卷十八 HN-NY-047-08（1）
新莽天凤五年	河南南阳	胡人骑象，旁一光头者仰卧	象奴	《中国画像石全集》卷六，图42
新莽时期至东汉初期	河南南阳	胡人持彗站立	门吏	《汉画总录》卷十三 HN-NY-018-07（4）
新莽时期至东汉初期	河南南阳	胡人奏乐	乐舞百戏	《汉画总录》卷十四 HN-NY-022-14
东汉早期	山东济宁	胡人操蛇	乐舞百戏	《嘉祥汉画像石》图2
东汉早期	山东济宁	胡汉交战、审问胡俘	战争	《嘉祥汉画像石》图52
东汉早期	山东济宁	胡兵受刑	战争	《嘉祥汉画像石》图53
东汉早期	山东济宁	胡汉交战、汉官审胡俘、胡兵禀告胡官	战争	《嘉祥汉画像石》图92
东汉早期	山东济宁	胡汉交战、胡兵禀告胡王、汉兵押送胡俘	战争	《嘉祥汉画像石》图96

续表

文化年代	出土地	内容类型	象征意义	出处
东汉早期	山东济宁	胡官禀报战况、胡汉交战	战争	《嘉祥汉画像石》图101
东汉早期	山东济宁	胡人导骑	仙境向导	《嘉祥汉画像石》图107
东汉早期	山东济宁	胡人操蛇	乐舞百戏	《嘉祥汉画像石》图128
东汉早期	山东济宁	胡汉交战	战争	《嘉祥汉画像石》图145
东汉早期	河南南阳	胡人执钺站立	门吏	《汉画总录》卷十五 HN-NY-030-09（2）
东汉早期	河南南阳	胡人执长钩驯象	象奴	《汉画总录》卷十八 HN-NY-055
东汉章帝时期	山东济南	胡汉交战、跪禀胡王，榜题"胡王"	战争、献俘	《中国画像石全集》卷一，图43
汉章帝建初八年	山东肥城	胡汉交战	仙境向导	《山东汉画像石选集》图472
汉章帝元和三年	山东临沂	西阙南面第二格：胡汉交战；西阙西面第二格：胡俘图，胡兵搏击	战争	《临沂汉画像石》图221
汉章帝元和三年	山东临沂	二胡人骑象	象奴	《画为心声》第333页
汉章帝章和元年	山东临沂	胡汉交战	战争	《中国画像石全集》卷一，图14
汉章帝章和元年	山东临沂	胡人骑骆驼、胡人骑象	骑骆驼、象奴	《画为心声》第334页
东汉永元四年	陕西榆林	胡人驾仙车	仙境向导	《汉画总录》卷四 SSX-SD-031-06
东汉中期	山东曲阜	胡人戏耍、奏乐	乐舞百戏	《山东汉画像石选集》图165
东汉中期	山东邹城	胡人饲骆驼	饲骆驼	《邹城汉画像石》图98

续表

文化年代	出土地	内容类型	象征意义	出处
东汉中期	山东滕州	胡人作揖、胡人执刀	镇墓	《山东汉画像石选集》图213
东汉中期	山东滕州	第二层胡人跪侍；第四层二胡人对坐	侍者	《山东汉画像石选集》图216
东汉中期	山东滕州	第四层胡骑	仙境向导	《山东汉画像石选集》图217
东汉中期	山东滕州	第七层胡人武士单跪	武士	《山东汉画像石选集》图218
东汉中期	山东滕州	第三层胡人讲经；第四层胡人吹竽	讲经、乐舞百戏	《山东汉画像石选集》图219
东汉中期	河南南阳	胡人持刀阉割牛	镇墓	《汉画总录》卷十八 HN-NY-046-01
东汉中期	河南南阳	胡人力士	镇墓	《汉画总录》卷十八 HN-NY-046-10（1）
东汉中期	河南南阳	胡人持刀阉割牛	镇墓	《汉画总录》卷十八 HN-NY-047-03
东汉中期	河南南阳	胡人力士斗两虎	镇墓	《汉画总录》卷十八 HN-NY-047-04
东汉中期	陕西榆林	披发胡人挥臂而舞	乐舞百戏	《汉画总录》卷五 SSX-SD-047
东汉中期	陕西榆林	披发胡人牵马	驯马	《汉画总录》卷五 SSX-SD-061-01
东汉中期	陕西榆林	侍立胡人	尊者	《汉画总录》卷六 SSX-SD-103-22
东汉中期	陕西榆林	胡兵骑射	仙境向导	《汉画总录》卷一 SSX-MZ-009-19
东汉中期	陕西榆林	披发胡人踏盘而舞	乐舞百戏	《汉画总录》卷一 SSX-MZ-010-16
东汉中期	陕西榆林	胡人马背倒跪	仙境向导	《汉画总录》卷三 SSX-MZ-022-07

续表

文化年代	出土地	内容类型	象征意义	出处
东汉中期	陕西榆林	胡人躬身拥篲	门吏	《汉画总录》卷三 SSX-MZ-053-02
东汉中期	陕西榆林	胡人骑鹿	升仙	《汉画总录》卷六 SSX-SD-096-01
东汉中期	陕西榆林	战争凯旋献胡俘	战争、献俘	《汉画总录》卷八 SSX-SD-181
东汉中期	陕西榆林	胡人牵马、饲马者	驯马者	《汉画总录》卷七 SSX-SD-135
东汉中期	陕西榆林	披发胡人技击	乐舞百戏	《汉画总录》卷九 SSX-ZZ-001-06
东汉中期	陕西神木	胡人牵骆驼	仙境	《汉画总录》卷十 SSX-SM-005-01
东汉中期	陕西神木	胡人钢钩驯象	驯象	《汉画总录》卷十 SSX-SM-015-01
东汉中期	陕西神木	二胡人迈步起舞	乐舞百戏	《汉画总录》卷十 SSX-SM-017-02
东汉中期	陕西榆林	车骑前列胡人牵骆驼	仙境向导	《汉画总录》卷九 SSX-YY-010-01
东汉中晚期	山东济宁	胡汉交战，胡骑题刻"胡将军"	战争	《山东汉画像石选集》图13
东汉中晚期	山东济宁	象后胡人	驯象	《山东汉画像石选集》图30
东汉中晚期	山东济宁	胡兵吹管	仙境向导	《山东汉画像石选集》图44
东汉中晚期	河南商丘	胡人驯兽	升仙	《商丘汉画像石》第53页
东汉中晚期	四川内江	胡人吹箫	乐舞百戏	《内江市发现东汉岩墓画像》图六
东汉中晚期	四川自贡	胡人吹笳、胡人骑射	仙境向导	《中国画像石全集》卷七，图185

续表

文化年代	出土地	内容类型	象征意义	出处
汉安帝延光三年	山东枣庄	胡汉交战	战争	《中国画像石全集》卷二,图141
汉顺帝永建三年	陕西榆林	胡人骑鹿	升仙	《汉画总录》卷六 SSX-SD-091-01
东汉顺、桓帝时期	山东潍坊	胡人受髡刑	乐舞表演	《中国画像石全集》卷一 126
汉桓帝至汉献帝兴平时期	四川德阳	胡人吹管	乐舞百戏	《中国画像石全集》卷七,图39
汉桓帝和平元年	山西吕梁	胡人牵骆驼,胡骑跟随	牵骆驼	《中国画像石全集》卷五,图288
汉桓帝元嘉元年	山东临沂	胡汉交战	战争	《临沂汉画像石》图126
汉桓帝元嘉元年	山东苍山（现已更名为兰陵）	胡汉交战	战争	《中国画像石全集》卷三,图103
汉和帝时期至东汉末年	山东临沂	胡汉交战	战争	《临沂汉画像石》图166
汉和帝时期至东汉末年	山东临沂	胡人戏凤	乐舞百戏	《临沂汉画像石》图186
汉和帝时期至东汉末年	山东临沂	四位胡人托举	托举	《沂南古画像石墓发掘报告》图版42、43
汉和帝时期至东汉末年	山东临沂	胡人武卒	胡兵	《临沂汉画像石》图9
汉和帝时期至东汉末年	山东临沂	一胡人驱象,一胡人骑骆驼	象奴、骆驼	《临沂汉画像石》图10
汉和帝时期至东汉末年	山东临沂	胡人抡桴击鼓	乐舞百戏	《临沂汉画像石》图12
汉和帝时期至东汉末年	山东临沂	胡人单膝舞蹈	乐舞百戏	《临沂汉画像石》图14

续表

文化年代	出土地	内容类型	象征意义	出处
汉和帝时期至东汉末年	山东临沂	胡骑执刀相从	胡兵	《临沂汉画像石》图17
汉和帝时期至东汉末年	山东临沂	胡人骑羊	祥瑞、升仙	《临沂汉画像石》图23
汉和帝时期至东汉末年	山东临沂	胡人戏鹿	升仙	《临沂汉画像石》图24
汉和帝时期至东汉末年	山东临沂	胡人捧樽	侍者	《临沂汉画像石》图25
汉和帝时期至东汉末年	山东临沂	胡人骑羊	祥瑞、升仙	《临沂汉画像石》图35
汉和帝时期至东汉末年	山东临沂	胡人骑独角兽	升仙	《临沂汉画像石》图36
汉和帝时期至东汉末年	山东临沂	胡人云气中飞腾	升仙	《临沂汉画像石》图37
汉和帝时期至东汉末年	山东临沂	胡人执戟站立	门吏	《临沂汉画像石》图50
汉和帝时期至东汉末年	山东临沂	胡人张弓射箭	狩猎	《临沂汉画像石》图271
汉和帝时期至东汉末年	山东临沂	胡人弄丸	乐舞百戏	《临沂汉画像石》图272
汉和帝时期至东汉末年	山东临沂	楼中胡人士兵，楼外胡人张弓射鸟	胡兵	《临沂汉画像石》图282
汉和帝时期至东汉末年	山东临沂	胡人托举	托举	《汉代艺术中的胡人图像》图2
东汉晚期	山东济宁	反绑胡俘	表演献俘	《山东汉画像石选集》图152
东汉晚期	山东济宁	上层：胡人拜凤鸟；下层：胡人戏象	升仙	《山东汉画像石选集》图139
东汉晚期	山东滕州	胡汉交战	战争	《山东汉画像石选集》图313

续表

文化年代	出土地	内容类型	象征意义	出处
东汉晚期	山东邹城	胡人施礼拜谒	使者	《邹城汉画像石》图36
东汉晚期	山东邹城	胡汉交战	战争	《邹城汉画像石》图38
东汉晚期	山东邹城	胡汉交战	战争	《邹城汉画像石》图73
东汉晚期	山东邹城	胡人驯象	象奴	《邹城汉画像石》图75
东汉晚期	山东邹城	胡人骑射狩猎；胡人驯象；骆驼	胡人狩猎；象奴、骆驼	《邹城汉画像石》图116
东汉晚期	山东邹城	胡人弄蛇	乐舞百戏	《邹城汉画像石》图177
东汉晚期	山东滕州	胡汉交战	战争	《山东汉画像石选集》图225
东汉晚期	山东滕州	胡汉交战、献俘	战争	《山东汉画像石选集》图253
东汉晚期	山东滕州	胡人送行/拜见骑者	人物	《山东汉画像石选集》图255
东汉晚期	山东滕州	六胡人骑象	象奴	《山东汉画像石选集》图262
东汉晚期	山东滕州	胡人发矢	骑射	《山东汉画像石选集》图266、267
东汉晚期	山东滕州	胡人侍立朱雀	升仙	《汉画石语》第40-41页
东汉晚期	山东滕州	胡人舞蹈	乐舞百戏	《汉画石语》第40-41页
东汉晚期	山东滕州	胡兵侍卫；一列胡骑	胡兵	《山东汉画像石选集》图316
东汉晚期	山东滕州	胡骑出行	仙境向导	《山东汉画像石选集》图317
东汉晚期	河南南阳	胡人手扶桨状物	门吏	《汉画总录》卷十六 HN-NY-034-05（2）
东汉晚期	河南南阳	胡人持彗	门吏	《汉画总录》卷十六 HN-NY-035-13（2）

续表

文化年代	出土地	内容类型	象征意义	出处
东汉晚期	贵州毕节	胡人弄丸	乐舞百戏	《贵州金沙汉画像石墓清理》图八
东汉晚期	江苏徐州	胡人跪拜、立侍；胡人弄丸	拜谒；乐舞百戏	《徐州汉画像石》图77
东汉晚期	江苏徐州	胡人驯象	象奴	《徐州汉画像石》图85
东汉晚期	江苏徐州	胡人侍立墓主	侍者	《徐州汉画像石》图133
汉灵帝建宁三年	河南南阳	胡人弄丸	乐舞百戏	《汉画总录》卷十二 HN-NY-006-01
汉灵帝熹平四年	江苏徐州	胡人骑骆驼、骑象	骆驼，象奴	《徐州汉画像石》图56
东汉晚期熹平年间	四川宜宾	胡人像	人物	《长宁七个洞崖墓群汉画像研究》图一〇
东汉末年	山东临沂	胡汉交战	战争	《临沂汉画像石》图140
东汉末年	山东临沂	胡人驱赶神兽	升仙	《山东沂南县近年来发现的汉画像石》图二五
东汉末年	江苏连云港	胡人抱子	胡人抱子	《昌梨水库汉墓群发掘简报》图九
东汉末年	江苏连云港	胡人手持三瓣莲花	佛教	《连云港市孔望山摩崖造像调查报告》图三4组 X65
东汉	山东临沂	胡人张弓射鸟	祥瑞	《临沂汉画像石》图85
东汉	山东临沂	胡人骑独角兽	升仙	《临沂汉画像石》图98
东汉	山东临沂	胡汉交战	战争	《临沂汉画像石》图111
东汉	山东日照	胡汉交战	战争	《中国汉画像石全集》卷三，图138
东汉	山东济南	胡汉交战	战争	《中国汉画像石全集》卷三，图203
东汉	山东济南	胡汉交战	战争	《中国汉画像石全集》卷三，图204

续表

文化年代	出土地	内容类型	象征意义	出处
东汉	山东肥城	胡汉交战	战争	《中国汉画像石全集》卷三,图214
东汉	山东滕州	胡人牵象	象奴	《山东汉画像石选集》图340
东汉	山东济南	胡人托举	托举	《中国汉画像石全集》卷三,图192、195、196
东汉	山东新泰	胡人站立	人物	《山东汉画像石选集》图493
东汉	河南南阳	胡人刺虎、胡骑张弓	击虎、骑射	《汉画总录》卷十二 HN-NY-002-03（1）
东汉	河南南阳	胡人双手执桨状物（吾）站立	门吏	《汉画总录》卷十二 HN-NY-003-04（2）
东汉	河南南阳	胡人（似戴面具）攘袖持钺	门吏	《汉画总录》卷十三 HN-NY-015-03（3）
东汉	河南方城	胡奴右手拥彗，左手执钺。上方隶书"胡奴门"	门吏	《中国汉画像石全集》卷六,图43
东汉	河南南阳	胡汉交战	战争表演	《汉画总录》卷十九 HN-NY-075
东汉	河南南阳	胡骑车马行列	车骑表演	《中国汉画像石全集》卷六,图168
东汉	河南南阳	胡人攘袖持钺	门吏	《汉画总录》卷二十 HN-NY-178
东汉	河南南阳	胡人力士执钺	门吏	《汉画总录》卷十九 HN-NY-123（2）
东汉	河南南阳	胡人力士斗牛	镇墓	《汉画总录》卷二十 HN-NY-212
东汉	河南南阳	胡执斧、持钩镶	门吏	《汉画总录》卷二十一 HN-NY-314

续表

文化年代	出土地	内容类型	象征意义	出处
东汉	河南南阳	胡侍持钺	门吏	《汉画总录》卷二十二 HN-NY-411（2）
东汉	河南南阳	胡人执棒（吾）、持盾	门吏	《汉画总录》卷二十三 HN-NY-464（1）
东汉	河南南阳	胡人口中含箭，双足踏弩，手用力张弓	门吏（蹶张）	《汉画总录》卷二十三 HN-NY-508
东汉	河南南阳	胡人口中含箭，双足踏弩，手用力张弓	门吏（蹶张）	《汉画总录》卷二十四 HN-NY-523
东汉	河南南阳	胡人持钺	门吏	《汉画总录》卷二十六 HN-NY-706（2）
东汉	河南南阳	胡人骑骆驼赶象	骑骆驼、赶象	《南阳两汉画像石》图123、124
东汉	河南许昌	胡人赶马	饲马者	《河南襄城县发现汉画像石》第一石
东汉	河南登封	胡人驯象、牵马	象奴、牵马	《中国汉画像石全集》卷六，图107
东汉	江苏徐州	胡人戏象	象奴、表演	《中国汉画像石全集》卷四，图41
东汉	安徽淮北	胡人乐师执琴	乐舞百戏	《走进汉画》第120页，图3
东汉	江苏徐州	胡人掷丸	乐舞百戏	《徐州市汉画像石研究会汉画像石藏石》第50页
东汉	江苏徐州	胡人执弓射凤	祥瑞	《徐州市汉画像石研究会汉画像石藏石》第128页
东汉	江苏徐州	胡人射凤	祥瑞	《徐州市汉画像石研究会汉画像石藏石》第238页
东汉	江苏徐州	胡汉交战	战争	《徐州市汉画像石研究会汉画像石藏石》第152页

续表

文化年代	出土地	内容类型	象征意义	出处
东汉	江苏徐州	胡汉征战	战争	《楚风汉韵——淮海地区精品汉画像石拓片集》第63页
不明	山东临沂	胡汉交战	战争	《汉画像胡人图像研究》第82页,图2-94
不明	山东临沂	胡人杂耍执弓、刀	乐舞百戏	《汉画像胡人图像研究》第82-83页,图2-96
不明	山东临沂	胡人拱手站立	门吏	《汉画像胡人图像研究》第83页,图2-97
不明	山东滕州	胡人牵骆驼	胡人牵骆驼	《山东汉画像石选集》图240
不明	山东滕州	胡汉交战	战争	《山东汉画像石选集》图244
不明	山东临沂	小人礼拜大胡人	尊者	《山东汉画像石选集》图440
不明	山东邹城	胡人四面人脸	侍者	《对山东邹城"四面人脸"画像石刻的探讨》
不明	山东济南	胡汉宴饮	民族大团结	《记山东大学旧藏的一些汉画像石拓片》图十二
不明	山东滕州	胡人骑骆驼驯象	骑骆驼、象奴	《大象有形垂鼻辚囷》图十二
不明	山东滕州	胡人骆驼	胡人骑骆驼	《汉画石语》第106-107页
不明	山东枣庄	胡人倒立表演	乐舞百戏	《汉代艺术中的胡人图像》图十六
不明	江苏徐州	胡人骑象	象奴	徐州汉画像石艺术馆藏石
不明	江苏徐州	胡人骑骆驼、牵象	骑骆驼、象奴	徐州狮子山楚王陵藏石
不明	江苏徐州	胡人骑骆驼、大象	骑骆驼、大象	徐州狮子山楚王陵藏石

续表

文化年代	出土地	内容类型	象征意义	出处
不明	江苏徐州	五胡人骑象	象奴	徐州汉画像石艺术馆藏石
不明	江苏徐州	胡人骑象	象奴	徐州汉画像石艺术馆藏石
不明	江苏徐州	胡汉交战	战争	徐州汉画像石艺术馆No261
不明	江苏徐州	胡汉交战	战争	徐州汉画像石艺术馆No262
不明	江苏徐州	胡汉交战	战争	徐州汉画像石艺术馆No244
不明	江苏徐州	胡汉交战	战争	徐州汉画像石艺术馆No249
不明	江苏邳州	胡人张弓射神兽	仙境	徐州汉画像石艺术馆No303
不明	江苏徐州	胡人张弓射神兽	仙境	徐州汉画像石艺术馆No155
不明	江苏徐州	胡人饲马	饲马者	徐州汉画像石艺术馆No28
不明	江苏徐州	高浮雕胡人吹箫	乐舞百戏	徐州汉画像石艺术馆No16
不明	江苏徐州	高浮雕胡人力士蹲踞	力士	徐州汉画像石艺术馆No205
不明	江苏徐州	胡汉交战	战争	徐州汉画像石艺术馆库房藏
不明	江苏徐州	胡汉交战	战争	《试析徐州汉画像石中的"胡人"及其文化影响》4号石
不明	江苏徐州	胡人托举、怀抱小胡人	托举、怀抱小胡人	《徐州市汉画像石研究会汉画像石藏石》第280页
不明	安徽宿州	骆驼、胡人驯象	骆驼、象奴	安徽萧县文管所
不明	安徽宿州	胡人骑羊	祥瑞、升仙	安徽萧县博物馆

续表

文化年代	出土地	内容类型	象征意义	出处
不明	安徽淮北	胡人奏乐	乐舞百戏	《淮北汉画像石》第46页

★注：该统计表依年代排序。